臺灣歷史與文化 研究輯刊

十 三 編

第 23 冊

臺灣海洋文學研究（1950～2010）（上）

張 錦 德 著

花木蘭文化事業有限公司

國家圖書館出版品預行編目資料

臺灣海洋文學研究（1950～2010）（上）／張錦德 著—初版
—新北市：花木蘭文化事業有限公司，2018〔民107〕
目2+208 面；19×26 公分
（臺灣歷史與文化研究輯刊十三編；第23 冊）
ISBN 978-986-485-315-1（精裝）
1. 臺灣文學 2. 文學評論
733.08   107001617

ISBN-978-986-485-315-1

臺灣歷史與文化研究輯刊
十三編　第二三冊　　　　　ISBN：978-986-485-315-1

臺灣海洋文學研究（1950～2010）（上）

作　　者　張錦德
總 編 輯　杜潔祥
副總編輯　楊嘉樂
編　　輯　許郁翎、王筑　美術編輯　陳逸婷
出　　版　花木蘭文化事業有限公司
發 行 人　高小娟
聯絡地址　235 新北市中和區中安街七二號十三樓
　　　　　電話：02-2923-1455／傳眞：02-2923-1452
網　　址　http://www.huamulan.tw 信箱 hml810518@gmail.com
印　　刷　普羅文化出版廣告事業
初　　版　2018 年 3 月
全書字數　378559 字
定　　價　十三編 24 冊（精裝）台幣 60,000 元　　　　版權所有・請勿翻印

臺灣海洋文學研究（1950～2010）（上）

張錦德　著

作者簡介

張錦德
中國文化大學中文系文藝創作組畢業
中國文化大學中文碩士
中國文化大學中文博士

曾任法鼓山《人生雜誌》採訪組長
台北市文化局《文化快遞》特約撰述
桃園客家事務局《桃園客家》季刊特約撰述
現任空中大學面授教師

著有
〈朱學恕的海洋詩研究〉，《人文研究學報》第 50：1 期
〈呂則之的離島書寫〉，《中國文化大學中文學報》第 32 期
《創意佛藝好好玩：20 種佛教手作藝術輕鬆上手》（非學術類）
《一心一藝：巨匠的技與美 7》（合著，非學術類）

提　　要

　　本研究的目的，即在揭旨：一、什麼是海洋文學？二、臺灣海洋文學在哪一時期開始？三、臺灣戰後文學發展與海洋文學發展的關係，釐清其脈絡。四、為何海洋文學直到 90 年代才受到重視？五、找出臺灣海洋文學代表作家。六、歸納出海洋文學的特色。

　　第一章依例為研究的動機、方法等予以說明，了解本研究的研究進程與思路。第二章介紹 1945 年以前臺灣海洋書寫，對戰前臺灣海洋的歷史面貌，將有初步的認識與理解。第三章分析 50 年代的海軍文學，著重於海軍刊物《海洋生活》月刊的探討。其立論以及作品，受當時戰鬥文藝政策的影響下，呈現何種海洋風貌。第四章為 60 年代海洋詩，介紹「創世紀詩社」的海洋詩。第五章 70 年代的海洋小說，論述受到鄉土文學的影響，鄉土與海洋合體的海洋小說，其文學內容與寫作特色。第六章 70 年代的海洋詩，是以海軍詩人朱學恕於高雄所成立的「大海洋詩社」為主。分析其海洋文學理論以及詩社成員的海洋詩，其內容與手法。第七章 80 年代的海洋書寫，則是探討 70 年代海洋與鄉土結合的海洋小說，到了 80 年代，因為本土意識的抬頭，其延續與轉向。第八章 80 年代的海岸生態書寫，觀察環保意識抬頭後，有關於海洋生態的自然書寫，如何因自然寫作的興起而產生。第九章 90 年代後海洋文學的開展，觀察 90 年代海洋意識抬頭後，臺灣海洋文學如何重新被發現。並且以夏曼·藍波安與廖鴻基兩位海洋文學的明星作家為例，探討他們得以在 90 年代崛起的原因，深入探討他們的海洋文學特色。最後，則是本研究的研究結果與筆者對於海洋文學研究後的觀察與感想。

謝　誌

　　湯湯大海、悠悠水路，在漫長的博士生涯，有太多的師長親友扮演著生命中的舵手，一路幫助我往專業領域向前航進。

　　能夠完成博士論文，首先感謝兩位指導恩師——嚴紀華老師與李進益老師，他們上船救援，讓我放下心中大石，並且揚起風帆，在海洋文學的撰寫中，不斷穩定前進。而他們不厭其煩地在研究方法、批判觀點與文本取捨上的開導與指正，有如引水人一般，讓我在蕪蔓龐雜的文本資料中，找到航行的方向，逐漸靠岸。「行船人無節日」，這一趟走來，就是三年歲月，能得良師不離不棄，實是福份。

　　其次感謝金榮華教授、劉兆祐教授、王俊彥教授、傅錫壬教授與陳愛麗教授，五位口試委員於審查過程裡的指正與建議，從標題到內容，從注釋到體例，皆細心審閱、衷心建議，讓本論文的內容、體例更臻良善，而教授的指正，讓人如沐春風，揚帆順行。同時也感謝范意卿助教、蔡春雅助教，要不是她們的鼓勵與幫助，個性優柔寡斷的我，最後恐怕會選擇跳海逃生，而不是繼續駕船航行。

　　最後感謝華岡登山社，總能在我快被文字海淹沒，拉我一把，帶我上山透氣，呼吸森林芬多精，獲取正能量。

　　湯湯大海、悠悠水路，船行再久，也終要靠岸，讓我再次向諸多一起同航的舵手，由心地說一聲感謝。

目次

第一章 緒 論

第一節 研究動機與目的

一、研究動機

　　2004 年，筆者參與成功大學臺灣文學研究所博士班入學考試，其中有一題，筆者的印象為「請問臺灣有海洋文學嗎？什麼是海洋文學？請針對以下幾位作家：東年、呂則之、廖鴻基、夏曼・藍波安的海洋文學作品探討其內容與特色。」這一題令筆者記憶深刻，慚愧的是筆者在這之前從未聽過「海洋文學」，更不知道臺灣文學中有「海洋文學」這一文學範疇，而列舉的四位作家，筆者只讀過一小部分夏曼・藍波安的作品，至於其他作家則毫無印象。

　　至此，「臺灣有海洋文學？」、「什麼是海洋文學？」問題一直在筆者腦海盤旋。之後筆者進行資料爬梳，開始對臺灣海洋文學有個初步認識，但是看見坊間許多書籍，以及許多研究者的相關研究，發現臺灣海洋文學創作與研究多集中在 90 年代廖鴻基與夏曼・藍波安兩位作家身上，彷彿海洋文學始於 90 年代。這樣情形，誠如東年所說：

　　　　許多方家、出版家或文評家，很容易就將自己經手的書貿然冠以「這
　　　　書開啟了臺海的海洋文學」這樣隆重的讚詞，而忽略了進行歷史的
　　　　考察，多數後來者也習焉不察地延而用之，一者因為有關海洋的寫
　　　　作在中國或臺灣確實都得來不易，二者因為臺灣沒有條件來培養專
　　　　業的文評家，以維持持續的文學觀察。〔註1〕

〔註1〕 東年：〈海洋臺灣與海洋文學〉，《聯合文學》 第 13 卷 10 期（1997 年 8 月），
　　　　頁 167。

直到看見葉連鵬的博士論文《臺灣當代海洋文學之研究》〔註2〕、王韶君《臺灣海洋文學的發展與文化建構（1975～2004）》〔註3〕、林怡君的碩士論文《戰後臺灣海洋文學研究》〔註4〕等研究，筆者才對海洋文學有進一步認識。並且得知原來在廖鴻基、夏曼・藍波安之前，還有東年、呂則之兩位海洋作家，而更早之前，還有朱學恕、汪啓疆及其他海軍作家。不過除了廖鴻基、夏曼・藍波安、東年、呂則之四位作家是固定被研究的對象，其餘作家則因為各研究者對海洋文學定義的不同而有所取捨，但可以確定的是，廖鴻基與夏曼・藍波安被視為海洋文學作家是無庸置疑。

　　然而，筆者又衍生了新的問題，臺灣海洋文學是何時開始發展？為何只有廖鴻基以及夏曼・藍波安受到關注？在90年代之前，臺灣海洋文學又是如何發展？呈現成什麼樣的面貌？另外許多前行研究者如蕭蕭在〈臺灣海洋詩的美學特質〉〔註5〕、葉連鵬的博士論文、林怡君的碩士論文……等，乃至教育部在《海洋教育政策白皮書》中都提到戰後臺灣海洋文學／文化不興盛的原因之一，是漢人（明、清、國府）以重農的陸地思考模式來經營臺灣，忽略臺灣是個海島的事實。夏曼・藍波安也說：「基本上我認為漢人沒有航海史，只有移民史！」〔註6〕

　　這樣的說法恐怕有待商榷，如果這說法屬實，臺灣因統治者的大陸性格，加上大多數居民以漢人所組成，漢人生性怕海、懼海而不親海，使得海洋文學的發展受到限制；那為何臺灣文學發展至今，在山嶽文學這一領域的創作與研究，仍是寥寥可數，甚至比起海洋文學，所受到的關注更少，〔註7〕難道臺灣人民也是怕山、懼山嗎？

〔註2〕 葉連鵬：《臺灣當代海洋文學之研究》（桃園：中央大學中國文學研究所博士論文，2006年）。

〔註3〕 王韶君：《臺灣海洋文學的發展與文化建構（1975～2004）》（臺北：臺北教育大學臺灣文學研究所碩士論文，2006年）。

〔註4〕 林怡君：《戰後臺灣海洋文學研究》（臺南：成功大學臺灣文學研究所碩士論文，2007年）。

〔註5〕 蕭蕭：〈臺灣海洋詩的美學特質〉，《臺灣詩學季刊》第29期（1999年12月），頁27～44。

〔註6〕 夏曼・藍波安：〈印尼海航路的體驗〉，收入陳哲聰編：《人文海洋──2006海洋「人文藝術與社會」研討會會後論文集》（臺南：耀昇企業社，2007年10月），頁230。

〔註7〕 吳明益：《自然之心──從自然書寫到生態批評》（新北：夏日出版，2012年1月），頁224。

因此，筆者認為有需要重新整理臺灣文學史，從中去找尋與「海洋」題材相關的作品與書寫，試圖從這去釐清臺灣海洋文學的發展脈絡。唯有掌握、了解臺灣海洋文學的發展，筆者認為才能夠解決臺灣有海洋文學？什麼是海洋文學？臺灣海洋文學是何時開始？為何只有廖鴻基與夏曼‧藍波安受到關注？等諸多問題。

二、研究目的

因此，本研究的目的，即在揭旨：一、什麼是海洋文學？二、臺灣海洋文學在哪一時期開始？三、海洋文學發展與臺灣戰後文學發展的關係，釐清其脈絡。四、為何臺灣海洋文學直到 90 年代才受到重視？五、找出戰後臺灣海洋文學代表作家。六、歸納出臺灣海洋文學的特色。戰後臺灣海洋文學，已有眾多前行研究者奠立豐碩的研究成果，在這樣的研究基礎上，本研究企圖指出海洋文學與其他文學的關係；而尤其重要的是，在於了解海洋文學的特色、可讀性外，讓更多人從事海洋文學創作。另外，在今天我們可以近海、親海、愛海的時候，除了透過海洋文學去認識了解背後的海洋文化意義，藉由海洋文學的介紹，讓臺灣社會大眾習於與海共存，尊重海洋。臺灣四周環海，國人卻自棄於海洋良久，希望透過這樣的研究，讓臺灣社會更加了解自己的文化，能針對自己文化的特色，創造競爭力。

第二節　文獻探討

海洋文學研究在臺灣已多所論述，尤其是廖鴻基與夏曼‧藍波安的作品研究最為明顯。1998 年時，中山大學即以「海洋與文藝」為題辦理學術研討會，顯然彼時與海洋相關的文藝作品足以提供學人研究所需，而 2004 年起高雄海洋科技大學定期辦理「海洋文化」主題的學術研討會、2005 年起海洋大學開始出刊《海洋文化學刊》以有關海洋文化為研究軸心。研討會的舉辦，說明海洋文學／文化的發展已有初步成績。

目前所見有關戰後臺灣海洋文學的論文，多集中在幾個研究主題：一、海洋文學興起的歷史敘述；二、海洋文學各別作家的文本研究，焦點尤其集中在廖鴻基與夏曼‧藍波安這兩位作家。以下先行檢視前行研究者的研究成果，並且扼要分期析論：

　　一、1975 年以前：當時比較重要的海洋文學文論都集中在海軍《海洋生活》刊物上〔註8〕。1955 年，姜龍昭〈論海洋文學〉應是最早有系統談論「海洋文學」內涵的文章。〔註9〕姜文外，《海洋生活》中尚有幾篇論及海洋文學的文章，雖然缺乏系統性的論述，但在文學史的角度上，也是值得注意的：1、創刊號發刊詞〈振興海權建設海軍（代發刊詞）〉〔註10〕，是一份重要的海洋文學宣言；2、1961 年范祥麟的〈談海洋文學〉、〈再談海洋文學〉〔註11〕；3、1963 年王平陵的〈海洋文學的重要性〉〔註12〕與 1964 年饒立風為《海洋生活》「海洋之聲」專欄所撰的〈發展海洋文藝〉〔註13〕。這時期的海洋文學文論充滿戰鬥文藝色彩，著重戰鬥、海權、中華文化，這不但符海軍合刊物走向，也與 50 年代反共文學不謀而合。

　　此外，尚有常被前行研究者提及的楊鴻烈《海洋文學》〔註14〕，該書早在 1953 年即在香港由新世紀出版社出版，故置入此期。可惜該書對「海洋文學」一詞並未有內涵、定義的說明，讀者僅能從其書中旁敲側知楊氏所指，嚴格而言，該書頗類似海洋文學的選輯及楊氏的讀書評點。

　　二、1970 至 1990 年期間：當時重要刊物則為《大海洋》雜誌。〔註15〕以朱學恕為首的大海洋詩社，從創刊開始即標榜以發展海洋文學為目的，而

〔註8〕　《海洋生活》創刊於 1954 年，以鼓吹海權思想、啓迪海洋知識、發揮海軍精神，提倡海洋文學為宗旨，內容包括論著、翻譯、文藝、詩歌、新聞、社論等。裡頭海洋文學多以創作為主，論述文章則以提倡海權、海洋意識為主，例如每期皆有的社論，但偏重在軍事國防、經濟利用等，對於文學、文藝甚至文化方面的理論建構，並不如其發刊詞中所表現出的重視。

〔註9〕　姜龍昭：〈論海洋文學〉，《海洋生活》第 1 卷 4 期（1955 年 4 月），頁 26～28。

〔註10〕海洋生活月刊社：〈振興海權　建設海軍——代發刊詞〉，《海洋生活》創刊號（1954 年 12 月），頁 3。

〔註11〕范祥麟：〈談海洋文學〉，《海洋生活》第 7 卷 7 期（1961 年 7 月），頁 76～77；〈再談海洋文學〉，《海洋生活》第 7 卷 12 期（1961 年 12 月），頁 64～66。

〔註12〕王平陵：〈海洋文學的重要性〉，《海洋生活》第 9 卷 9 期：（1963 年 9 月），頁 65～69。

〔註13〕饒立風：〈發展海洋文藝〉，《海洋生活》第 10 卷 4 期（1964 年 4 月），頁 3。

〔註14〕楊鴻烈：《海洋文學》（臺北：經氏書版社，1977 年）。

〔註15〕該刊 1975 年 10 月創刊時，刊名題為「大海洋詩刊」；1988 年 9 月第 31 期時，封面題為「大海洋詩雜誌」，在出版資料中創刊日期仍延續《大海洋詩刊》創刊日期，但出版單位又更名為「大海洋文藝雜誌社」。而在 1991 年第 38 期，朱學恕在〈大海洋詩刊，再出發〉一文裡，則「大海洋詩刊」與「大海洋文藝詩刊」、「大海洋文藝詩雜誌」等名稱互用，可能在詩社內部也沒有嚴謹的統一名稱。本研究引用時則統一稱《大海洋》，免增困擾。

詩刊的理論旗手同樣以朱學恕為首，重要文學論述包括：第 1 期（1975 年 10 月）發刊詞〈開拓海洋文學的新境界〉、第 17 期（1983 年 7 月）〈論海洋文學與現代詩〉、第 31 期（1988 年 9 月）〈論海洋文學與海洋詩〉、第 34、35、36 期（1990 年 1 月、6 月、12 月）〈論開拓海洋詩的新境界（上）（中）（下）〉、第 37 期（1991 年 1 月）〈論海洋詩人之鏡〉、第 40 期（1992 年 8 月）〈論海洋文學〉、第 42、43 期〈論海洋文學與海洋人生觀（上）（下）〉、第 62 期〈全球化趨勢中中國當代海洋文學的使命〉……等等，以及他的論述集《開拓海洋新境界》。此外，由於朱學恕在探論文學時乃著重於文化內涵，因此也發表眾多海洋文化（歷史、社會、經濟、戰爭……）的論述。其論述相當豐富，可惜目前學界對《大海洋》沒有投以相對的重視。

朱學恕也是出自於海軍，因此他的海洋文學文論與前行論者一樣，偏重於戰鬥、反共，以中華文化為依歸。不過其中也有其創建，他最早的一篇海洋文學文論是《大海洋》的發刊詞〈開拓海洋文學的新境界〉，這篇文章也可以說是朱學恕日後所有海洋文學、海洋文化論述的基調。在該文中，朱學恕開宗明義指出「四大海洋功能」：

> 一是多彩的人生，情感的海洋，二是內在的視聽，思想的海洋，
>
> 三是靈智的覺醒，禪、理的海洋，四是真實的水性，體驗的海洋。
>
> 〔註 16〕

他將海洋的功能從客觀實存的外在海洋，擴張到主觀抽象的內在海洋；而海洋文學因此也就包括外在海洋與內在海洋的文學——這樣的海洋文學論述可以說把姜龍昭劃出的嚴謹的海洋文學界線完全打破，並不只是著重於戰鬥意識的海洋文學觀。

三、1990 年至 2000 年：此時尚未有以「海洋文學」為題的學位論文，單篇論文也不多，除了朱學恕與《大海洋》內刊載的文章外，僅見東年〈海洋臺灣與海洋文學〉〔註 17〕，另有數篇以「海洋文學」為題的文章，如陳克華的〈海洋文學的典範〉〔註 18〕或光華雜誌的〈海洋文學的初航——《討海人》〉〔註 19〕；另外，彭瑞金〈翻版的「老人與海」——期待海洋文學〉

〔註 16〕 朱學恕：〈開拓海洋文學的新境界〉，《大海洋》第 1 期（1975 年 10 月），頁 1。

〔註 17〕 東年：〈海洋臺灣與海洋文學〉，《聯合文學》第 154 期（1997 年 5 月），頁 154。

〔註 18〕 陳克華：〈海洋文學的典範〉，《中國時報》第 39 版，1996 年 7 月 4 日。

〔註 19〕 蔡文婷：〈海洋文學的初航——《討海人》〉，《光華雜誌》第 21 期 11 卷（1996 年，11 月），頁 122～123。

〔註20〕也是對廖鴻基的論述。

不過，值得注意的是 1998 年在中山大學舉辦的「海洋與文藝國際會議」。該會議發表諸多彼時重要海洋文學研究，如陳啓佑〈臺灣海洋詩初探〉、蔡振念〈臺灣現代海洋詩中的意象與情感〉、蕭蕭〈臺灣海洋詩的美學特質〉、楊雅惠〈臺灣現代詩中的海洋書寫〉、李若鶯〈海洋與文學的混聲合唱——現代詩中的海洋意象析論〉等，集中討論了彼時之前臺灣的現代海洋詩。另外，葉連鵬〈論澎湖文學與海洋的關係〉是地方文學與海洋的連結；莊宜文〈航向人性的黝深海域——試論東年的海洋小說〉是對海洋小說的討論；龔顯宗〈從《臺灣外記》看三鄭的海國英雄形象〉是對古典文學；李瑞騰〈菲華新詩的海洋意象〉針對海外華文；焦垣生〈淺談當代中國大陸的海洋文學〉對中國大陸；鹿憶鹿〈臺灣原住民的魚蟹神話傳說故事探討〉對原住民神話傳說的海洋文學研究；林明德〈臺灣漁村的偶戲〉對民間傳統戲劇……可以說該研討會是對二十世紀末對臺灣海洋文學／文化最重要的一次討論。〔註21〕

從這些文章中，可以看見當時海洋文學研究的一些現象；其一，當時海洋文學的研究尚屬起步，學者們在研究海洋文學時，大都分門別類，先對單一文類、單一作家、單一時期、單一地區乃至單一主題進行整理研究。最常見的就是將詩與小說等不同文類分開來研究，如此一來，受限於視野，不利歸納海洋文學的發展趨勢。其次，研究者以詩作中與海洋相關的詞句進行檢索，也容易導致海洋詩作數量膨脹的現象。我們看到這些論文，相對於小說、散文、戲劇等其他文類的研究，以詩的研究，特別是現代詩研究，分量較多。事實上，90 年代之前，臺灣作家受限於主客觀條件，離岸的海洋經驗普遍不多，在現實經驗不多的前提下，詩自然較諸其他文類易於表現，份量較多。至於小說、散文，彼時廖鴻基、夏曼·藍波安尚未從事創作，而東年與呂則之則正展露頭角。因此表現在研究結果上，相較於海洋詩研究，小說與散文的研究因作品有限，前行研究者自然無法馬上振領提綱、爬梳全豹，因此許多研究者在初入海洋文學堂奧之際，免不了以詩作研究居多。

〔註20〕彭瑞金：〈翻版的「老人與海」——期待海洋文學〉，收入廖鴻基：《討海人》（臺中：晨星，1996 年 6 月），頁 246～239。

〔註21〕該研討會後來在發表的 40 篇論文中，經篩選出 31 篇，出版兩冊論文集，上開文章除焦垣生與林明德的文章外，皆收入鍾玲編：《海洋與文藝國際會議論文集》（高雄：中山大學文學院，1999 年 9 月）。

　　四、2000年至今：此時海洋文學研究有兩個趨勢；其一，由於90年代生態、環保意識抬頭，影響所及，文壇與學界對於自然寫作創作、研究風氣大盛。新世紀之初，此時海洋文學多半隨著風氣流行，依附在自然寫作研究之下。學位論文部分，例如簡義明《臺灣「自然寫作」研究——以1981～1997為範圍》〔註22〕、許尤美《臺灣當代自然寫作研究》〔註23〕、李炫蒼《現當代臺灣「自然寫作」研究》〔註24〕等。這一批自然寫作的研究到了吳明益《當代臺灣自然寫作研究》〔註25〕總其大成。另外像是如蔡逸雯《臺灣生態文學論述》〔註26〕，是以「生態文學」為論文題旨；簡玉妍《臺灣環保散文研究——以1970～1990年代為範圍》〔註27〕則以「環保文學」為題接踵其後；李靜華《臺灣自然寫作中的人與自然》〔註28〕再增補吳明益論文。以上諸人皆在論文中對海洋文學有重要論述。之後，自然寫作、生態文學等主題的研究逐漸走向各別作家的分論與比較，於是像廖鴻基、夏曼・藍波安等作家也分別被以自然寫作作家身份納入研究，如劉又萍《劉克襄與夏曼・藍波安生態文學之環境倫理觀比較》〔註29〕、劉咏絮《與鯨豚對話——劉克襄與廖鴻基的鯨豚書寫探究》〔註30〕與江典育《臺灣生態書寫研究：以劉克襄、許悔之、張芳慈為例》〔註31〕等數篇。

〔註22〕簡義明：《臺灣「自然寫作」研究——以1981～1997為範圍》（臺北：政治大學中國文學系碩士論文，1997年）。

〔註23〕許尤美：《臺灣當代自然寫作研究》（桃園：中央大學中國文學系碩士論文，1997年）。

〔註24〕李炫蒼：《現當代臺灣「自然寫作」研究》（臺北：臺灣師範大學國文系碩士論文，1998年）。

〔註25〕吳明益：《當代臺灣自然寫作研究》（臺北：中央大學中國文學系博士論文，2002年）。

〔註26〕蔡逸雯：《臺灣生態文學論述》（宜蘭：佛光人文社會學院文學研究所碩士論文，2003年）。

〔註27〕簡玉妍：《臺灣環保散文研究——以1970～1990年代為範圍》（臺中：中興大學臺灣文學系碩士論文，2010年）。

〔註28〕李靜華：《臺灣自然寫作中的人與自然》（高雄：高雄師範大學回流中文碩士班碩士論文，2009年）。

〔註29〕劉又萍：《劉克襄與夏曼・藍波安生態文學之環境倫理觀比較》（臺南：臺南大學生態旅遊研究所碩士論文，2008年）。

〔註30〕劉咏絮：《與鯨豚對話——劉克襄與廖鴻基的鯨豚書寫探究》（臺中：東海大學中國文學系碩士論文，2008年）。

〔註31〕江典育：《臺灣生態書寫研究：以劉克襄、許悔之、張芳慈為例》（臺中：中興大學臺灣文學研究所碩士論文，2010年）。

　　這些論文，雖未題名海洋文學，但內容皆涉海洋文學，他們認為海洋為自然界重要的一環，因此其相關書寫凡符合自然寫作理論者，自不免被吸納進自然寫作範疇之中。例如在簡義明論文中，即將「海洋文學」收編在「臺灣『自然寫作』的其他類型」中；吳明益一樣也把廖鴻基的作品擺在其論文的第九章。事實上在新世紀初期，海洋文學大多被納進自然寫作的範疇討論，真正直呼海洋文學為名的論文反而不多。

　　海洋文學與自然寫作原是互有交集的兩種文類，但其後續的理論接受者，因種種有意無意的因素，竟以為海洋文學全屬自然寫作，例如黃騰德對海洋文學的觀點，可視為其中的典型，他曾引用簡義明的說法，如是敘說：

> 談到所謂「海洋文學」之前，應先有一認識：它屬於「自然寫作」
> 的範疇中，是一股較單薄的支流……所謂海洋文學，就是以海洋為
> 主題的文學；記述海洋上的活動，生態，以及引發自海洋的悸動的
> 文學。〔註32〕

自然寫作研究者僅主張「符合自然寫作理論下的以海洋為題材的文學，是自然寫作此一領域中微弱的一股」這樣的論述當然值得商榷。海洋文學與自然寫作是互有交集的兩種文類，如果單指海洋生態的自然書寫，固然可以說是自然寫作的一環，但是海洋文學，特別是廣義的海洋文學，涉及可不只是自然層面，斷然不能歸屬於自然寫作的一環。

　　此時海洋文學研究另一趨勢，就是自2004年之後，海洋文學研究逐漸脫離自然寫作研究領域，以起步的姿態逐漸發展。從2004年開始，高雄海洋科技大學則是以人文、文化做為主軸，每年舉辦「國際海洋文化研討會」；次年（2005），臺灣海洋大學同樣以「海洋文化」為主軸，一年辦理一次國際學術研討會，形成南北兩大海洋文化研究聚落。但兩校辦理的也非集中焦點在文學，而是廣泛的文化。例如2004年高雄海洋科技大學辦理的「海洋『人文藝術與社會』研討會」分文學、史學、藝術與其他四部，文學僅佔15篇論文中的兩篇，其中一篇是金榮華老師的〈海洋與海洋文學〉〔註33〕專題演講；一

〔註32〕黃騰德：〈從廖鴻基《鯨生鯨世》看臺灣的海洋文學〉，《臺灣人文》第4期（2000年6月），頁47。

〔註33〕金榮華：〈海洋與海洋文學〉，收入陳哲聰編：《人文海洋——2004海洋「人文藝術與社會」研討會會後論文集》（臺北市：華立圖書，2005年8月），頁3～7。

篇是楊淑雅〈海洋女神──媽祖的故事〉〔註34〕。2005 年臺灣海洋大學辦理
的「海洋文化國際學術研討會」，則分三組：「海洋歷史與區域研究」、「海洋
教育與文學」、「海洋民俗與語文」，26 篇論文中，與文學為主題的也只有六篇。
但是從此以後，由於海洋文學之名逐漸被廣泛接受，兼以海洋文化漸植臺灣
社會，類似的學術研討會也漸次在各單位舉辦。

　　而隨著廖鴻基與夏曼‧藍波安兩位明星級海洋文學作家出現，以及 2000
年後兩人大量書寫，逐漸吸引文評家的投入研究，並以海洋文學的角度檢視
廖鴻基與夏曼‧藍波安的作品。於是以兩位作家為題的學位論文也接續出現，
計有：伍寒榆《洄瀾海洋‧綠鯨島嶼──廖鴻基海洋書寫研究》〔註35〕、李
珮琪《海洋作為認同的場域──從廖鴻基及夏曼‧藍波安作品探究其認同與
實踐》〔註36〕、吳志群《廖鴻基海洋書寫研究》〔註37〕、黃勤媛《論夏曼‧
藍波安及其作品中海洋意象》〔註38〕、林宗德《消弭海／陸的界線──論廖
鴻基作品中海洋文化的思想體系與美學實踐》〔註39〕、黃慧眞《廖鴻基海洋
書寫研究（1995～2007）》〔註40〕、王靖丰《海洋文學作家廖鴻基作品之研究》
〔註41〕、簡曉惠《夏曼‧藍波安海洋文學研究》〔註42〕、吳建宏《回歸與漂
流──夏曼‧藍波安與廖鴻基的海洋書寫研究》〔註43〕、江采蓮《海洋心‧

〔註34〕楊淑雅：〈海洋女神──媽祖的故事〉收入陳哲聰編：《人文海洋──2004 海洋「人文藝術與社會」研討會會後論文集》，頁 9～28。
〔註35〕伍寒榆：《洄瀾海洋‧綠鯨島嶼──廖鴻基海洋書寫研究》（臺南：成功大學臺灣文學研究所碩士論文，2005 年）。
〔註36〕李珮琪：《海洋作為認同的場域──從廖鴻基及夏曼‧藍波安作品探究其認同與實踐》（花蓮：花蓮師範學院多元文化教育研究所碩士論文，2005 年）。
〔註37〕吳志群：《廖鴻基海洋書寫研究》（臺北：臺北教育大學臺灣文學研究所碩士論文，2005 年）。
〔註38〕黃勤媛：《論夏曼‧藍波安及其作品中海洋意象》（新竹：玄奘大學中國語文研究所碩士論文，2007 年）。
〔註39〕林宗德：《消弭海／陸的界線──論廖鴻基作品中海洋文化的思想體系與美學實踐》（臺中：靜宜大學中國文學研究所碩士論文，2008 年）。
〔註40〕黃慧眞：《廖鴻基海洋書寫研究（1995～2007）》（臺北：淡江大學中國文學學系碩士論文，2008 年）。
〔註41〕王靖丰：《海洋文學作家廖鴻基作品之研究》（嘉義：南華大學文學系碩士論文，2008 年）。
〔註42〕簡曉惠：《夏曼‧藍波安海洋文學研究》（屏東：屏東教育大學中國語文學系碩士論文，2008 年）。
〔註43〕吳建宏：《回歸與漂流──夏曼‧藍波安與廖鴻基的海洋書寫研究》（中興大學臺灣文學系碩士論文，2011 年）。

海島情——廖鴻基的海洋文學作品研究》〔註44〕。

　　除了兩位明星作家的研究，部分論者也開始爬梳過往的臺灣文學，希望從中找尋海洋文學的脈絡。2005 年吳韶純《臺灣現代海洋文學研究》〔註45〕是第一本以「海洋文學」爲題的學位論文，後有王韶君《臺灣海洋文學的發展與文化建構（1975～2004）》、葉連鵬《臺灣當代海洋文學之研究》、林怡君《戰後臺灣海洋文學研究》、陳清茂《宋元海洋文學研究》〔註46〕、李智婷《海洋文學提升學生海洋關懷意識之行動研究》〔註47〕、李友煌《主體浮現：臺灣現代海洋文學的發展》〔註48〕、楊政源《海洋文學在臺灣文學場域的興起——以夏曼‧藍波安與廖鴻基爲觀察核心》〔註49〕等明確以「海洋文學」爲題的學位論文。

　　其中，吳韶純《臺灣現代海洋文學研究》開創先例，以「海洋文學」爲題進行的學位論文，之後葉連鵬的博士論文《臺灣當代海洋文學之研究》，更集之前研究的大成，這是第一本以海洋文學爲題的博士論文，文中詳列當代（1949～2005）海洋文學的作家及相關作品，使臺灣當代海洋文學得到一個完整的整理。葉連鵬以海洋文學中多樣的題材、類型爲海洋文學分類，分爲漁民文學、海軍文學、海洋生態文學、海洋幻想文學以及海洋航行文學等五種類型。這固然是創舉，也提供後來研究者豐富的研究資料，但是以海洋職業，或者海洋活動屬性來爲海洋文學分類，那麼臺灣歷史發展與文學轉變對海洋文學的影響，就無法在其論文中看出樣貌。也因此當他以「海洋幻想文學」定義王家祥和劉克襄的作品，而忽略兩位原本屬於自然寫作領域的作家，是以海洋生態結合臺灣歷史發展或環境變遷的用意。加上對作家作品的分類

<hr>

〔註44〕 江采蓮：《海洋心‧海島情——廖鴻基的海洋文學作品研究》（宜蘭：佛光大學文學系碩士論文，2011 年）。以上僅採與廖鴻基、夏曼‧藍波安的海洋文學／海洋書寫有關之論文，除此之外，以兩人爲題的論文尚有近十篇之數。

〔註45〕 吳韶純：《臺灣現代海洋文學研究》（高雄：高雄師範大學國文教學研究所碩士論文，2005 年）。

〔註46〕 陳清茂：《宋元海洋文學研究》（高雄：中山大學中國文學系研究所博士論文，2009 年）。

〔註47〕 李智婷：《海洋文學提升學生海洋關懷意識之行動研究》（基隆：臺灣海洋大學教育研究所碩士論文，2011 年）。

〔註48〕 李友煌：《主體浮現：臺灣現代海洋文學的發展》（臺南：成功大學臺灣文學研究所博士論文，2011 年）。

〔註49〕 楊政源《海洋文學在臺灣文學場域的興起——以夏曼‧藍波安與廖鴻基爲觀察核心》（嘉義：中正大學中國文學研究所博士論文，2012 年）。

界限過大產生了「一位作家多重類型身份」的矛盾，比如夏曼‧藍波安是達悟人的身份，只因他也捕飛魚就將他視為「漁民文學」，這樣的分類實在不夠嚴謹。

至於李友煌的博士論文《主體浮現：臺灣現代海洋文學的發展》，從臺灣主體意識覺醒的角度，闡釋臺灣海洋文學的崛起，並溯源到日治時期臺灣新文學啟蒙，讓整個臺灣海洋文學的發展脈絡更為清晰。之後楊政源《海洋文學在臺灣文學場域的興起——以夏曼‧藍波安與廖鴻基為觀察核心》更著重歷史文化視野，透過文學史的脈絡，探索廖鴻基與夏曼‧藍波安如何在 90 年代發跡，並帶動臺灣海洋文學風潮。儘管論文偏重於 90 年代海洋文學，但對於 50 年代海軍刊物《海洋生活》、70 年代《大海洋》也多所著墨，從中可見海洋文學「此消彼長」的發展情形。只可惜楊政源的論文並未對 70、80 年代的文學脈絡深入探討，因此從他的論文中，我們就無法得知 70 年代的鄉土文學，以及 80 年代本土意識抬頭後的自然寫作對海洋文學帶來怎樣的變化。

從以上的論文分期，不難發現，90 年代以前臺灣海洋文學仍未受到重視，因此關於海洋文學的研究幾乎無學位論文，而多是論者在相關刊物發表，試圖建構海洋文學理論。反之，90 年代以後，隨著自然寫作的興起，廖鴻基、夏曼‧藍波安兩位海洋文學作家的被重視，因此海洋文學的學位論文也大幅出現。只是這些學位論文多偏重於各別作家研究，而作家研究又集中在廖鴻基與夏曼‧藍波安兩位明星作家身上，也因如此，使得海洋文學研究有「見樹不見林」的侷限，無法進行對海洋文學跨作家的宏觀視野。誠如李友煌所說：

> 這些論文的研究範圍大都侷限於戰後迄今的現當代海洋文學，未能
> 往戰前回溯，而日治時期臺灣新文學發軔時，恰是臺灣現代海洋文
> 學起步的關鍵期，具有奠基的地位，不可忽視。〔註50〕

前人研究多偏重於當代，尤其是 90 年代之後的海洋文學，這原本無可厚非，但也總讓人誤以為臺灣遲至 90 年代之後才有海洋文學。

然而不可否認，前行研究者的成果，在在說明了臺灣海洋文學創作越來越多，作品的廣度和深度有超越以往的表現，進而影響更多人認識、投入海洋文學的懷抱，也增加筆者對海洋文學的全面認識。以此，筆者也希望能在前行研究者的研究基礎上，用比較寬廣的研究視野來審視戰後臺灣的海洋文學／文化，在前人的基礎上有所創新、突破。

〔註50〕李友煌：《主體浮現：臺灣現代海洋文學的發展》，頁 3。

第三節　海洋文學定義

一、海洋文學定義的演變

　　誠如上文所說，海洋文學最少歷經上述四次大規模的提倡以及研究，足足跨越一甲子，因此歷年來對海洋文學的定義也與時俱進，相當繁複多元，並無一致，也不一定都是以「海洋文學」這名詞稱之，有的以「海洋意象」、「海洋經驗」、「海洋書寫」、「文學與海洋的關係」、「以海洋爲主題、題材」等來概括。誠如李友煌所說，由於定義模糊，導致研究者對海洋文學認知不同，便出現了「臺灣的海洋詩產量豐富」、「臺灣海洋詩的寫作，成果並不豐碩」等不同的說法。〔註51〕

　　之所以產生如斯分歧意見，除了創作先行於理論，理論是歸納既有作品而成，在理論家各有認知之下，自然形成寬窄不一的論述；此外，因爲不同時代，對於海洋的概念、文學的界義不同，也會形成不同的認定。下文即擇要簡述各家之說：

　　楊鴻烈的《海洋文學》是目前所見第一本以「海洋文學」爲題的專書，作者在〈楔子〉中說：「『海洋文學』原係新鮮題目，以前不曾有人對之做過系統的研究。」而他之所以以之爲題出書，是因爲「平生喜歡浮家泛宅，對於海洋特別感覺興趣。」〔註52〕因此他的「世界文學的比較研究」叢書中以海洋文學爲第一編。但他的書裡其實並沒有給海洋文學「釋題」。僅能從其書中內容側見作者對海洋文學的概念爲何。在〈楔子〉中，作者首先將海洋文學與「山嶽文學」、「平原文學」、「天象文學」、「動植物文學」與「人倫文學」比列，可以想見作者的分類法或許是從題材而來，但彼此間清楚的界線，卻無從得知。〔註53〕其次，《海洋文學》一書共分：第一章海洋現象；第二章海洋與詩歌；第三章海洋與小說；第四章海洋與戲劇，這樣從文體來分類敘述，雖然可能會產生許多漏失，但仍不失一種權宜之道。但從他在第二到第四章所列舉的海洋文學作品觀之，他的海洋文學範圍是頗爲疏闊的。

〔註51〕李友煌：《主體浮現：臺灣現代海洋文學的發展》，頁11。

〔註52〕楊鴻烈：《海洋文學》，頁1。

〔註53〕楊鴻烈於書中說《海洋文學》是他的「世界文學的比較研究」的第一編，但在臺灣除了《海洋文學》外，其他編都未能得見，不知道是臺灣沒有出版還是作者根本沒能爲他的其他編出版。因此也無從比較來臆測海洋文學與其他類別文學間的差異。

在楊鴻烈之後則是姜龍昭〈論海洋文學〉發表於《海洋生活》，姜龍昭對於海洋文學的界定是：

> 海洋文學，應該是描寫一些生活、工作、戰鬥在海上的人們，述說
>
> 他們怎樣在海上生活，在海上工作，在海上戰鬥的文學作品。〔註54〕

顯然是受到海軍刊物的影響，而從內容上加以界定的。在文中，他還特別指出「一兩個海軍在陸地上發生的戀愛故事」不能算是海洋文學、「有水手、漁民、海軍等人物的文學作品，並不一定就是海洋文學。」顯示姜龍昭對海洋文學的定義已有著重於海洋意識、海洋精神的想法，而不單單就題材、人物、背景……等等的條件限制。

從 1966 年元月《海洋生活》被併，到 1975 年 10 月《大海洋》創刊前約十年的時間，臺灣海洋文學雖不致於眞空，但文論上確實乏善可陳。直到朱學恕發起《大海洋》才又見一線曙光。90 年代之後，由於廖鴻基與夏曼・藍波安兩位海洋文學作家出現，逐漸吸引文評家的投入研究，並紛紛針對海洋文學定義。除了上述簡義明、許尤美等人將海洋文學歸納爲自然寫作文學一環，而以自然寫作的角度爲其定義，其他的研究者，則是跳脫自然寫作的思維，多能以海洋文學的角度，或寬鬆、或嚴謹，紛紛針對海洋文學定義。

比較寬鬆者，這類學者一致認爲臺灣確有海洋文學，只是彼此間對作品中「海洋」的界義不同。以林燿德爲例，他認爲「爲充分掌握中國現代詩人處理海洋題材的情形，因此不論採取何種策略和態度，凡具備歷史意義及代表性的作品，均兼容並蓄」〔註55〕於海洋文學中。他直接表明是站在「歷史意義」的立場，把那些不純粹的海洋詩作也納入。林燿德之所以採取這樣的寬容策略，是遷就當時（1987 年）海洋文學作品的不豐，從林氏編選的三本一套《中國現代海洋文學》的選集內容，可見一端。

完整檢視林氏所收的海洋文學作品，發現作品包括：在空間上有描寫遠洋／近海的、描寫海岸／海邊的，甚至描寫岸上／陸地事物的；在人物上有漁夫、有海軍、有詩人，也有坐船逃難的學生；而內容上有描寫長江水戰的（楊家浦）〈寒江戰錄〉，也有毫無海洋意識的（徐志摩）〈北戴河海濱的幻想〉，有僅以海洋起興的（劉半農）〈在墨藍的海洋深處〉等我們可以得到林燿德選

〔註54〕 姜龍昭：〈論海洋文學〉，頁 26。
〔註55〕 林燿德編：《海是地球的第一個名字》（臺北：號角出版社，1987 年 7 月），頁 6。

編標準：即作品中，不論是作者主旨為何，只要作品中提及海、與海有關的題材，都大可納入「海洋文學」的範疇。

除了林燿德，余光中的論點也相當寬廣。2002 年朱學恕等人主編的「中國海洋文學大系」《二十世紀海洋詩精品賞析選集》〔註56〕，余光中在總序文中指出：

> 什麼是海洋詩呢？這名詞頗難界定。如果說，以海洋為主題而正面寫海的詩，才算海洋詩，那這本選集裡有不少詩都不合格。有許多詩其實寫的是人，而以海洋為其背景；或是以人情、人事為主體，而以海洋為襯托，為比喻；或是出入於虛實之間，寫岸上人思念海上人，或海上人思念岸上人；或是寫海陸之間的特殊空間：海岸。
> 〔註57〕

余光中雖然沒為海洋詩進行定義，但卻明白指出這本選集的選詩是採相當寬鬆的條件，以海洋為背景，以海洋為襯托、為比喻，甚至只是懷念海上人都算是海洋詩。相對於前述 1955 年姜龍昭試圖為海洋文學灌注「海洋精神」、「海洋意識」這個重要因子，大海洋詩社似乎為了編出夠量的海洋文學選集而只能放寬標準，以「題材」為認定取捨的標準。但是，過於寬鬆的定義，同時也導致文本認定的模糊，造成文類特色的流失。

至於觀點較為嚴謹，則是認為臺灣沒有海洋文學，例如陳思和就認為：

> 當代所謂的『海洋文學』的作品尚屬起步階段並無真正成熟的風格和真正的大家之作，故主張以『海洋題材的創作』來指稱這些作品較為適當。〔註58〕

這樣的立論其實是立基在對海洋文學的高標準要求，認為在新世紀之初，縱然有廖鴻基與夏曼・藍波安兩位作家出現，但對於「海洋」，整體臺灣社會仍停留在「初識」階段。類似的論點也出現在彭瑞金的「海洋文學」定義上，

〔註56〕余光中非該書編輯委員，亦非大海洋詩社成員，因此本段節錄文字只能看成是余光中對該書選錄作品的說明，並不代表余光中對海洋詩的態度，也非選編者立場的直接說明。

〔註57〕朱學恕、汪啓疆編：《中國海洋文學大系：二十世紀海洋詩精品賞析選集》（臺北：詩藝文出版社，2002 年 4 月），頁 25。

〔註58〕陳思和：〈試論 1990 年代臺灣海洋題材的創作〉，「兩岸文學發展研討會」論文（中華發展基金管理委員會、中央大學中國文學系所主辦，2000 年 9 月 16～17 日），該次研討會未刊行正式論文集；本文引自於楊政源：《海洋文學在臺灣文學場域的興起——以夏曼・藍波安與廖鴻基為觀察核心》，頁 44。

他在評廖鴻基的〈三月三樣三〉，認為臺灣的海洋文學不是闕如就是貧乏，他
認為：

> 過去雖有過零星的「海洋文學」作品或漁民文學，但也無可否認的，
> 就像有人辯稱我們也有高山文學一樣，都不外是陸地觀魚的海洋文
> 學，在沒有海洋觀點的生活和教育之前，我們很難擁有海洋文學。
> 〔註59〕

彭瑞金認為，在臺灣社會將海洋內化為生活不可或缺的一部分之前，臺灣都
將只是「海島國家」而非「海洋國家」，而最嚴謹的海洋文學之成形也勢將等
到海洋國家形成的時候。

　　從以上論點，不難發現對於海洋文學的定義有後出轉繁之勢，李友煌更
認為於 90 年代之後，「臺灣海洋文學的能見度，不管是在創作或研究領域都
有大幅的提昇。特別是年輕學者的相繼投入，諸多碩士論文及博士論文的撰
寫完成，都對臺灣海洋文學此一創作與研究領域的建構起了築造與鞏固的作
用。」〔註 60〕由此可見，海洋文學的定義是與時俱進，這不但代表臺灣學界
對海洋文學的重視是有增無減，也反映了臺灣政治及社會的變遷。只不過研
究者對海洋文學的渴望有時超過海洋文學作家的「產出」，研究者參與海洋文
學的體系建構，往往比作家更積極，有時候也因為定義越來越求精確，選材
越來越嚴格，反而劃地自限，侷限了自己的視野。

二、海洋文學定義之侷限

　　由於論述者眾，本文僅引幾個意見較為相異的定義，呈現其問題。葉連
鵬的博士論文有如下定義：

> 廣義的定義為：舉凡以海洋景觀或海洋生物，抑或在海上工作的人
> 為描寫對象的文學作品，都可以稱之為海洋文學。……狹義的海洋
> 文學是除了廣義定義所述之外，更要求作品裡必須深刻展現海洋的
> 精神，以及人與海洋生息與共的互動關係，這樣才是較精確的海洋
> 文學。〔註61〕

〔註59〕彭瑞金：〈翻版的「老人與海」——期待海洋文學〉，頁 237。
〔註60〕李友煌：《主體浮現：臺灣現代海洋文學的發展》，頁 12。
〔註61〕葉連鵬：《臺灣當代海洋文學之研究》，頁 9。

葉連鵬的廣義定義是從「題材」著眼，很多論者如林燿德、朱學恕乃至於 50 年代姜龍昭的觀點相似，而其狹義定義則在廣義定義的範疇中，再設置「海洋精神」與「人與海互動關係」的門檻，另外姜龍昭、朱學恕與東年同樣也強調抽象的海洋精神。

但是「海洋精神」是什麼？由於過於抽象，並不容易釐清。姜龍昭所認為的海洋精神是「可以培養國民海權的思想，磨礪國民冒險的精神，發揚國民奮鬥的意志」〔註 62〕，至於朱學恕的海洋精神可豐富了，它包含了「新的中國海洋文化精神，包涵著長江，黃河流域五千多年來所蘊育的水的文化，以及龍的傳人所薪傳的儒家哲理」〔註 63〕，他認為只要心中有海洋，中國歷史、文化，儒家的四維八德都能轉化為海洋精神，寫出來的東西都是海洋文學。於是可以發現，由於「海洋精神」、「海洋意識」的定義模糊、抽象，於是在這基礎下的海洋文學也就莫衷一是。

另外有些論者，認為海洋文學應以海洋為創作主體，例如林宗德就認為：

> 若是書寫因為海洋引起感動，或是描述海洋生活的作品，重要的是必須以海洋為主要描述主體，皆可稱為海洋文學。其中含括生活、勞動、經驗、體驗、情感、思想、精神、知識等元素在內。〔註 64〕

他認為海洋文學應以海洋為描述主體：

> 臺灣古典文學中，對於海洋雖然有許多描述，但極大部分都是書寫飄洋過海來臺的過程，文學的視點仍站在其原鄉大陸，而非海島臺灣，內容多是對於離開家鄉的思鄉情懷。書寫主體並非以海洋為主，海洋僅是背景。〔註 65〕

這種強調應以海洋為創作主體的論點，多半是擔心作品中的海洋只是被當成背景、配角，內容上缺乏海洋生活、海上故事或是與海洋接觸經驗，他們認為這些作品書寫的重點始終非海洋。

〔註 62〕 姜龍昭：〈論海洋文學〉，頁 26。

〔註 63〕 朱學恕：〈論海洋文學與現代詩〉，《大海洋》第 17 期（1983 年 7 月），頁 3。

〔註 64〕 林宗德：《消弭海／陸的界線——論廖鴻基作品中海洋文化的思想體系與美學實踐》（臺中：靜宜大學中國文學研究所碩士論文，2008 年），頁 47。

〔註 65〕 林宗德：《消弭海／陸的界線——論廖鴻基作品中海洋文化的思想體系與美學實踐》，頁 4。

這樣的看法與彭瑞金相似，彭瑞金也認爲海洋文學以海洋生活爲中心貼近海洋文化，他甚至以海明威的《老人與海》來對比廖鴻基的〈三月三樣三〉表示：

> 《老人與海》是世界著名的作品，也是海明威極具個性特質的代表作，雖然寫的是海洋、漁人的故事，卻不是一部以漁民爲重心或以捕魚生活爲重點的海洋小說，反而是寫海明威的人生哲學，發表他個人宗教信仰、生活情操的體認。……

> 桑蒂雅哥，在和大海裡的鯊魚搏鬥的經過，的確寫到了一寫漁民捕魚的經驗，特別是有關海洋風景的描寫。不過，任誰也不會認爲海明威想寫的是漁民和海洋，他寫的只是海明威式的人性探索，他的「哲學」其實不必透過漁民或海洋，在陸地上一樣可以發生，一樣可以表達。〔註66〕

然而若照彭瑞金的說法，那些一直被其他論者視爲海洋文學經典，如古希臘荷馬敘事詩《奧德塞》（Odýsseia）、史蒂文森的《金銀島》（Treasure Island），以及麥爾維爾的《白鯨記》，其實創作的重心也不在海洋上，而是人的身上。事實上大部分的文學，其作品的主體大多都離不開人的身上，即使是自然寫作，以海洋生態爲書寫主體，也強調人與大自然的互動。如果我們以東年的海洋小說爲例，探究人性才是他創作的主要目的，海洋只是他作品中的背景，但是如果將其作品中的海洋元素去除，例如航行大海所產生的虛無感，討海人因勞動所產生的暴戾，那其作品將是不完整。

相對以上較爲爭議的論述，李友煌則因爲有鑒於「海洋意識」、「海洋精神」的定論過於抽象且難以認定，因此它採用廖鴻基的看法，提議以「海洋文化」代替「『海洋精神』+『人』」的門檻——文化「其實就是指人類生活內容的總集成」，『海洋文化』指的是人類與海洋互動所產生的生活內容」；以此，他所定義的海洋文學應該是：「以海洋及與海洋相關題材爲書寫對象，且能展現海洋文化的文學作品。」〔註67〕除了強調作品要展現海洋文化，李友煌也將「以陸觀海」海濱、鹽村、漁港書寫納入海洋文學範疇。這樣的論述可以說是個創見，因爲筆者也對於作品一定要有「海洋意識」、「海洋精神」感到質疑，因爲抽象性的「海洋意識」、「海洋精神」到底是指什麼？仍是眾說紛紜，這當然也直接影響到海洋文學的定義。

〔註66〕彭瑞金：〈翻版的「老人與海」——期待海洋文學〉，頁234～235。
〔註67〕李友煌：《主體浮現：臺灣現代海洋文學的發展》，頁18。

李友煌的「海洋文化」定義，算是相對廣義的海洋文學定義，在此定義下，作品中表現海軍文化、漁民文化，固然可以稱得上海洋文學；作品描述海洋生態環境，呈現人與大海的環境倫理，也可以是海洋文學；即使是以旅遊為重心，作品描述各港口風光景色，記載各港口的生鮮美食，乃至於航行大海，只要能展現海邊、海上的旅行文化，似乎也能算是海洋文學範疇。但是如果是一位詩人看見一隻海鷗，藉此起興寫一首詩感懷自己孤獨無依的思緒，例如覃子豪的〈霧港〉、余光中的〈新月和孤心〉，這樣的詩作恐怕不能符合李友煌論文所說「能展現海洋文化」。

筆者在這不是雞蛋裡挑骨頭，只是凸顯任何完整的文學定義都難以究竟圓滿，難免會掛一漏萬。畢竟，當我們要以一把量尺規範不同時間、空間的文學作品，就很難面面俱到：當然，對於文學創作者而言，是可以不用理會研究者如何定義海洋文學，但做為海洋文學研究者，定義過於寬泛固然造成該文類的特性模糊；但過於嚴緊也可能自縛手腳，排除了許多優秀作品。

三、筆者對海洋文學的定義

任何定論難免都有其侷限，統合前述 1990 年代之前與之後的研究者對於海洋文學定義，當然都有其時代背景，也各有其立論的基礎。李友煌在整合眾家海洋文學定義時，曾經區分出廣義與狹義的海洋文學，他認為各家定義中，最狹義的定義是作品的具體要素及抽象要素都要具備海洋性才算是海洋文學：

> 一、必須是發生在「海洋」、「海上」的才算是海洋文學（換句話說，若作品的舞臺背景超出此一範圍，例如港口、海岸、漁村、鹽村等，則不算是海洋文學）；二、必須是具備海洋精神、海洋情懷的才算是海洋文學（換句話說，作品寫到海洋，但沒有海洋精神的，也不算是海洋文學）：兩者缺一不可。〔註68〕

至於廣義的定義，則是以第一點為主，但是海洋文學的舞臺不僅只有海洋本身，它還包括與海洋相關的港口、海岸、漁村、鹽村等；第二點所謂的「海洋精神」則不要求之列。李友煌認為大多數的定義介乎最狹義與最廣義之間。我們回頭來看葉連鵬的定義也是如此，他對海洋文學的廣義定義：「舉凡以海

〔註68〕同註 67，頁 13。

洋景觀或海洋生物，抑或在海上工作的人為描寫對象的文學作品，都可以稱之為海洋文學。」。

　　綜合眾家對的海洋文學定義，廣義的海洋文學可能是較能無爭議，也就最廣義一定要作品具體要素的海洋性（海洋及其相關題材），而作品的背景不僅只在海上，它還包括與海洋相關的港口、海岸、漁村、鹽村等。

　　基本上海洋文學研究者多是採廣義定義，也就是如上所示，這基於研究的需要，避免取材上有所缺憾，不得不採較為寬鬆的認定。但是如上所述，定義過廣將會造成海洋文學定義模糊，使得取材研究上過於膨脹與氾濫，因此許多研究者在廣義定義的基礎下，進一步訂出狹義的定義，例如葉連鵬認為：「要求作品裡必須深刻展現海洋的精神，以及人與海洋生息與共的互動關係，這樣才是較精確的海洋文學。」而楊政源則是「就作品精神而言：筆者仍期待有海洋意識的海洋文學作品，而且同意作品內含海洋意識應是優秀海洋文學作品的必備條件；」〔註69〕至於李友煌則是以作品展現的「海洋文化」取代抽象的「海洋意識」、「海洋精神」。

　　在此，筆者無意陷入「抽象的海洋性」定義：「海洋精神」、「海洋意識」、「海洋文化」之困惱，反而在此借用吳明益對自然寫作的定義，他認為自然寫作的一個條件，就是作家必須要有「注視、觀察、記錄、探究與發現等『非虛構』的經驗──實際的田野體驗是作者創作過程中的必要歷程」〔註70〕

　　換言之，筆者所認定的海洋文學定義，就是：「作品要有具體要素的海洋性：海洋及其相關題材，而作品的背景不僅只限於海上，它還包括與海洋相關的港口、海岸、漁村、鹽村等，同時創作者要有海洋生活經驗。」

　　「作品要有具體要素的海洋性：海洋及其相關題材」，這是廣義海洋文學定義的基本要求，「同時創作者要有海洋生活經驗」則是筆者在廣義的定義下，再為海洋文學設下精確的條件，使其與其他文學有所區隔。而「海洋生活經驗」是指作者「長期涉入」海洋，觀察、凝視、記錄、感受海洋這有別於陸地空間的各種特殊發展，這是從事海洋文學必要的生活經驗，是真實性的生活經驗，而非虛構性的經驗。

〔註69〕楊政源：《海洋文學在臺灣文學場域的興起──以夏曼・藍波安與廖鴻基為觀察核心》，頁49。

〔註70〕吳明益：《臺灣現代自然書寫的探索》（新北：夏日出版，2012年1月），頁38。

筆者以創作者需有「海洋生活經驗」條件進一步設定海洋文學條件，是避免創作者是以虛構的海洋經驗來從事創作。雖然文學創作有時就是虛構經驗的想像與書寫，但筆者希望從事海洋文學創作，作者應有海洋生活經驗以及掌握豐富的海洋資訊，藉此讓筆下的海洋文學更為「擬真」，換言之也就是更有「海洋性」。

這條件雖來自於吳明益對於自然寫作的要求，但前行研究海洋文學論者，也多有提到這條件，例如金榮華老師在〈海洋與海洋文學〉一文中雖沒為海洋文學進行定義，卻也指出臺灣文學以海洋為題材作品不多見，主要原因應是從事文學創作者不容易有長期的海上生活經驗。〔註71〕顯然，也是要求從事海洋文學創作，應該要有海洋生活經驗。另外，像葉連鵬說作品中要有「人與海洋生息與共的互動關係」，這人應該也可以指作者本人；而楊政源更直接希望創作者要有海洋經驗。

海洋生活經驗是構成海洋文學的重要要素，而本論文所探討的對象，不論是 50 年代的海軍文學，60 年代的海洋詩，以及 70 年代的大海洋詩社，其作家大多來自於海軍，因此作家們有大多具有海洋生活經驗。另外像是 70 年代的海洋小說家東年，80 年代的小說家呂則之，乃至於被大多論者歸納為自然寫作的劉克襄，也都具有海洋生活經驗。

不過即使如此，創作者要有海洋生活經驗，這樣的條件仍是非常嚴苛，以 50 年代的海軍作家而言，儘管作家出身於海軍，但未必每一位作家都在前線而具有海洋生活經驗，有些可能屬於後勤單位，從事文書、出版的工作，例如彭品光就曾在〈服役海軍十八年〉一文中表示：「我在海軍服役十八年來，真正在海上的生活，屈指算來，連十八天的時間都沒有。原因是：我因職務上的性質不同，在家已成年到頭工作上的忙碌，因而使得我就很難有機會分身，跑到海洋上去『乘長風破萬里浪』了。身為海軍軍官，說來深感遺憾。」〔註72〕他自嘲自己是「陸上海軍十八年」。如果這段自白屬實，海軍作家都未必有海洋生活經驗，那在 90 年代以前，一般作家因為海禁關係而想要有海上生活經驗更是不容易；即使 1987 年解嚴後，人民有機會近海、親海，但想要真正航行到海上，或想要經常性、長期的體驗海上生活，也不是一般作家能夠輕易達到的。

〔註71〕金榮華：〈海洋與海洋文學〉，頁 5。
〔註72〕彭品光：《赤子悲歌》（臺北：臺灣學生書局，1972 年 11 月），頁 55。

　　因此爲了論文研究的需要，筆者在此必須放寬「海洋生活經驗」的條件，而根據金榮華老師的文章中表示，創作經驗分爲兩種，一種是自己經歷體驗的第一手經驗，另一種是自己得自他人經驗的第二手經驗。例如聽別人說的，從書上或影片裡看來得等等。所謂生活經驗，指的第一手經驗，金老師更以一位具有文才，曾有海難經驗的中醫師的回憶錄爲例，進一步指出「有第一手經驗而不能適應表達也是徒然，但是沒有第一手經驗而徒有文才則作品必然難以眞摯感人。」〔註73〕顯然，海洋生活經驗最好是來自於作者第一手經驗，如果作者沒有海上生活經驗，也應該有得自他人經驗的第二手經驗，因此退而求其次，筆者認爲海洋文學的創作者　至少要包含以下幾種條件：

　　一、成長、生活在海港、漁村，或是海邊城市，在海岸邊有長期的生活經驗，對大海有深刻的情感記憶。例如王拓、呂則之，由於童年的記憶離不開海洋，因此儘管作品所關注的是漁村小人物的困境，卻與大海脫離不了關係。

　　二、長期從事與海洋事務相關的工作。例如50年代許多海軍作家如郭嗣汾、張放、張默等人，因爲當時在海軍服務，不但工作離不開大海，對大海也有所感觸，因此寫下不少關於海戰、海軍的小說及海洋詩。另外像鄭愁予於1955年出版的《夢土上》，其中的海洋詩，大都是他任職於基隆港務局時，每天對著海洋抒發情懷的創作。

　　三、作者創作時能掌握豐富、詳細的海洋資料。例如上述的海軍作家彭品光，其服役期間從未登艦出航，但是卻因爲在海軍服務，能掌握第一手海軍資料，因而創作諸多的海戰小說。另外又如劉克襄的鯨豚寫作，他不是在海上長期觀察鯨豚生態，而是透過大量、紮實的鯨豚資料，以及地方誌的研究後才進行創作。

　　四、在海岸、河口進行長期觀察、踏查，或是港口、漁村進行田野調查，例如劉克襄過去常年在大肚溪口、淡水河口踏查，由於長期的海濱踏查經驗，作品強烈呈現海岸環境如何造成傷害。

　　以上四點的條件，除了是因爲現實客觀因素考量，另外，筆者認爲有關書寫漁村鹽村、港口河口等濱海陸地及近海域地理空間內題材的作品（這一部分常被評論者稱爲爲「海岸文學」），只要創作者有具體的生活經驗，這些作品應該廣泛被納入海洋文學範疇。當然，海洋生活經驗最好是來自於航海、

〔註73〕同註71，頁6。

海上的生活經驗；有些論者如姜龍昭就認爲海洋文學的背景一定要在海上，吳明益也不同意將海岸的書寫納入海洋文學／書寫〔註 74〕；然而在近岸濱海地區生活，雖不如海上航行一般直接受到風浪、海流的影響，但相較於其他陸地區域，這些地區還是受到海洋潮汐、風浪的影響，在這長期生活的人勢必感受到海風的強勁，浪花打上岸邊的凶險，多少是能感受到海洋特色，因此這一類「陸上觀海」的文學作品，是很難把它排除在海洋文學的範疇。

如果一定要執著於海洋文學必須是航海文學，一定要發生在海上；那像夏曼·藍波安的很多文學的場景並非發生在航行海面上，而是在海岸間進行岸邊潛水打魚；這樣生活經驗，相較於廖鴻基的漁船上捕魚生活，看似離岸更近，但是卻是眞正的融入海水之中，那這一類以岸邊潛水爲題材的文學創作，與廖鴻基的海洋文學，何者的創作更有海洋味？這是難以比較，因爲他們各自反映出不同層面的海洋文學之表現。

因此，筆者認爲不能因爲只是書寫海岸、漁村等陸上觀海的文學作品不算是「眞正的」海洋文學，只有書寫到離岸出海的活動才是「眞正的」海洋文學，這都是不同層面的海洋文學。不管描寫是海洋或海岸，海上或海下，都應視爲海洋文學不可或缺的一環。

當然，從陸地到海岸，再由海岸到海面上，作家對海洋的感觸，確實因遠而近，而有深淺不同的層次，呈現在作品上，勢必也有濃淡不同的海洋味。因此筆者所探討的海洋文學，仍以呈現海上生活、活動爲主。而在探討 70 年代的海洋小說，80 年代的自然寫作，因海禁及其他客觀因素的限制，作者如王拓、王家祥未必有具體的海洋生活經驗，因此退而求其次，將他們的濱海書寫、海岸踏查等海岸文學，也納入爲討論範圍。

第四節　研究範疇與方法

一、研究範疇

本節爲論文題目的界義與範疇畫設——簡言之，本研究是以臺灣爲地理空間，以戰後迄今爲時間範疇，試從文學史發展，以及各年代文學作家、作品爲例，分析海洋文學在臺灣文學中發展的脈絡。

〔註 74〕吳明益：《自然之心——從自然書寫到生態批評》，頁 256。

（一）臺灣海洋文學的界定

海洋文學的定義與範疇就如同前述，在此不再贅述。題目中的「臺灣」指的是臺、澎、金、馬及其所屬諸島嶼，也就是現在中華民國管轄主權所及之地。換句話說，如果是臺灣作家，或者是華人作家所書寫的異域海外的作品，就不在本論文研究範圍之中。但如果這些作品中仍展現臺灣海洋文化特色，例如東年的《失蹤的太平洋三號》寫到臺灣遠洋漁船船員在南非受到歧視，又或者是廖鴻基的《領土出航》寫出臺灣貨運的硬實力，則列入研究範圍之中。

（二）時間向度

本論文的時間向度爲 1950 年至 2010 年，也就是第二次世界大戰結束後至今的海洋文學作品爲主。1947 年 3 月《中國海軍》創刊，雖然筆者目前就國內各大圖書館乃至海軍官校圖書館皆未能見到創刊號，〔註 75〕但從其出版宗旨、內容觀察，應包含了部分可歸納爲「海洋文學」的作品。如此，以 1950 年爲界有其合理性。而本研究中，以十年爲斷代〔註 76〕，因此以 2010 年做爲結束，但也論述部分 2010 年以後的文學作品，如廖鴻基的《回到沿海》、夏曼‧藍波安的《天空的眼睛》等。

本研究旨在進行臺灣海洋文學的歷史性研究，掌握文學發展的歷史性脈絡是本研究的基礎，雖然在本研究中，著重 1950 年至今的海洋文學，但筆者認爲 50 年代以前的海洋書寫，也不能省略；也希望透過文本介紹，呈現第二次世界大戰結束前的海洋書寫風貌。但這部分，已有李友煌針對 1920 至 1945 年期間，日治時期臺灣新文學進行研究，筆者自認在這些面向的研究無法凌越前行研究者，因此轉往清朝地方誌，以及西方與日本的旅行家、博物學者的海洋書寫進行爬梳。雖然這一時期的海洋書寫已跳脫現代文學範疇，書寫者身份也不完全是華人，但透過這一時期的海洋書寫介紹，對戰前臺灣海洋的歷史面貌，有初步的認識與理解。

〔註75〕目前所見最早的僅國家圖書館臺灣分館所藏的第 2 卷第 8 期。

〔註76〕除了戰前的海洋書寫，之後本研究以十年代爲一斷代，探討 50、60、70、80 以及 90 年代後的海洋書寫／文學。爲了釐清海洋文學與臺灣文學的關係脈絡，因此每一斷代會先探討當時的文學發展與風潮，然後再進一步探討與當時的海洋書寫／文學有何關聯與影響，最後再以當時的作家及作品做更深入的研究。不過做爲文學史研究，十年雖是一個相當明顯界線，但作家創作時並非有如此清楚的界限，因此討論時，可能超過十年的範疇，有時還必須把作家之前及之後的相關作品納入，進行風格前發變化的比較。

（三）內容

至於就作品體裁而言：在存有文學美學的前提下，作品體裁主要以小說、散文與詩等傳統的文學範疇內。配合時代的發展，還可納入報導文學，如韓韓、馬以工《我們只有一個地球》中卷二「缺憾還諸海洋」、尹萍《海洋臺灣》。而兒童文學、歌曲、戲劇及口頭文學等作品，限於篇幅，暫且不論。至於科普的作品，如范欽慧《海洋行旅》、黑潮海洋文教基金會《臺灣的漁港》；人文歷史作品，如湯錦臺《大航海時代的臺灣》以及《閩南人的海上世紀》、林昌華《黃金時代──一個荷蘭船長的亞洲冒險》，也因為文學性不足，暫不討論。

原本筆者打算採用吳明益研究自然寫作的方式，在確立研究範圍之初，便表明「暫不論詩」：

> 我以為這一方面是因為詩的意旨較為隱晦，文本是否表達了某種環境倫理意識實有解讀上的困難。且詩體極難像散文體的自然寫作能表現細膩的生態觀察，記錄性文字，乃至乃至自然科學分析的資訊，其本質較偏向感性書寫。〔註77〕

筆者認為，在海洋文學也有這方面的困惱，詩的「意象隱晦」、「感性書寫」兩項特質，使得許多海洋詩中的「海」、「浪」、「潮」、「波」、「洋」等字詞，很難去區分到底實指現實世界的海洋，還是只是心中的感觸？然而不論是 60年代的創世紀詩社，乃至於 70 年代成立的大海洋詩社，他們的海洋文學都是以海洋詩為主，因此將現代詩排除研究範圍，將是一大缺失。

（四）作家

本研究主要釐清臺灣海洋文學發展的脈絡，其與臺灣文學發展的關係，因此本論文所探討的作家，除了在文壇具有知名度，更重要的是他們所從事的海洋書寫／文學，在當時是持續而大量的創作，其作品不但深受當時文學風潮影響，甚至也帶起另一股新的創作趨勢。例如海軍作家郭嗣汾，雖然在70 年代之後不再從事以海洋為題材的文學創作，但是他在 50、60 年代創作了相當豐富的海戰小說，以及與海洋相關題材的短篇小說，在他之後海軍作家紛紛投入海戰小說的創作，因此在討論作家時，將其列入討論。反之，如果只是作家偶一為之的創作，或者與海洋相關題材的作品數量不足，暫時不列入討論範圍。

〔註77〕吳明益：《臺灣現代自然書寫的探索》，頁 46。

二、研究方法

　　所有研究都必須在研究理論與入具體個案間取得緊密結合，才能獲得正確而有效的研究成果。對文學研究而言，文本不啻就是一個個具體的個案；將這些個案分門別類，即分類成一門一門不同的文學類型，以本研究而言，就是將同屬海洋類型的文學作品集合、閱讀、分析、研究。十分幸運地，在前人的整理基礎上，我們已有一張初步的海洋文學書單，可以減少許多對於臺灣當代海洋文學文本蒐羅的工作，並在前人的研究成果上，從本研究的分析角度，重新解讀戰後臺灣海洋文學作品。

　　在本研究中，除了每個十年所出現的作家及其的作品是我們的研究重心外，此外，幾份較少被注意的雜誌，諸如 1950 年代創刊的《海洋文化》、1970年代創刊的《大海洋》，乃至 1940 年代即創刊的《中國海軍》，我們都盡可能地毯式閱讀，以期能從中發現新事證、拼湊出更完整的文學歷史現場。

　　除了海洋文學的文本、研究成果，因為本研究著重於每個時期的海洋文學發展，其與臺灣文學、歷史的發展有何相對關係，因此對於海洋文學所處的文學場域，我們也必須盡量了解其中政治、經濟、社會各項權力關係；對於文學場域所處的歷史現場，也必須盡可能地去拼湊、還原，以了解文學場域與其他權力場域，如政治、經濟，乃至兩岸關係、國際海洋法規……等，從核心至外緣逐漸輻射的各類相關文獻，皆需盡力去解讀、了解、會通，利用文獻解讀來整理那個遠逝的時代。

　　至於文學理論的使用方面，本論文並非單一理論貫穿全文，而是依據各章節的需要，引用各斷代時期的文學風潮、理論，來探討當時作家及作品。例如 50 年代引用「戰鬥文藝」理論，70 年代則是引用鄉土文學、現實主義文學理論，來看待當時的海洋文學及書寫。至於 80 年代探討自然寫作的海洋書寫，則會採用西方環境生態理論。希望透過外在背景的考察與內在理論的解析，試圖將海洋文學發展與臺灣文學發展進行聯結。

第二章　1945 年以前臺灣海洋書寫

　　當臺灣開始有書面文學之後，海洋也就順理成章成為作家們的描述對象，早在戰前就有為數不少的海洋書寫，散布在清末中國文人渡海遊記、地方方志以及西方與日本探險家、博物學者的作品。

　　儘管他們的作品，不屬於現代文學範疇，方志紀錄也談不上具有文學性，就連書寫者的身份也未必是臺灣人，但是他們所書寫的卻是道地的臺灣海洋，透過這一時期的海洋書寫介紹，對戰前臺灣海洋的歷史面貌，將有初步的認識與理解。在臺灣海洋書寫史的脈動中，清代中國文人渡海遊記、地方方志以及西方與日本探險家、博物學者的作品，皆對臺灣發展海洋文學有實際的參與或間接影響，特別是 80 年代自然寫作下的海岸生態觀察、書寫，具有不可分割的關係。

　　另外，日治時期，也正是臺灣新文學萌芽，臺籍作家開始練習新文學時期。臺灣新文學是伴隨著反帝、反封建的理念而興起，陸地上的農工階級是作家關心的重點，至於歌詠海洋的文學，在當時並非作家創作的主要題材。而且由於日治後期，日本發動太平洋戰爭，海洋是禁區，作家更少有機會接觸海洋，書寫海洋更加困難，儘管如此，日治時期仍有不少詩人的作品涉及海洋，例如楊華〈西子灣〉、《黑潮集》部份詩句；郭水潭〈廣闊的海〉；林修二〈海邊〉、〈灣裡海水浴場〉、〈出航〉、〈航行〉、〈海風〉、〈海〉；王登山〈海邊的春〉；王昶雄〈海的回憶〉；張壽哲〈海峽之圖〉；邱炳南〈廢港〉、〈戎克〉等，這些作品皆為短篇詩作。近年來，開始有李友煌的博士論文《主體浮現：臺灣現代海洋文學的發展》，〔註1〕以「殖民／反殖民」的角度來解析日治時期新文學的海洋意象。

〔註 1〕李友煌：《主體浮現：臺灣現代海洋文學的發展》（臺南：成功大學臺灣文學研究所博士論文，2011 年），頁 29～106。

　　筆者不擬在此重贅前人研究成果，因此只針對清代中國文人渡海遊記、地方方志以及西方與日本探險家、博物學者的作品，探討其海洋書寫的內容與特色，以及與現代海洋書寫的關係。

第一節　清末渡海遊記、地方志所勾勒的臺灣海洋面貌

　　在漢人進入臺灣之前，周遭的海洋，海岸風光，當地風土民情，極少被文字記載下來，而只存留在原住民的神話傳說。17 世紀初，明朝將軍沈有容受命籌謀討倭事宜，率領船隊 21 艘，夜襲東番島（今臺灣）上之倭寇，隨行參謀陳第在明萬曆三十一年（西元 1760 年），著有《東番記》一書，雖只有 1500 字左右，卻描寫了臺灣西南沿岸西拉雅族與地理風光，成爲早期描述臺灣沿海最珍貴第一手資料。

　　清代是臺灣眞正有計畫地開始以文字書寫歷史的時代。清朝時中國文人與旅行家對臺灣海洋的記述，概以二種模式呈現，一種是清朝官員及少數民間人士，來到臺灣任官宦，或爲經濟利益，或隨軍時所撰寫的遊記、見聞錄，另一種則是由政府所主導的地方志修纂。前者重要有郁永河的《裨海紀遊》，於康熙三十七年（1698）刊行，另外還有藍鼎元的《平臺紀略》（1724）、《東征記》（1733）、黃叔璥《臺海使槎錄》（1737）等。撰寫者多半是清朝官員，因此免不了帶有政治、經濟眼光。

　　渡海遊記或行旅紀錄多半以地形風光爲主要描述對象，如《臺海使槎錄》，便是以地形的描述爲主，兼涉及風土民情、地理、蕃俗、軍事與自然資源。地方志則是區域風土特色，人文與自然景觀的綜合紀錄。《續修臺灣縣志》在〈凡例〉中提到志書與史書差異：「作志與作史相倣，而實有不同。史之所重者在時事，志之所重者在地產（山川、疆域爲地，人與物爲產）；」〔註 2〕可以看出地方志的重點放在「山川」、「疆域」，以及人物與自然物等這些地理、人文、自然上特質，其記載了現代人所未能親見年代的海洋、人文與自然風貌。

　　本節主要說明這些遊記與方志的海洋書寫概況，其特色與不足之處，與現代海洋文學的連繫，從而呈現這些著作在臺灣海洋書寫中的定位。

〔註 2〕（清）謝金鑾：《續修臺灣縣志》（臺北：大通書局，1987 年《臺灣文獻史料叢刊》影印《臺灣文獻叢刊》本），〈凡例〉，頁 11。

一、清代臺灣方志及文人遊記發展概述

（一）康熙年間

臺灣最早的方志，應爲清朝康熙二十八年（1689）的《臺灣府志》[註3]，是在康熙二十四年（1685），[註4] 由首任臺灣府知府蔣毓英與諸羅知縣季麒光、鳳山知縣楊芳聲共同起稿編纂而成，又通稱爲《蔣志》。其中「卷二敘山，卷三敘川，卷四物產，卷五風俗」，可說是臺灣第一部有系統敘述臺灣環境風貌，人文習俗的官方著作。內容頗多是抄錄它書而來，並不是第一手踏察資料。

康熙三十三年（1694）時，福建分巡臺灣廈門道高拱乾補纂新成《臺灣府志》，通稱爲《高志》。其中一的來源，是來自於蔣毓英所留存的《臺灣府志》草稿，並加以新輯而來，僅管參考蔣志，但是當時分訂人中有舉人一位，貢生一位，監生一位，生員九位，分別來自臺灣縣，鳳山縣，諸羅縣，可以說是第一部重用本地人士參與分訂的臺灣志書。由本地人寫的本地志，其所描述的風土眞實性當然大爲提高。

《高志》總共 10 卷，其中海洋書寫多落於卷一〈封域志〉，例如〈形勝〉寫到地形：

> 臺灣府襟海枕山，山外皆海。東北則層巒疊嶂，西南則巨浸汪洋。
> 北之雞籠城，與福省對峙；南而沙馬磯頭，則小琉球相近焉。諸番
> 檣櫓之所通，四省藩屏之所寄；戍以重兵、擇人而治，內拱神京、
> 外控屬國。實東南門户，非若珠崖可得議棄者也。[註5]

開頭寫鹿耳門的海域是，「海天波濤，紆迴曲折，險要固塞之地」這樣的敘述還略爲簡要，在〈山川〉則有深入描述：

> 又縣治西至於海，曰鹿耳門（在臺灣港口。形如鹿耳，分列兩旁；
> 中有港門，鎮鎖水口。凡來灣之舟，皆從此入，泊舟港內。其港門

〔註 3〕（清）蔣毓英：《臺灣府志》（臺北：大通書局，1987 年《臺灣文獻史料叢刊》影印《臺灣文獻叢刊》本）。

〔註 4〕由於地方志修纂方式，常以地方官爲主修者，再結合文士、鄉紳、史官、史家來共撰，因此作者實不止一人。本文從一般寫法，以主修者視爲主導人士，因此地方志冠名即爲主修的纂輯者。至於年代，由於方志成書時間與付梓時間常不一致，許多更沒有明確地寫出完成時間，由於考證上是非常專業的問題，本文在述及其完成年代時，採取陳捷先《清代臺灣方志研究》的說法。

〔註 5〕（清）高拱乾：《臺灣府志》（臺北：大通書局，1987 年《臺灣文獻史料叢刊》影印《臺灣文獻叢刊》本），頁7。

甚隘，又有沙線；行舟者皆以浮木植標誌之）、曰北線尾（在鹿耳門
南，與鹿耳門接壤。其南，即安平鎮也。離安平鎮未上里許，中有
一港，名大港，紅毛時甚深，夾板船從此出入。今淺），南轉與安平
鎮七鯤身會；是又府治水口羅禽也。從鹿耳門北轉，歷眾山而上，
曰番米基山（詳見「諸羅山志」），以至木岡山北，皆諸羅縣治界山，
亦郡之東北拱輔焉。〔註6〕

上頭寫到鹿耳門港口窄，到安平之間海道時有暗礁浮沙，隨流變遷，因此卷
二〈規制志〉的〈阨塞〉將鹿耳門視為臺海岸線險之咽喉。〔註7〕

　　另外在〈海道〉上用萬水朝東形容西海岸水勢洶湧：

至若臺灣郡治之海道，自鹿耳門北至雞籠，十九更船；自鹿耳門南
至沙馬磯頭，十一更船。苟遇颶風，北則墜於南風氣（氣者，海若
呼吸之氣），一去不可復返；南則入於萬水朝東，皆險也。此又居臺
者之不可不知也。〔註8〕

從此萬水朝東成為黑水溝代名詞，幾乎後來每一本方志，或是遊記文學都會
提到。

　　除了港口海岸的地形描述，另外卷七〈風土志〉還有〈風信〉、〈潮汐〉：

清明以後，地氣自南而北，則以南風為常風；霜降以後，地氣自北
而南，則以北風為常風。若反其常，則颱颶將作，不可行舟。

南風壯而順，北風烈而嚴。南風多間，北風罕斷。南風駕船，非颱
颶之時，常患風不勝帆，故商賈以舟小為速；北風駕船，雖非颱颶
之時，亦患帆不勝風，故商賈以舟大為穩……過洋，以四月、七月、
十月為穩。蓋四月少颶日、七月寒暑初交、十月小陽春候，天氣多
晴順也。最忌六月、九月，以六月多颱、九月多「九降」也。〔註9〕

這其實是相當重要的海洋氣象資訊，只可惜後來的方志並未深入考察，反而
代代抄襲，彷彿臺灣海域的風信、潮汐，數百年都不曾改變似。

　　在西方博物學家之前，清朝官員郁永河所著的《裨海紀遊》，是對臺灣風
土，自然環境描述述最詳細的一部著作，也一部實際踏查後才動筆的旅行實

〔註6〕同註5，頁10。
〔註7〕同註5，頁51。
〔註8〕同註5，頁25。
〔註9〕（清）高拱乾：《臺灣府志》，頁193。

錄。清康熙三十五年（1696）冬福建福州火藥庫火災，焚毀火藥 50 餘萬斤，依照規定典守者福州府知府需要負責補齊該差額。因火藥所需硫磺甚為珍貴，福建並無產地，該知府所轄幕賓郁永河自告奮勇前往臺灣北部的北投硫磺產地採硫。

郁永河於 1697 年來臺，經過臺灣海峽寫下這段文字：

> 二十二日，平旦，渡黑水溝。臺灣海道，惟黑水溝最險。自北流南，不知源出何所。海水正碧，溝水獨黑如墨，勢又稍窪，故謂之溝。廣約百里，湍流迅駛，時覺腥穢襲人。又有紅黑間道蛇及兩頭蛇繞船游泳，舟師以楮錢投之，屏息惴惴，懼或順流而南，不知所之耳。〔註10〕

這段黑潮描述除了參考前人方志的見解，也增加了自己的觀察，他從澎湖再次東行寫到：

> 二十四日，晨起，視海水自深碧轉為淡黑，回望澎湖諸島猶隱隱可見，頃之，漸沒入煙雲之外，前望臺灣諸山已在隱現間；更進，水變為淡藍，轉而為白，而臺郡山巒畢陳目前矣。迎岸皆淺沙，沙間多漁舍，時有小艇往來不絕。望鹿耳門，是兩岸沙角環合處；門廣里許，視之無甚奇險，門內轉大。有鎮道海防盤詰出入，舟人下椗候驗。久之，風大作，鼓浪如潮，蓋自渡洋以來所未見。念大洋中不知更作何狀，顧為同行未至諸舶危之。〔註11〕

寫出黑潮海水遠近色澤，並在這看到臺灣島上山頭。因為臺江內海風惡、水淺、海道曲折，因此他從鹿耳門到赤崁不過十里，卻要換小舟、牛車才能抵達。

郁永河自鹿耳門上陸，經安平城至當時最大城市赤崁城招募工人（今皆屬臺南市）。4 月連同郁永河 47 人動身前往北投硫磺產地。原本他計畫走海路北上，而且買了一大一小二艘海舶，但因為浙江同鄉，顧敷公的建議。而改走陸路。顧敷公在順治十六年（1659）追隨父親流亡來臺，住在臺灣將近四十年，熟悉臺灣的山海險夷。他向警告說：「君亦知海道乎？凡海舶不畏大洋，而畏近山；不患深水，而患淺水。舟本浮物，有檝御風，有舵辟水，雖大風

〔註10〕（清）郁永河：《裨海紀遊》（臺北：大通書局，1987 年《臺灣文獻史料叢刊》影印《臺灣文獻叢刊》本），卷上，頁 6。

〔註11〕（清）郁永河：《裨海紀遊》，頁 8。

浪未易沉覆；若觸礁則沉，膠沙必碎，其敗立見。今自郡治至雞籠，舟依沙瀨間行，遭風無港可泊，險倍大洋，何如陸行爲得乎？」〔註12〕海船不怕在大海中行駛，但是航行於水淺的近海，反而容易觸礁沉沒。從臺南航行至雞籠，沿著海航行，萬一遭遇風浪，又無港可停泊，則危險性反而超過在大洋中航行。

郁永河聽從勸告與顧敷公一起走陸路，可是同行王雲森則貪圖坐船較便利，仍決定搭船北上。結果當他們抵達後壠社（苗栗後龍），就遇到王雲森穿著破舊的衣服，光著腳，哭著說：「舟碎身溺，幸復相見。」原來，王雲森的船隻從四月三日上船，停泊於鹿耳門，卻一直等不到南風，無法起航。十八日，起微風，於是開航。走了一天，船舵沒控制好，船偏航進入黑水溝，船頭被捲往溝底，又遇巨浪。經過一番波折，船隻最後沉沒於海岸附近。王雲森善於游泳，勉強游上岸，但船身已完全破碎，只剩下船板及木塊在海浪中漂浮而已。這段遭遇，驗證了顧敷公的憂心，也寫出臺灣西岸沿海的凶險。

此後周元來《重修臺灣府志》於康熙五十一年（1712）完成，周鍾瑄、陳夢林《諸羅縣志》，於康熙五十六年（1717）完成，被稱爲臺灣方志第一代表作，下啓地方縣志的撰寫。不久康熙五十八年（1719）李丕煜主修的《鳳山縣志》，與康熙五十九年（1720）王禮、陳文達的《臺灣縣志》相繼完成。於是，臺灣主要行政單位，皆進入有文字史時代。許多關於海洋書寫紀錄被保留下來。可以說這時期因清政府對臺灣的控制力增強，臺灣的政局，經濟也進入了另一個相對的穩定。

雖然移民早已進入這個島嶼，但在這些地方志，遊記作者的書寫下，臺灣的面貌開始浮現，我們也才能對當時的海洋面貌有了初步的認識。

（二）雍正、乾隆年間

1972 年 5 至 7 月臺灣發生朱一貴事件，清廷有鑑於其對臺灣情勢的掌握能力不足，於朱一貴亂後決定增設巡臺御史一職，專負轉達朝廷旨意、奏聞臺灣民情之事。1722 年，黃叔璥與吳達禮被擢爲首任巡臺御史，1723 年 6 月，黃叔璥抵臺後，除致力與朱一貴殘黨作戰外，也經常巡行各地，考察攻守險隘、海道風信，並寫入他所著的《臺海使槎錄》。這本書共分爲〈赤嵌筆談〉（4 卷）、〈番俗六考〉（3 卷）、〈番俗雜記〉（1 卷）三篇。其中〈番俗六考〉，

詳細記載臺灣的山川地勢、風土民俗。尤其對臺灣原住民的樣貌，更是觀察入微，因此，該書被認爲近現代考證平埔族歷史之根基。而〈赤嵌筆談〉（第一卷至第四卷），內容頗爲廣泛。目分爲原始、星野、形勢、洋、潮、風信、水程、海船、城堡、賦餉、武備、習俗、祠廟、商販、進貢、泉井圍石、物產、雜著、紀異、僞鄭附略、朱逆附略等項。裡頭引用不少過去方志、《裨海紀遊》的資料，有一部分則是自身考察的結果。本書對於海船的結構、船員配置也有一番考證：

> 余所坐海船，桅木之值數百金；舵師云：「得之外域者，任重當風，不稍屈曲，長可八丈，通身無節，名打馬木」。明監察御史路振飛按閩摘略云：「崇禎六年，遣戶科給事中杜三策、行人司司正楊崙冊封琉球。先期採木造舟，大桅屢求未獲。嗣於甯化縣方得應用。獨鐵力木柁產自廣南，差官採買；回大鵬所，被賊焚劫。復支銀五百五十兩，前往海澄縣採買二門，運到副用」云云。今鹽木柁尚值數十金，亦廣南所產。每船載杉板船一只，以便登岸。出入悉於舟側，名水仙門。碇凡三：正碇、副碇、三碇（正碇一名將軍碇，不輕下），入水數十丈。棕藤草三絙，約值五十金。寄碇先用鉛錘試水深淺；繩六、七十丈，繩盡猶不止底，則不敢寄。鉛錘之末，塗以牛油；沾起沙泥，舵師輒能辨至某處。有占風望向者，緣篷桅繩而上，登眺盤旋，了無怖畏；名曰亞班。〔註13〕

碇是指停船時，沉入水底用以穩定船身的石塊，或繫船的石礅。這些都是相當重要的船舶資料，一般評論常認爲中國不是海權國家，但從這資料中，其實可以看出，18 世紀以前，中國造船技術其實有其規模。

而在卷二〈記異〉中，則有鄭成功騎鯨的傳說：

> 康熙壬辰七月，安平有物大如牛，高可五、六尺，面如豕，長鬣，雙耳竹批，牙齒堅利，皮似水牛，毛細如獺，四足如龜，有尾，飛行水上。土人爭致之，繩木立碎。後逐至海岸，竦身直立，聲三呼號，聞者莫不驚悸。既死，郡人有圖形相告者，究不知爲何物？或名爲海馬，亦非也。海上事略：康熙癸亥四月，彭島忽見鱷魚，長丈許，有四足，身上鱗甲火炎，從海登陸；百姓見而異之，以冥鈔

〔註13〕（清）黃叔璥：《臺海使槎錄》（臺北：大通書局，1987 年《臺灣文獻史料叢刊》影印《臺灣文獻叢刊》本），卷 1，頁 16。

金鼓送之下水。越三日，仍乘夜登山，死於民間廚下。按鄭成功起
兵，荼毒濱海，民間患之；有問善知識云：「此何孽，肆毒若是」？
答曰：「乃東海長鯨也」！問何時而滅，曰：「歸東即逝」！凡成功
所犯之處，如南京、溫、臺並及臺灣，舟至海水爲之暴漲。順治辛
丑攻臺灣紅毛，先望見一人冠帶騎鯨，從鹿耳門而入；隨後，成功
諸舟由是港進。癸卯，成功未疾時，轄下夢見前導稱成功至，視之，
乃鯨首冠帶乘馬，由鯤身東入於海外；未幾成功病卒，正符「歸東
即逝」之語；則其子若孫皆鯨種也。〔註14〕

鄭成功騎鯨傳說，在鹿耳門地區是相當熟悉的民間傳說，但將鄭成功的歷史
硬是附會海上奇異，並加以評論、認同，黃叔璥雖是知識份子，語句中仍夾
雜著鬼怪誌異的迷信色彩，從中也看到他的政治觀點。不過，〈赤崁筆談〉探
索海洋面向相當廣泛，對於海上軍備，貿易也詳加敘述，算是早期的海洋百
科大全。

自周元文就《高志》加以增補之後，到了劉良璧擔任福建分巡臺灣道時，
又經過了近三十年，而此時期臺灣府行政區域劃分已有所變更，自雍正元年
（1723 年）劃定諸羅虎尾溪以北增設彰化縣與淡水廳。雍正五年（1727），再
增設澎湖廳。這一時期臺灣府已轄有臺灣、鳳山、諸羅、彰化四縣及兩廳（淡
水廳、澎湖廳）。因此，乾隆年間，《臺灣府志》曾經三修，分別是劉良璧《重
修福建臺灣府志》、范咸、六十七《重修臺灣府志》以及余文儀《續修臺灣府
志》。

《重修福建臺灣府志》於乾隆六年（1741）完成，體例乃是模仿當時閩
浙總督郝玉麟主編、謝道承主纂的《福建通志》而略加變通，大幅改變《高
志》的體例，可說是全新編纂的《臺灣府志》。而乾隆十一年（1746）完成的
《重修臺灣府志》主要是以《高志》草創，失之於略，而《劉志》雖加詳內
容，但體例繁瑣，又有闕略，故而共同纂輯新志。本書的〈凡例〉稱其新修
府志的綱目，乃是根據《高志》與《劉志》二志增刪而成，總計分爲十二門、
九十二目。各門中，尤以〈封域〉、〈風俗〉、〈物產〉、〈雜記〉等門，正文簡
潔而且附考詳細，爲其特色。而乾隆二十九年（1764）完成《續修臺灣府志》，
在內容上與《范志》幾近相同，但是《范志》在臺流傳不廣，《余志》卻留傳
廣泛。

〔註14〕 （清）黃叔璥：《臺海使槎錄》，頁 79。

在范咸《重修臺灣府志》卷二〈規制志〉〈海防〉附考，指出當時海峽二岸冒易頻繁，已經有偷渡問題，並訂出罰則。另外從卷四〈賦役志〉的〈水餉〉也能看出此時的漁業已經相當發達。水餉原本是向海商征收的一種船稅，船稅的多少根據船隻的尺寸決定。至於港潭是有漁獲的魚潭，在《重修臺灣府志》已經有完整的規定。

另外臺灣海峽是烏魚產地，不但要另外以旗收稅，〈附考〉指出：

> 烏魚於冬至前後盛出，由諸邑鹿子港先出，次及安平鎮大港，後至瑯嶠海腳，於石磘處放子，仍回北路。或云自黃河來。冬至前所捕之魚，名曰正頭烏；則肥。冬至後所捕之魚，名曰倒頭烏；則瘦。
>
> 漁人有自廈門澎湖伺其來時，赴臺採捕。〔註15〕

顯現當時的漁人對烏魚的生態有初步認識，並且有不錯的收穫。

在縣志方面，王必昌的《重修臺灣縣志》，約在乾隆十七年（1752）完成；另外王瑛曾《重修鳳山縣志》則是約乾隆二十七年（1762）完成。而《澎湖紀略》是相當值得注意的志書，這是清澎湖廳的方志，是澎湖通判胡建偉編纂，完成時間在乾隆三十四年（1769年），付梓則約是在乾隆三十六年（1771年）以後。全書共有12卷，是一部有關澎湖人民的生活方式、市集狀況、地理形勢的專著，卷二〈形勝〉說：

> 澎湖屹峙巨浸之中，幅員不過百里；而島嶼森列，巨細相間，砂線迴環，坡隴相望，古稱長江天塹不足以喻其險也。昔鄭成功竊之而喘延三世，朱一貴失之而六日可平，此其大較也。方輿紀要云：海中島嶼最險要而紆迴，則莫如澎湖。蓋其山周回委折，險口不得方舟，內溪可容千艘，非熟悉水道者，稍差一線，舟船則立為齏粉。且與海壇、南澳鳳稱海外三山，為全閩咽喉；然占形勢者，則以澎湖為最云。誠以澎湖西則控制金、廈，為犄角之聲援；東則屏蔽臺灣，居上游之扼要；北而薊遼、江浙，南而瓊州、交趾以至日本、呂宋諸番，莫不四達，在在可通。故漳州志云：澎湖島北起北山，南盡八罩。北山龍門港、丁字門、西嶼頭，倭所必由，為最要地；媽宮澳、蒔裏澳為次要地。春汛、冬汛，浯、銅二寨分兵為聲援防守。是澎湖實為東南半壁之鎖鑰也，烏得以黑子彈丸而輕之也哉！〔註16〕

〔註15〕 （清）范咸《重修臺灣府志》，卷5，頁211。

〔註16〕 （清）胡建偉：《澎湖紀略》（臺北：大通書局，1987年《臺灣文獻史料叢刊》影印《臺灣文獻叢刊》本），卷2，頁14～15。

從各外島的相對位置，點出澎湖海域重要位置，也因為位置險要，小島星羅棋布，海防相對重要，不但加重水軍軍備，還要時常演武巡哨。

在卷七〈物產〉鱗之屬則提到海豎：

> 海豎：狀如海翁，其大次之；亦有千餘斤及數百斤者。三月媽祖誕時，海翁來潮，必三躍而後去。躍時，水浪滔天如雨，土人所酒云此。其不可網也明矣。〔註17〕

海豎應該就是海豚，不論臺灣、澎湖，自古以來就有三月媽祖生，海豚前來朝拜、跳躍水面的傳說。另外也有提到海龜玳瑁，並詳細描述玳瑁怎麼捕捉：

> 澎人取玳瑁，伺其登岸伏卵時，尾而逐之；其行甚疾，眾並力反其背，俾其仰臥，將石墊住四圍，明早抬回剝之。重者一、二百斤，小者亦有數十斤；醃為脯鬻之，味同牛肉。〔註18〕

這一段時間，由於發生了林爽文事件（1786），因此清廷對臺灣的經營才開始轉變為積極。

（三）嘉慶、道光年間（1796～1850）

《續修臺灣縣志》〔註19〕是由臺灣縣知縣薛志亮主修，嘉義縣學教諭謝金鑾、臺灣縣學教諭鄭兼才總纂。共八卷，另卷首一卷。嘉慶十一年（1806年），臺灣縣教諭鄭兼才以《臺灣縣志》已55年未續修，呈請當時臺灣縣知縣薛志亮續修臺灣縣志，並推薦嘉義縣學教諭謝金鑾任總纂，總共歷時15年，歷經多人修訂增補。這也是首次採三寶體，（土地、人民、政事）為綱舉的方志，其中將地志（即山川形勢）列為首卷隱含著「有土斯有民」的治史概念。

蔣鏞的《澎湖續編》成書約道光九年（1829），是一部延續《澎湖紀略》的作品。而周璽的《彰化縣志》約成書於道光十二年（1832），付梓於道光十六年（1836）後。彰化建城始於雍正元年（1723），朝廷以諸羅縣轄域過廣，乃割諸羅虎尾溪以北、大甲溪以南，另設彰化縣。《彰化縣志》體例規撫余文儀《續修臺灣府志》及周鍾瑄《諸羅縣志》，記載乾隆二十九年（1764）至道光十六年（1836）間七十三年史事。卷一〈封域志〉說鹿港這中部大港：

〔註17〕 同註16，頁182。
〔註18〕 （清）胡建偉《澎湖紀略》，頁190。
〔註19〕 （清）謝金鑾：《續修臺灣縣志》。

鹿港，泉、廈商船向止運載米、糖、籸油、雜子，到蚶江、廈門而已。近有深滬、獺窟小船來鹿者，即就鹿港販買米、麥、牛骨等物，載往廣東、澳門、蔗林等處。回時採買廣東雜貨、鰱、草魚苗來鹿者，名曰南船。

彰化港口，以鹿港爲正口，然沙汕時常淤塞，深則大船可入，淺惟小船得到。如王宮番仔挖，遷徙無常。近日草港、大肚尾、五瀿港等澳小船，遇風亦嘗寄泊；惟配運大船，則不能入耳。滄桑之變，類如斯夫。〔註20〕

由此可看出，早在道光年間，鹿港已經有淤積問題。

至於東部，姚瑩的《東槎紀略》爲臺灣中部與東部原住民早期文獻中的重要資料。姚瑩安徽桐城人，爲古文大家姚鼐姪孫，爲桐城派學者之一。嘉慶二十四年（1819）被派往臺灣擔任海防同知。道光元年（1821年）因故貶至噶瑪蘭（今宜蘭）任通判。他將從臺南一路前往噶瑪蘭就任旅途之見聞、記述成〈北道里記〉一書。這時候臺灣東部的行政區，以東到海（太平洋）、西到大陂山（今宜蘭員山枕山村），南到零工圍（今宜蘭冬山八寶村），東南到蘇澳，北到三貂遠望坑（今臺北貢寮）爲廳界，大致包括今新北市雙溪區以南、宜蘭縣全境。

宜蘭地區，舊稱噶瑪蘭，一直到乾隆末年才正式開發，並於嘉慶十五年（1801）納入清廷版圖。由於設治較遲，《臺灣府志》及《諸羅縣志》均未多及。道光十年（1830），陳淑均（晉江舉人）應聘掌教噶瑪蘭仰山書院，時福建省重修通志，臺灣府亦議新修府志，因而徵求志料，乃請陳淑均任總纂。歷時二十餘年，直到咸豐二年（1852）刊行，是爲《噶瑪蘭廳志》。

在卷二〈海防〉對於船隻如何進入蘭陽有生動描述：

烏石港沙汕之外，即係大洋深水。查蘭屬洋面，與通臺南北異風，潮汐反日凡。緣北來有雞籠泖鼻之險，南去萬水朝東，落漈不遠。每遇船隻入蘭，必依島嶼而行。否則東風一扇，便如弱水傾舟矣。又如內地商船，必候南風順渡；及至泖鼻，又須另候北風，方得入蘭抵港。故創始章程內，謂其難於巡緝，毋庸議設水師哨船。惟每屆南風盛發之際，內地白底艍、烏艚等盜舡常有竄入游奕，則責成

〔註20〕（清）周璽：《彰化縣志》（臺北：大通書局，1987年《臺灣文獻史料叢刊》影印《臺灣文獻叢刊》本），卷1，頁25。

> 艋舺營水師守備於每春、夏季巡哨之便，駕坐本營哨船，赴該港外
> 洋常川巡哨，遇盜兜擒。〔註21〕

泖鼻就是三貂角一帶，地形有如象鼻一樣，斜斜地伸出海面。這天然的險要，是淡水廳與噶瑪蘭廳的海面交界處。船隻從中國內地航行，必須先候南風順渡，到達這裡，再等北風才能抵達蘭地港口。掌舵控制航向時，需要時時防備繚繞的山崖與暗礁，否則東風一吹，就有傾覆的危險。

（四）同治、光緒年間

《淡水廳志》是淡水廳地方史志，淡水廳治屬地，原屬諸羅縣管轄；雍正元年（1723）起，分割虎尾溪以北新設彰化縣，同時置淡水廳負責稽查北路，兼督彰化捕務。到了雍正九年（1731），續分割大甲溪以北之形名錢穀，專歸淡水廳同知管理，並令廳治移竹塹。同治九年（1870）《淡水廳志》由陳培桂纂輯，在卷七〈海防〉中，可以看二百年前的淡水是何模樣：

> 八里坌正口，在滬尾港之南一里許。爲臺灣三大口之一。有街，
> 原設都司巡檢，今移駐艋舺。新莊舊址尚存。又設八里坌汛，因
> 與滬尾毗連，守防關驗，及船隻出入，多在滬尾。廳設口書一，
> 澳甲一。

> 滬尾港（即淡水港），在龜崙嶺之北，艋舺之南。距城一百七十里（「通
> 志」作二百里）。離深水外洋十餘里。口門闊三軍許，深二丈餘，兩
> 邊暗沙圍抱。口門雖緊，五、六百石之船隨時出入。大船須候潮，
> 爲經商要津。雞籠以南咽喉也。〔註22〕

這時候淡水已經是重要商港，大船可隨著潮水進入艋舺。

由夏獻綸審定，王元纂校，余寵、王熊彪繪圖的《臺灣輿圖》，1879年完成，內容包括〈前後山總圖〉、〈臺灣縣圖〉、〈鳳山縣圖〉、〈嘉義縣圖〉、〈彰化縣圖〉、〈新竹縣圖〉、〈淡水縣圖〉、〈宜蘭縣圖〉、〈恆春縣圖〉、〈澎湖廳圖〉、〈埔裏社圖〉、〈後山總圖〉，共計十二幅地圖，是一部以地圖方式繪製了臺灣形貌。此一地圖集揉合中國傳統與近代西方的測繪手法和風格而成，比例控制十分出色，各幅地圖內容十分詳實，充分反映清末臺灣各地的整體景觀，

〔註21〕（清）陳淑均：《噶瑪蘭廳志》（臺北：大通書局，1987年《臺灣文獻史料叢刊》影印《臺灣文叢刊》本），卷2，頁42。

〔註22〕（清）陳培桂：《淡水廳志》（臺北：大通書局，1987年《臺灣文獻史料叢刊》影印《臺灣文獻叢刊》本），卷7，頁184。

特別是〈恆春縣圖〉還包含紅頭嶼（蘭嶼）、火燒島（綠島）等地區，是一部重要輿圖志。

　　清代地圖測繪事業，在清末隨著自強運動和維新運動的展開而蓬勃發展。此時臺灣受到外國勢力的威逼，清廷治臺政策被迫調整，特別是爲推動開山撫番政策，對臺灣各地的深入了解十分迫切，因此，《臺灣輿圖》在如此時局下產生。臺灣府知府周懋琦在〈跋〉如此表示：

> 臺、澎孤懸大海之中，岸皆可登，島皆可據；民窮地瘠，捕海爲生。傍島岸而居者，約五萬七千餘户；可民可盜，可良可奸。頻年籍其户、訊其長、平其爭訟，以時濟其偏災，非市恩邀譽也；欲聯之以情，而思用其力耳。惜俸餘私財不能遍給，且忌者將擠之以去其位也。後之司餉者，倘得分楚軍數營之餉募（原刊「幕」字）壯者而部勒之，復爲酌儲糧食、資給鉛藥，訓以忠義、寄以號令，海上警起，相與空岸清島，斷絕接濟：縱鐵甲船堅砲巨，無水無煤，可不戰而制其死命者矣。〔註23〕

從海防點出臺澎的重要性，《臺灣輿圖》的刊行，可以看出清廷對臺灣已從消極轉爲積極。

　　在清廷最後治臺期間，還有三本重要的方志。一本是光緒二十年（1894）刊，是由林豪《澎湖廳志》，十四卷，其〈凡例〉謂本書「合胡（建偉）、蔣二書，刪其繁，撮其要，并查撿案牘、採訪見聞、網羅舊籍，薈萃而成一書。」書成未刊。其中〈封域〉、〈風俗〉、〈物產〉等目對海島居民生活習慣有了更詳盡的敘述。例如卷一〈封域志〉：

> 風潮占驗，郡乘所載皆全郡事：茲於前志未載者，姑就澎言之。澎人畋魚爲生，所患風多雨少耳。而鹹雨之患，惟澎所獨；非眞雨也，海風捲浪，飛沫遍灑也。故鹹雨將至，必先刮怪風。若五穀既成，或大雨洗濯，則爲患尚輕。至颱颶之徵，已於風信略言之矣……故航海者，乘颶尾揚帆爲穩也。老漁謂：魚星明則海多魚。或謂星多之方，海魚亦多。而當天高氣清，白雲點點作魚鱗狀，則連日晴霽，而海中多魚。此又海上類然也。〔註24〕

〔註23〕　（清）夏獻綸：《臺灣輿圖》（臺北：大通書局，1987 年《臺灣文獻史料叢刊》影印《臺灣文獻叢刊》本），卷 7，頁 81。

〔註24〕　（清）林豪：《澎湖廳志》（臺北：大通書局，1987 年《臺灣文獻史料叢刊》影印《臺灣文獻叢刊》本），卷 1，頁 47。

占驗原本為占卜的兆象。而在方志中，占驗可說是古代漁業氣象學，中國唐宋時代的航海事業已很發達，漁夫舟子們經過長期的海上經歷和經驗，深深感到氣象變化對他們的航海事業影響相當大。後來他們把觀察天氣變化的豐富經驗，用簡短的諺語來表達，以便能夠記憶應用。到了元仁宗時代，朱思本便編廣輿圖占驗篇，將天氣諺語加以韻語化。最早出現在《重修臺灣府志》，就收錄不少《裨海紀遊》中關於占驗的紀錄。這裡觀察到澎湖的鹹雨之患，也就是 80 年代澎湖作家呂則之作品所說的鹹水煙，乃海風捲浪，如雨一般飛沫遍灑，嚴重影響農作，而每當島上刮怪風，一定會隨之降下鹹雨。

光緒二十年（1894）的《恆春縣》志，由陳文緯主修、屠繼善總纂。恒春原本舊名「瑯嶠」，康熙二十三年（1684）瑯嶠隸鳳山縣分汛，同治十三年（1874）沈葆楨提兵渡臺，疏請設縣，命名恒春；光緒元年（1875），設官分職，恒春從此與鳳山析治。

最後一本《苗栗縣志》是光緒年二十年（1894）恆春知縣陳文騄以屠繼善為總纂，苗栗縣知縣沈茂蔭，聘謝維岳等進行採訪，完成《苗栗縣志》，適逢臺灣割讓日本，《苗志》並未出版。本志體例仿自陳培桂《淡水廳志》，內容亦多出其中，或直接引錄，或刪補而成，連繪圖形式也仿照之。又因苗栗為新闢地區，文獻資料缺乏、採集工作困難，所以內容相當潦草，記事也很簡略，在評價上並不高。例如卷十六〈紀事〉：

> 咸豐中，白沙墩有巨魚乘暮潮入，臥斃沙灘上。魚長十餘丈、高二丈許，大稱是。黑質鱗鬣，作刺蝟狀。巨口如闢雙扉；或舉木杈置其口，取道入魚乙深際（《爾雅》：魚腸謂之乙云），空洞若房室，可容數人起立。中有臂釧、辮髮及骷髏等物，蓋舟沉人溺死者，輒被毒口吞噬……其肉腥臊不可食，通身流黃金汁，臭味惡而遠聞，犬豕避之。有黠者取肉少許試煎，果獲油無至數十日乃盡，童叟疲乏。
> 又有取魚脊骨為臼、為橋梁者。〔註25〕

在鯨魚胃內發現臂釧、辮髮及骷髏，文字中有著對鯨魚充滿恐懼，惟恐被其所吞食，葬身魚腹。只可惜，這樣的記載卻連確切年份也沒有，直到蔡振豐應日人之聘編成的《苑裡志》，於光緒二十三年（1897）刊行，該書下卷〈祥異考〉提及白沙墩鯨魚擱淺確切年份：「咸豐八年（1858）夏，有巨魚被浪湧

〔註25〕 （清）沈茂蔭：《苗栗縣志》（臺北：大通書局，1987 年《臺灣文獻史料叢刊》影印《臺灣文獻叢刊》本），卷 16，頁 253。

白沙墩上，居民割肉，數十日始畢。」〔註26〕

　　從臺灣方志的書寫歷史來看，可以發現臺灣一地的中國政治與海防擴散的過程中，是由南向北，西向東的趨勢，整個東海岸仍是未探索的處女地，更別說太平洋上的綠島，蘭嶼等化外之地。這段期間，清廷先是面臨英法聯軍，天津條約打開了臺灣港口通埠，而臺灣在劉銘傳主導下，從原已有的商品經濟與社會特質，並且與西方資本主義更進一步聯結，可以說是臺灣走向西方資本主義社會的開始。

二、中國旅行家遊記、地方志的特色

　　從以上資料，個人著作方面，關於海洋書寫，比較著重在旅遊的見聞，也有純文學性的詩賦，另外以評論海防政策的議論也有之。而在方志中，海洋書寫更遍佈各方志章節，記地理的有疆域、山川、海道；記政治有武備、海防；記賦稅有水餉、鹽餉；記社會有風俗、氣候、風信、潮汐；記藝文有奏議、賦、詩等，不論地形自然、人文風土、經濟國防，都分門別類收羅其中。儘管這些書寫未必俱有文學性，卻是珍貴海洋史料，為現代海洋書寫提供材料，更間接證明了臺灣是海洋島國，很多面向離不開海。以下就方志的海洋書寫，其特色與影響進行深入探討。

（一）海洋史材料的提供

　　由於早期臺灣方志常採用圖經的寫作模式，因此地圖的繪制相當重要，纂修者也非常重視地圖的繪製。周鍾瑄在《諸羅縣志》附圖下一段按語：「臺灣輿圖不下數十幅，未有得其真者。大率強為牽合，易東而西、將甲就乙，求無所遺漏於影響疑似之間；而不知其舛錯謬戾之較遺漏尤甚也。苟按圖以為實，然其貽誤豈小哉！故茲圖於道路、山水、莊社、汛塘，各就其最確者，次第其遠近東西，使皆有定位可指」〔註27〕又在卷一〈山川〉後面說：「……茲卷或躬親遊歷或遣使繪圖，三復考訂，乃登記載。假而千秋百世陵谷依然，雖未敢謂毫髮無爽，亦庶幾得其大概云。」〔註28〕指出這些當時所繪製的地

〔註26〕（清）蔡振豐：《苑裡志》（臺北：大通書局，1987 年《臺灣文獻史料叢刊》影印《臺灣文獻叢刊》本），下卷，頁 98。

〔註27〕（清）周鍾瑄：《諸羅縣志》（臺北：大通書局，1987 年《臺灣文獻史料叢刊》影印《臺灣文獻叢刊》本），〈番俗圖〉，頁 36。

〔註28〕同註 27，頁 17。

圖便成為重要史料，它讓現代人可以了解過去人文風土、海洋地理背景。而許多初設定的行政單位，因為「前未有志」，因此纂修者秉持「宜詳不宜略」的撰寫方針，都使得方志保留海洋相關資料，以及海洋人文、生態史的相關資料。

比如說在很多方志裡都有提到鯨魚，最早是《高志》：「海翁（極大，能吞舟）。」但到了黃叔璥的《臺海使槎錄》，形容鯨魚時說：

> 海翁魚，有言如小山，草木生之，樵者誤登其背，須臾轉徙，不知所之；此無可考。志云：「後壠番社有脊骨一節，高可五、六尺，兩人合抱未滿其圍」。漁人云，大者約三、四千觔，小者亦千餘觔、皮生沙石，刀箭不入。有自僵者，人從口中入，割取其油、以代膏火。肉粗，不可食。口中噴涎，常自為吞吐；有遺於海邊者，黑色、淺黃色不等，或云即龍涎。番每取之以賈利，真贗亦莫辨也。〔註29〕

敘述就比《高志》詳細，不過這還未經過實際考證，是從過去方志整理而來。反觀《澎湖紀略》就是在地的第一手資料：

> 鯨魚：一名海鰍，俗呼為海翁。身長數十百丈，虎口蝦尾；皮生沙石，刀箭不能入……此亦荒詞，無可考據也。閩大記云：最巨能吞舟；日中閃鬐鬣若簇朱旗，道健好動，故又名鱰。閩中海錯疏：海鱰噴沫，飛灑成雨。其來也形若山岳，乍出乍沒；舟人相值，必鳴金鼓以怖之、布米以厭之，鱰乃逝去。否則，鮮有不罹其害者。間有自斃沙上者，土人梯而臠之，炙其皮以為油，艎船甚佳。其目珠，即明月之珠；鱰死即脫落，故死兩目皆空，世罕得而獲焉。澎湖於乾隆二十二年夏四月，有一鱰自斃於虎井嶼灣上。土人爭割其肉，約有數千斤云。今澎署大門尚有支門魚骨一條，長數尺、大數把；其脊骨可以作碓臼，兩眼亦空無目珠。澎人云：此尚是鱰小者也。〔註30〕

這段對鯨魚的描述，澎湖人對於鯨魚的認識顯然勝過臺灣本島，更勝於來自對岸渡海而來的官吏。前一段《閩大記》敘述「必鳴金鼓以怖之、布米以厭之」，還顯得過於離奇，到後來敘述就比較科學，偶爾有鯨魚擱淺上岸，面對上岸的鯨魚，他們處理方式相當原始。

〔註29〕 （清）黃叔璥：《臺海使槎錄》，頁66～67。
〔註30〕 （清）胡建偉：《澎湖紀略》，頁182。

　　一直以來，臺灣沿海就有鯨魚擱淺紀錄，早在《重修臺灣府志》〈災祥〉中就有鯨魚擱淺的紀錄。這一類的海洋生態資料對現代海洋書寫者了解過去海洋生物面貌，與海洋史頗有幫助。透過文字，可以勾描生物在當時的分部狀態與種類。像是被歸類爲自然寫作作家的劉克襄，在 80 年代常前往海岸河口進行踏查，他們追尋清代探險家的足跡以及描述，而對地貌、自然的變異發出感慨。劉克襄曾多次提及自己的觀察路線與郁永河的遊歷路線重疊而有所感：

> 兩年前冬殘，我旅行大甲溪下游，觀察的環境正是百年前郁永河橫渡北上的地點。昔年郁氏所描述，白芒夾雜著荊棘翻浪河床的情景已不復存在。〔註31〕

於是這種地理上空間的旅行，又更進一步蛻化爲時間的旅行，形成一種「地理景物的人文縱深」。〔註32〕

　　除了地理、生態，清代渡海遊記與方志也提供海防、船政等人文資料。例如常被歸納爲自然寫作作家的王家祥，其許多創作則以臺灣歷史爲題材，他的海洋小說〈山與海〉以西元 1566 年，明朝海盜林道乾逃往打鼓山（今高雄壽山）爲歷史背景，漁人之子阿尾與平埔族馬卡道族對抗海盜的故事。

　　小說引用《鳳山縣志》一書所說：「明都督俞大猷討海寇林道乾，道乾戰敗，艤舟打鼓山下，恐復來攻，掠山下土番殺之，取其血和灰以固舟，乃航於海；餘番走阿猴林社。今之比屋而居者，是其遺種也。」的史實來突顯小說的歷史性，並以《臺灣府志》、《臺灣番社輿圖》的資料，說明當年馬卡道族在海盜侵略下，被迫往東方阿猴社（今屏東市）遷徙。誠如小說所說：「打狗社的馬卡道族，自從被放棄打狗山下那一片美麗的森林與湖泊之後，三百年來，便在不斷失去家園、遷徙流連的宿命之中度過，終竟淹沒消失於漢人強勢的族群之下。」〔註 33〕從這些史實中，不僅可以得知數百年前壽山下的高雄港是湖泊成群，更可得知當年逐鹿而生的馬卡道族不敵海盜的騷擾而遠離家園。

　　地方志與渡海遊記對於戰前臺灣的海洋書寫具有重要的意義，這些書保存了許多當時觀察的第一手資料，而當代的作家，當他們進行海洋觀察與書

〔註31〕劉克襄：《隨鳥走天涯》（臺北：洪範書店，1985 年 1 月），頁 196。
〔註32〕楊照：〈地理景物的人文縱深——讀劉克襄《臺灣舊路踏查記》〉，《中國時報》第 34 版，1995 年 7 月 29 日。
〔註33〕王家祥：《山與海》（臺北：玉山社，1996 年 9 月），頁 68 頁。

寫時，得以藉此採入自己的作品內，加深作品歷史深度。另外，作家得以就自身觀察所得，對照中國文人對海洋、海岸的描寫以及旅行的模式，除了可以得知百年來海洋風貌的變化，也能領略到人們對海洋環境的態度，是否有了不一樣。

（二）自然史的誤差

地方志與渡海遊記雖記載許多當時的海洋資訊、變貌，但不可否認，由於清代文人對自然科學的陌生，使得地方志與渡海遊記所記載的海洋自然史資料，比起文史資料，是顯得殘缺而有不少訛誤。光自然史部份，基本上也是僅著重海岸環境、氣候潮汐的描述，對海洋生物的描述多半粗略且不具專業的自然科學知識。在當時 18、19 世紀，西方已經進入討論演化生物學的同時，中國還停留在物種如何藥用、食用的階段，這一點從幾部方志中對於鯨魚的描述，就可以得到印證。

此外，官方的方志書寫，常流於形式，且地方志的作者常缺乏實地踏查的精神，甚至可能也未查詢當地住民及曾至該地遊歷之士，而多賴案牘資料，形成新志抄舊志，連帶著錯誤也傳抄下去。如《續修臺灣縣志》，就是第一本方志對萬水朝東進行各家整理：

> 相傳臺海有萬水朝東處，諸書所載不同。「續文獻通考」及「島上附傳」、「稗海紀游」皆云：在澎湖南。「文獻通考」云：「水至澎湖漸低，近琉球謂之落漈。漈者，水趨下而不回也。凡西岸漁舟到澎湖以下，遇颶風發，漂流落漈，回者百無一」。「島上附傳」云：「澎湖風濤噴薄，悍怒激斗，瞬息萬狀。子午稍錯，北則墜於南風氣，南則入於萬水朝東，皆有不返之憂」。〔註34〕

認為以上等書把萬水朝東指向澎湖南方是未加詳考的繆誤：

> 蓋臺海潮流，止分南北。潮時北流較緩，汐時南流較駛。……。故黑水溝中值靜風潮漲，可隨流。潮退，必懸椗停舟。非畏萬水朝東也。〔註35〕

《續修臺灣縣志》進一步指出黑水溝並非一味由北向南。其實臺灣海峽的海流存在明顯的季節變化，冬季以從北向南的沿岸流為主，夏季以由南向北的

〔註34〕 （清）謝金鑾：《續修臺灣縣志》，頁33。
〔註35〕 同註34，頁34。

暖水以及從太平洋進入的黑潮支流為主。他認為如果萬水朝東一去不返，那所有前往臺灣正東，東北，東南海域國家，豈不是有去無回。由此可見歷年來方志、渡海遊記，即使是被後人所稱頌的《裨海紀遊》，對萬水朝東的詳細經過並未仔細研究，只是一味將古人所說轉載抄錄。

（三）營造神祕的海洋意像

由於缺乏自然科學的認識，清代的方志、渡海遊記，對海洋具有神祕與恐懼的描述，其中詩、賦，又因為其文學性的特質，更有這樣的傾向。如《裨海紀遊》寫到：

> 余獨坐舷際，時近初更，皎月未上，水波不動，星光滿天，與波底明星相映：上下二天，合成圓器。身處其中，遂覺宇宙皆空。露坐甚久，不忍就寢，偶成一律：「東望扶桑好問津，珠宮璇室俯為鄰；波濤靜息魚龍夜，參斗橫陳海宇春；似向遙天飄一葉，還從明鏡渡纖塵。閒吟抱膝檣烏下，薄露泠然已浥茵」。少間，黑雲四布，星光盡掩。憶余友言君右陶言：「海上夜黑不見一物，則擊水以視」。一擊而水光飛濺，如明珠十斛，傾撒水面，晶光熒熒，良久始滅，亦奇觀矣！〔註36〕

這種半寫實半神話般的描述，相當符合當時文人對海洋所存在的神祕感。其實海水發光是因為海面上的浮游生物感覺到天敵接近時，所發出螢光，古人不知，就把這當成奇觀了。又如《噶瑪蘭廳志》收有李祺生的〈龜山賦〉：

> 夫何橫孤嶼而形奇，長介蟲而名振，象南閩而取離，蟠東瀛而居震。鼇戴資其泳游，鯨奔助其潮信。終古靈修，一方坐鎮。溯天錫龜文朱字，書出洛如龍出河；訝神臂龜鈕黃金，篆曰章而名曰印。原其置身鯤壑，極目鯤洲，泖鼻前捲，貂山右兜；延一脈於大雞籠後，特遙勢於沙馬磯頭。當蛤仔難之東首，在烏石港之外流。豈真員嶠方壺，望而不可即？儼以俯靈仰繹，載沉而兼載浮爾。……
>
> 數百仞枕嶺遙臨，安息而揹床鎮日。是蓋元夫託始，靈氣胚胎，翶遊渤澥，隔絕塵埃。接臺灣山後之山，入海則龜蒙有別；鎮閩洋海東之海，仰山而龜兆多才。久鬱終通，昔斯嶼之忽坼；老番能識，

謂漢人之必來。斯誠蘭地張屏，特萃坤輿之閒氣；從此瑤光烜采，
益徵文運之宏開。〔註37〕

李祺生清道光年間（1821～1850）人士，曾參與《噶瑪蘭廳志》之修訂，或
許受到賦體需要鋪陳影響，也或許一生未曾登上龜山島，他將過去中國文人
將臺灣視爲海外名山的想法轉移到龜山鳥上。再加上島嶼形狀奇特，終年因
海底火山雲霧漂緲，在文人眼界下，更有靈山勝境想像。

　　對海洋缺乏實地探索以及科學知識，使得清代渡海旅遊文學以及詩、賦，
誇張了對海洋的描述，使得海洋充滿神祕而不可思議，如果從文學的角度來
看，這樣的敘事寫景，並無不可。其實長久來看，即使到了 21 世紀的今天，
我們看現代海洋作家，例如廖鴻基、夏曼・藍波安的部分作品，其對海洋的
描述也充滿著神祕而令人著迷，這樣的神祕感，有些來自於作家對大海的畏
懼、尊敬，甚至將大海視爲信仰，這無疑是海洋文學最大的特色。

第二節　西方遊人筆下的臺灣海洋

　　自 17 世紀開始，歐洲強權如西班牙、葡萄牙開始航向世界探險，至 18
世紀。更多經歷了科學革命、工業革命和政治革命的國家，開始有能力將其
政治勢力伸展至世界各地。在種種的改革下，架構了現代西方文明，於是一
個新的西方社會出現。反觀對過去的東方強權中國來說，新的世界秩序出現，
卻使得中國無可避免的陷入被支配的命運。

　　在這股潮流下，西方博物學者乘坐汽船，帶著望遠鏡，獵槍，十字架與
自然科學來到臺灣，在此採集各種動植物標本，並且與原住民接觸。他們採
取不同的觀點來看待這片海洋，帶來異文化世界與價值觀的對話，更具有帝
國主義殖民的野心，重現出與傳統中國文人不同趣味的海洋書寫。本節將討
略述這段歷史，並討論其對臺灣海洋的紀錄與特色。

一、來臺旅人的身份與目的

　　根據劉克襄在《深入陌生地──外國旅行者所見的臺灣》一書中所說，
這些外國人士可分爲四大類型：1、自然學者；2、海關人員與領事；3、宣教

〔註37〕　（清）陳淑均：《噶瑪蘭廳志》，頁 423～424。

士；4、一般社會人士（包括商人、水手、記者、工程師等不一而足）。〔註38〕
他們的身份有重疊性，如自然學者郇和（Robert Swinhoe，又譯史溫侯，1836
～1877）也是香港英國領事館通譯後轉任廈門領事館臨時通譯及二等助理，
並成為第一位駐臺的西方外交官。又例如著名的馬偕（George Leslie Mackay，
1844～1901），雖是傳教士，其轉述編寫成的《臺灣遙寄》不但是部傳教史，
也是臺灣早期文化與自然史。

　　這些傳教士多屬於基督教長老教會及聖多明教會，他們長期居住臺灣，
也學習臺、客、原住民語，採用深耕的模式進行傳教。誠如劉克襄所說，傳
教士是西方來臺人士中最不會有種族歧視的一群，他們較少嗅到列強各國的
殖民色彩。〔註39〕不同類型的人有不同目的與觀點，個性與認知不同使得所
描述的這片海域有多元的面向。

二、西方旅行家來臺的歷史概述與海洋書寫

（一）臺灣開埠之前（1714～1859）

　　西方人士來臺旅行，一般都以1860年臺灣開埠為分際點，從1714年到
開埠前，西班牙與荷蘭人以商業的模式經營臺灣，臺灣不過是海上棲息的中
繼站。1662年荷蘭人為鄭成功驅除後，由於明鄭時期的軍事管制，以及清代
對明鄭的禁海政策，使得臺灣形成一種封閉狀態。直到1714年康熙派遣法國
傳教士馮秉正（Joseph de Mailla，1669）來臺繪製地圖，才開始新的接觸。開
埠之前尚有幾艘探險船隻接近過臺灣，但是因為天候及人為因素而沒有成功
登陸，如1787年的拉・貝盧（La Perouse）所率領的二艘三桅帆船，他們在暴
雨搖晃中，看到一座山形像鯨魚背脊的島嶼，整個海岸寬廣而平坦，他們試
圖接近，結果因為島內有林爽文叛亂，船在臺南外海停泊幾天，又匆匆北上。
接下來1827年法默席那號，因為臺南外海沙堵港口而放棄。當年還有一艘船
墨路浦號來臺灣府，不幸遇到狂風，只好航向北方，進入淡水港，同時又到
基隆港停泊，重新勘察這座西班牙人最早知道的良港：「完全由陸地所包圍，
只是進去有些困難，因為五、六海里急潮橫掃該港口是也。」〔註40〕

〔註38〕 劉克襄：《深入陌生地——外國旅行者所見的臺灣》（臺北：自立晚報社，1993
　　　　 年3月），頁44。
〔註39〕 同註38，頁103。
〔註40〕 劉克襄：《深入陌生地——外國旅行者所見的臺灣》，頁24。

　　環繞臺灣的荒海，海浪特別洶湧，在那個時代，不但漢人的竹筏、戎克船，西方人的商船或軍艦也不時在這裡遭遇到颱風，或擱淺、或翻覆沉沒。法人卡恩（Reginald Kahn）在 1907 年撰寫的《福爾摩莎考察報告》（Rapport Sur Formouse）中說：「十九世紀的航海家公認福爾摩莎是遠東最危險的一站，因為颱風的關係，而且又沒有燈塔，船隻經常擱淺，遇難的人幾乎都會受到中國居民和原住民的虐待。」〔註 41〕在歐洲列強的航海冒險時代，臺灣依舊是他們眼中的畏途，西方船艦都只是驚鴻一瞥，只能海上觀看臺灣，留下片段的海洋書寫。

　　儘管如此，鴉片戰爭後，臺灣周遭洶湧的海浪，仍擋不住列強覬覦臺灣的野心。每兩三年，都有歐美的船艦梭巡臺灣的海岸。1855 年美國艦隊中的庫柏號、罕科克號分別駛進三面環山的雞籠（基隆），準備到臺灣東海岸探訪。他們專門為勘察北太平洋航路而來，同時兼有保護美國在遠東地區的商務利益與補鯨作業。

　　庫柏號進入基隆港前，先測定附近島嶼的相對位置，艦長吉卜生注意到基隆港入口寬約半里，港的內部很淺，附近的山巒佈滿熱帶植物，山谷間四處有漢人興造的的水利設備，港口西北角有一個人工湖，是飲水用的水庫，一條水龍橡皮管可以將淡水引到船上。這份報告十分表象，但仍有細膩獨到的觀察。

　　他們採完煤礦，這對姊妹鑑離開基隆前往東海岸，結果多天的惡浪迫使庫柏號拋錨，必須借助罕科克號拖曳而行，探勘工作無法進行，東海岸也只留下匆匆一瞥的印象，他們看到險阻的地形，高聳入雲的山巒橫陳，海岸有一處村子，升起了裊裊炊烟。他們放下了小艇登陸，但洶湧的海浪迫使他們失敗，他們只看到海岸邊聚有裸身、會吃人的土著。

　　隔月罕科克號再次前來，除了繼續探訪，順便尋找另一艘失蹤的小鯨號。它先在澎湖馬公停留，越過黑水溝時，遇到暴風，無法近岸，只好往南駛去，重新測繪小琉球，繞過南端抵達今日臺東大武的地方。海岸附近沒有高大的山脈，反而是臺地，有稻浪的田野與村落，他們擔心上岸會遇到割頭顱的土著，沒想到意外遇到漢人。他們隨即北上，在花蓮港口。他們畏懼土著，航行過程中不敢下船，只從望遠鏡遠瞧，卻看到漢人流犯所搭蓋的家園。庭院整齊，種有草樹。

〔註41〕同註 40，頁 25。

東海岸再一次等到歐美船艦來訪要等到 1858 年英國不屈號的環島旅行，這也是臺灣開埠前最大規模的探訪。不屈號是英國蒸汽兵艦，曾經俘虜兩廣總督葉名琛至印度拘禁。其目的是尋找船難的失蹤者，這趟航程中著名的博物學家郇和就在船上，不屈號於六月離開廈門，經過澎湖，分別靠泊臺南國聖港、安平港、打狗、枋寮、蘇澳、基隆、淡水、臺東大安；然後在道臺南，始由澎湖折返。

不屈號造訪偏北一點的的太魯閣時，看到那兒有二百多名漢人屯墾，依捕魚為生，並未受到太魯閣部落的干擾。儘管多半在港口附近旅行，但他的報告已經呈現開埠後特有的旅行報告風味，成為早期臺灣史、海洋史的珍貴資料。

（二）臺灣開埠後（1860～1895）

1860 年臺灣因北京條約，開放淡水、安平港，西方探險家、傳教士、商人、海關人員和自然開始不斷來到這塊美麗的島嶼，在殖民帝國強勢操控的大背景下各取所需。而從 1860 年至 1895 年間，他們取代了漢人的發言，留下豐富的見證，注入新的敘述方式。劉克襄認為這段時期相當重要，其理由有四：1、這是自荷西據臺時代，二個世紀後，再次有白種人深入臺灣，接觸這個島嶼的人文風物。2、在開山撫蕃前，對外國人甚至是漢人而言，臺灣仍是二個國家的狀態，西部是漢人墾殖地，東部仍為原住民的家園。3、臺灣百年近代史，這時又開始有社會經濟高度成長的經驗（1860～1880）。4、中國由長期忽視臺灣，轉而再注意到這個邊陲地帶的重要性。〔註42〕

這時留下的旅行報導相當多，文章中有關於海洋書寫的部分也不少，大致可分為三類：第一種是對港口的描述；第二種是旅行臺灣的海岸觀察，這又可分為陸路及海路；第三種則是離島的踏查。

1、對港口的描述

來臺的西方人士，前來臺灣，不論從北邊的基隆，淡水，還是南邊的打狗，安平，對臺灣的第一印象一定是港口。因此許多海洋書寫都是從港口開始，長老教會牧師馬偕博士，就對淡水有段生動描述：

> 潮漲時船可駛過沙洲靠近碼頭，潮退時就必須下錨於港外。從船上
> 可概觀淡水的全景。東面後方有從北到南綿亙的巍峨山嶺，是早時

〔註42〕劉克襄：《橫越福爾摩沙》（臺北：自立晚報社，1989 年 10 月），頁 3。

火山的劇變所遺留的，現在則戴著碧綠草木。在那些山麓，可以望見茶園的點在，再下方則有濃綠色的梯田，草木點綴其間，沒有柵欄，沒有線條，沒有整齊的區劃，祇有大小不一的綠田，從山上過谿谷至海邊，像樓梯般一塊一塊地傾斜下去……

信號旗掛出。船起了錨，悠然地駛入淡水河口。南方—我們進去時在右邊，有 1700 呎高的觀音山，遍生著高草，竹叢、榕樹和棕樹。山麓有村落和農家，隱現於古老廣大的榕樹、隨風搖曳的楊柳及多刺的柏樹籬笆之間。有時也可看到養蚵的土壩，浸在水中達數呎。左方有一片低平的沙灘，爲黑色的火山岩及珊瑚所圍繞，有婦女兒童在撿蚵和海藻。沙灘中有「黑警標」（black beacon），再往前一點有「白警標」。再過去有個漁村，岸上有許多小船，掛曬著漁網。有一個破舊的砲臺（砲臺「保固東瀛」），其正後方丘上另有砲臺（「北門鎖鑰」）。〔註43〕

馬偕牧師對於淡水河河口有非常詳細描述，而觀音山直到 21 世紀今天仍是淡水河口的地標。

2、旅行臺灣的海岸觀察

除了港口描述，這些西方人士，不論其角色爲何，是傳教士，自然學者，還是探險家，其因爲工作需要而走訪臺灣各地，也留下不少遊記與見聞，其中免不了有關於海岸線的觀察與記載，這些海岸線因爲遠離港口聚落，因此書寫上多了自然生態的景觀描繪，筆調上也趨於刺激緊張。

旅遊的踏查可以分爲陸路與海路，兩者之間除了選擇交通工具不同，背後也有其不得不爲的自然與人爲因素。蘇格蘭人必麒麟（W. A. Pickering，1840～1907），是 19 世紀最著名的中國通之一，早年曾經當過水手，在緬甸、暹邏、中國和馬來群島航行了六、七年後，深深爲東方的神秘與不可探究著迷，便決定在遠東大展鴻圖，以下是他對西海岸的文字記載：

只帶數名水手，我在某日早晨出發。水手的首領阿喬，五短身材，脾氣有些古怪。我們計畫沿海岸線前進，但風力漸增，海潮也不利前進，航速十分緩慢，阿喬因此建議改走內陸水道。附近的沙洲之間有一條水道，藉著划槳或竹篙行進，一樣也可以到達目的地。只

〔註43〕馬偕：《福爾摩沙紀事：馬偕臺灣回憶錄》（臺北：前衛出版社，2007 年，5 月），頁 271～272。

不過這一帶是著名的海盜區，常有海賊埋伏，伺機劫掠船隻。其他水手雖然反對，但外海的天氣不利航返，大家只好同意阿喬的建議。

才駛入河口，便發現有兩隻形跡可疑的舢板，船的兩側神秘地覆蓋著草藤。這種情況讓水手們十分惶恐，我的僕人試圖安撫，告訴他們主人攜帶不少的槍枝，那些倒不敢攻擊外國人的船隻的。

這條河道十分狹窄，在逆風的狀況下，水手們只好跳下船，用繩索拖著小船前進，突然間，傳來一聲槍響，咚咚的鼓聲隨之而起，驚慌的水手們立刻爬到船上來……〔註44〕

必麒麟有著商人的機巧和冒險家勇於犯難的性格，1862 年得到的中國海關檢查員職位，成為他日後晉升打狗海關官員、安平海關負責人及英國天利洋行和怡記洋行臺灣府分店店長的踏腳石。當年必麒麟所走的內陸水道，是由安平出發，經過現在的七股、北門區。七股區早期為臺江內海的一部分，後來因曾文溪改道，臺江內海逐漸陸化而形成陸地，而有漢人進入開墾。至於北門原來是倒風內海急水溪口外的沙洲島，舊名「北門嶼」，是過去倒風內海各港口往來的航運必經孔道，是由南往北之門戶。此外昔時麻豆港、鹽水港與北門港間還可透過河運運輸貨物。大約在清乾隆末年到嘉慶年間因泥沙淤積而與陸地相連，河流因淤塞並變為平地，海運路線也淤淺不適於航行，北門頓失其河運與海運功能。

從文中不難發現，當時的內陸水道因為淤積而相當淺，水手不但能跳下水底拉船，船還有擱淺的危機。也因此有外國船隻因擱淺而被居民打劫的事故發生。必麒麟的筆雖常充滿誇張，觀點也多少帶有西方殖民者的偏見，但從其文中也多少保留當時臺灣西海岸的風貌。

19 世紀中葉的臺灣，除了官道外，其他陸路充滿凶險，更別說是臺灣尾及東部，平地上還有出草的生蕃，因此相較於陸路的凶險，海路看似較為安全。1857 年 6 月，英國皇家地理學會會員畢齊禮（M.Beazeley）前往恆春半島，準備在鵝鑾鼻買建築燈塔的土地，並且測燈塔位置，因為時日已進入颱風季節，他無法搭乘海關小汽船，被迫選擇陸路。

當時臺灣尾正多事之秋，日軍侵占牡丹社，土著與漢人戰爭、彰泉與客家人械鬥，更加深這段陸路難行之處。因此，這支探險隊伍的陣容龐大，除

〔註44〕必麒麟著，陳逸君譯：《歷險福爾摩沙》（臺北：原民文化，1999 年，1 月），頁 121。

了畢齊禮和二名打狗海關的外國人，還有四十多名清兵隨行護送。他們由旗后半島出發，穿過半島紅樹林，林投與蘇鐵，渡過高屏溪後進入臺灣島南端。隨後涉過下淡水溪（今高屏溪），經東港至枋寮，在此與恆春縣的首任縣令周有基會合，繼續南下的旅程。越過形勢險要的楓港，抵達車城；經牡丹至滿州，穿越鬱密的原始叢林，並歷經一段與原住民的溝通折衝後，終於抵達鵝鑾鼻岬角。畢齊禮在他的探查報告上寫著：

> 這塊地非常漂亮，未親眼看見前實在無法想像。短草密生而完好，不全然是荒廢之地，反而像保養很好的草皮。兩邊皆有濃密的林子在坡腳，一處高聳的樹林像棕櫚樹般，隔開了最南端的低地海邊。黑檀樹在此長得十分高大，森林由許多種硬木組成。獼猴數量很多，雉雞的叫聲從林叢傳來……。〔註45〕

這篇文章充滿南洋風味，並將漢人與排灣族的種族矛盾刻畫實際，在畢齊禮和周有基一行人回去後七年，白色鵝鑾鼻燈塔終於建立。

3、離島踏查

除了本島旅行，環繞臺灣四週的離島，也是西方人士的踏查重點，並也留下不少紀錄。這些離島有些是順道路過，有些則是特地前往。從清代文人遊記、方志中，可以得知澎湖、小琉球是從中國沿海前來臺灣本島，越過黑水溝的第一站。另外，像東南方的綠島，蘭嶼，還是東北方的龜山島、社寮島（和平島），乃至於北方外海的三小島，雖不是來臺的必經之路，但到了臺灣開埠之後，卻也都成為西方探險家的目標，不惜風浪危險，也要登島一觀。1882 年，一艘英國科學調查帆船馬卻沙號曾經輾轉來到臺灣東海岸，船上有一位生物地理學家古里馬（F.H.N. Guillemard），所到之處他詳細調查。馬卻沙號探訪過東南亞後一路向北航行，從臺灣最南端的恆春半島經綠島，並在綠島登岸調查：

> 這是個小島，幾乎不到二里長。由西邊看去，主要由珊瑚的白石灰構成，有奇特狀的小尖塔岩石，有弓形大穿孔。我們迅即和當地土著連絡，他們主要是來自廈門地區的漢人子孫，另外從暗色皮膚與其他特性判斷，也有福爾摩沙的土著，或者可能有來自琉球的住民。在粗陋的舢板中，他們帶來一些蔬菜，他們想換取煙草與手巾，並

〔註45〕劉克襄：《深入陌生地——外國旅行者所見的臺灣》，頁 90～91。

> 且表示，如果需要，還可以拿更多來。我們划向船，穿過一個建在
> 珊瑚礁的小航道，這些船在高低潮時皆能停泊的地方。〔註46〕

根據古里馬的觀察，在綠島上已有居民，而且由於交通不便，小島居民十分
渴望以物易物，就連教育也得自立自強。小島上有一間私塾，有一老紳士充
當私塾教師，在教小孩們讀書。

　　北方三小島分別是指花瓶嶼、綿花嶼、澎佳嶼，1866年，英國生物學者
柯靈烏（R. G. Collingwood，1889～1943）是最早搭軍艦海蛇號前來的西方旅
行者，當時船長並以「阿琴考德」、「克拉克」、「賓納克魯」為三島命名，同
時把它們記載於英國海軍海圖。柯靈烏的紀錄相當豐富，他描述的花瓶嶼、
綿花嶼、澎佳嶼，分別為：

> 它全然是峭壁裸巖，二邊各有一高尖塔，造成海浪猛烈而狂暴，激
> 起浪花一百餘尺高，岩上有海鳥的白色排泄物，我沒有機會趨近一
> 瞧。……
>
> 整個綿花嶼是塊粗糙的大熔岩，上面有細小的凹凸不平的坑，甚至
> 是最高的地方。不管哪裡，每一塊乾淨空地，都有許多燕鷗（烏領
> 燕鷗），與復活島的並無顯著不同，當時島上有一間粗陋的茅屋，住
> 著採集鳥蛋的漢人；

最後抵達的彭佳嶼：

> 這座島是圓形沙丘所組成，有些地方磨得光滑，從頭至尾有一塊大
> 岩脈橫越……西邊有一座貧窮的小村，住民一直盯著我們；這兒是
> 島上最高的部分，也是唯一能耕作之處。〔註47〕

　　無獨有偶，十年後馬偕牧師也前往北方三島，寫下精采的自然描述，加
深我們對北方三小島的認識：

> 花瓶嶼是個不規則的禿岩，上面沒有長任何植物，也沒有動物可以
> 在那裡生存。這島高出水面有一百七十呎，只有供做海鳥長途飛行
> 時的中途休息站。
>
> 鳥嶼也不適於人類的長期居住，但卻是個讓海鳥飛來棲息的好地
> 方，有時整群來時，天空真的被完全遮蔽。島的一邊有一座垂直升

〔註46〕劉克襄：《後山探險——十九世紀外國人在臺灣東海岸的旅行》（臺北：自立
　　　　晚報社，1992年5月），頁67～68。
〔註47〕劉克襄：《後山探險——十九世紀外國人在臺灣東海岸的旅行》，頁77～78。

起的粗糙岩石，約二百呎高，從那邊，坡度慢慢下降直到海邊，形成約有二、三英畝大的平順島面，上面也都沒有長任何樹木或灌木，只有柔軟的草覆蓋著整個島。鳥在草上沒有築巢就直接下蛋。我觀察到了十二種不同的草，但沒有花，不過，卻有很多昆蟲，包括可怕的娛蚣和數種甲蟲。但這個島主要的特徵還是海鳥的棲息，有數百萬隻的海鷗和燕鷗棲息這裡，當牠們回來時，會先在上空稍作盤旋，然後，全體翅膀就像是個掀開的大斗篷一樣，下到地上休息。整個坡面滿滿的都是鳥，搭船來此看這景觀是值得的，可惜我們對這美麗景觀的欣賞被一些人的殘忍行為破壞了。有一次，我們在那裡搭營過夜，有一、二十個人從大嶼來這裡撿蛋。很快的，他們的大籃子就裝滿了。到了傍晚，當鳥兒回到草地上休息時，這些人就帶著火炬，把鳥塞入他們的大袋子，然後拿到一個旁邊有燒著火的大石頭上，一隻隻的摔死，堆成好幾堆有數呎高。看到這些可憐的鳥及牠們的哀號聲，令人感到很噁心。到了早上，這些鳥都被拔了毛、醃了鹽後烘乾。捉完了鳥，這些人又去鉤大烏龜。我們的船伕向他們買了一些，而我們走回海邊時，一路上，要不是活鳥就是死鳥，要不是好的蛋就是破了的，而在一個角落，有一隻約五呎長翻仰著的大烏龜，整晚就像人一樣的呻吟著。哎！多麼難受的一夜！
〔註48〕

他也談到大嶼有一百多個源自臺灣雞籠的漢人住在那裡，那裡有一座很舊非常老式的砲臺，馬偕對歷史很有興趣，他問了當地老人，仍不知砲臺如何會送到島上。馬偕接著談他第一次造訪的驚險登陸：

一八九七年我們第一次訪問當地時，我們一行人包括了我、我的妻子、一位蘇格蘭來的朋友和幾位學生。當島上的人看到我們後，就一直站在岸邊的石頭上注意我們，等到我們駛到了說話聲音聽得見的距離時，就警告我們不要靠岸，因為岸邊很危險。他們中的一個人跳到水中向我們的舢舨游來，他的腰上綁著一條繩子，繩子的另一端則繫緊在一塊石頭上。我們把他拉上船後，就把繩子綁在我們的舢舨，由他們把我們的船拉往岸邊。因為岸邊的暗礁非常的粗糙，所以，每個人都要先準備好，而當浪水把舢舨推得夠近岸邊時，就

〔註48〕馬偕：《福爾摩沙紀事：馬偕臺灣回憶錄》，頁 174～175。

> 要立刻跳到岸上，由我們剛認識的新朋友把我們接住。要上這岸是
> 非常危險的，要不是有這些又壯又勇敢的漁民，我們之中就有人會
> 回不來了。因爲島上的人都很和氣，使我們在島上過得非常愉快。
> 他們雖然貧困沒有甚麼知識，卻非常和善的接待我們，並對於我們
> 所傳的福音聽得津津有味。〔註49〕

看來在那時候去北方三小島並不簡單，常有驚險，彭佳嶼雖有居民，卻沒有
良港。1895 年甲午戰爭後，臺灣割讓給日本，正式成爲日本領土，此後西方
旅行家從臺灣舞臺退出，取而代之的是日本的博物學者。

第三節　日治時代的海洋書寫

　　1895 年的馬關條約，使得臺灣被納入日本帝國的版圖，爲了更有效率了
解臺灣，政府單位要求其對殖民地進行研究。當時執日本學術界牛耳的東京
帝國大學因而得到日本帝國議會的臺灣調查經費贊助，乃得以派遣學者到臺
灣綜合調查採集。這些學者涵蓋了人類學、動物學、植物學、昆蟲學等，可
說是相當多元。其關注雖非是海洋，但因科學家觀察本色，也確實爲當時的
海洋生態風貌留下珍貴的資料。

　　事實上，日據時期初期，由於臺灣人民與原住民的抗日行動，使得學者
的踏查範圍十分有限，直到總督兒玉源太郎同時運用懷柔與鎮壓政策，大幅
增加警察人數，殖民者才算有效地控制臺灣。本節將對日籍學者的海洋書寫
做一簡單概述，並討論其海洋書寫的特色：

一、書寫者的身分與海洋的書寫

（一）動物學者

　　日人的踏查，約起於明治二十九年（1896），由東京帝大理科大學的多田
岡輔開始，他也是來臺從事動物採集探險第一人。1896 年 8 月，多田綱輔連
同伊能嘉矩、宮村榮一等日籍學者抵臺。在臺停留約一年半時間，足跡遍及
臺北、宜蘭、花蓮、臺東、澎湖及蘭嶼等地。

　　多田綱輔是蘭嶼動物相調查採集的先驅，他在 1897 年 5 月，由卑南搭著
江島丸出發航向火燒島，結果遇到暴風雨，所幸雨勢不長，於隔天抵達紅頭

〔註49〕同註48，頁 176。

嶼的矢代灣（今八代灣，當時的港灣、村落名稱均以第一回探險者的姓氏命名），他如此形容對達悟人的第一印象：

> 數十名蕃人駕著小舟來到船邊，攜帶著土器、果實及其他物品爬上甲板，毫無懼色，爭相叫賣物品，人聲鼎沸、熱鬧滾滾。我們一行人好不容易地避到船的另一端，蕃人卻又堆滿笑容地叫笑過來，好像在歡迎我們，但他們也不考慮胴黑的身體上污穢的汗水，甚且還抱著並親吻我們，讓我們覺得像五月的蒼蠅厭煩與啞然。當我們上岸後，蕃婦蕃童見狀立即驚荒狼狽地逃到山中，實在覺得好笑；可是由於言語不適，無法表示我們的意思，也莫可奈何，等到領悟了解後才一一回來。〔註50〕

多田綱輔對達悟人的描述，仍然帶有殖民的眼光，也因此在他筆下的達悟人更是顯得天真直率。

臺灣四面環海，最常接觸海洋的學者往往是水產專家。以臺灣來說，北部為奇岩怪石的岩岸，西部多為平緩沙岸，東部有險峻的峭壁，南部恆春半島是熱帶生物群聚的珊瑚礁。如此複雜環境，擁有豐富的貝類資源，包括岩岸，珊瑚礁，泥沙，淺海，深海，溫帶，熱帶，淡水，河口貝等。

臺灣貝類研究肇始於英國博物學家郇和，日本領臺後，首度來臺採集仍是多田綱輔，然而早期的貝類研究採集家多半集中臺灣的北、中、南部，東部極少，其中宜蘭是到了 1928 年臺北帝大設立以後，才逐漸有學者來地點多在蘇澳灣內。黑田德米（1886～1987）是日本現生貝類分類權威，1937 年進入臺北帝大理農學部地質學教室擔任助手，對臺灣貝類進行鑑定與命名。1938 年他與知名的動物學者堀川安市（1884～1981）前來蘇澳採集，並且細述此行經過：

> 午後，並到大溪附近海邊採集，行程與前不久的採集之行相同，係一路走到龜山火車站的海岸之行。下午四點從龜山火車站搭火車到蘇澳，夜宿東洋商會旅館。在走向龜山途中，在岩礁上看到數量甚多，如撒豆般成群散布著的玉黍螺。在豔陽下，貝殼正向靜靜地在岩石上被燒烤似的。我們目睹著這一景象。堀川君拿起溫度器測量，當時岩石的溫度高達攝氏 47 度。

〔註50〕 吳永華：《被遺忘的日籍臺灣動物學者》（臺中：晨星出版社，1996 年 1 月），頁 25。

> 25日一大早，隨同堀川君前往南方澳，到海岸砂濱、海地的干瀉集
> 珊瑚岩礁的外側進行採集。岩礁上棲息著貝類，海膽也寄生其間，
> 一直採集倒滿潮才歸去……第三天（26 日），坐船前往北方澳。堀
> 川氏雇用了一名琉球系滿人出身的潛水青年來進行採集工作。我則
> 在灣內及海岸邊搜尋，但這裡不是貝類採集的好地點，因它是佈滿
> 圓圓礫石的無貝類生存之地，僅撿拾到石磯下及漁夫吃剩下的貝殼
> 而已。〔註51〕

文末列出了蘇澳產的貝類有 243 種之多，其中石鱉類 2 種，腹足類的前鰓類
有 42 種，中腹足類 65 種，狹舌類 82 種，後鰓類 4 種，有肺類 3 種，柄眼類
5 種，雙殼類的多齒類 7 種，不等筋類 9 種，真瓣鰓類 24 種，顯然蘇澳灣是
臺灣黑潮型貝類群十分豐富的地點。但經宜蘭在地的作家吳永華的觀察，半
世紀後的今天，不只蘇澳灣，宜蘭許多海岸生態都已經明顯惡化，前後相比，
是足以令人警戒。

（二）人類學者

　　出生在今日本岩手縣遠野市的伊能嘉矩（1867～1925），可以說是最早來
臺調查的人類學者。1895 年，他來到臺灣，任職於總督府民政局，並在其所
設的「臺灣土語講習所」學習臺語，同時研究泰雅語、自修馬來語。他來臺
目地的其中之一，就是要查明山上的蕃人是屬於什麼種族，試著加以分類。
他將臺灣原住民分作成八類：泰雅、阿美、布農、曹、賽夏、排灣、漂馬（即
卑南）、平埔，打破以往籠統的生熟番劃分，堪稱是臺灣原住民分類的第一人。

　　他實地走訪臺灣各族群，研究調查十年時間，與晚一年來臺灣進行人類
學調查的鳥居龍藏，他在臺灣史學，文化史與平埔族的研究，所花的心血較
多，收獲也較豐碩。他在毛少翁社採訪老婦得知蕃社的開基祖是東洋人：「我
們蕃社的開基祖是東洋人（Tanyann），名叫 Kivao，是 Vakitononan 的兒子。
Kivao 曾經駕船航海，船被強方吹襲而漂流到本地。」〔註52〕伊能嘉矩指出「東
洋」就是住在臺灣的漢人對日本人、琉球居民的稱呼，但他卻很確定這東洋
只是對臺灣的相對位置，只是個概念上，並非真的指日本、琉球。另外，他
在臺北的八里岔社，秀朗社（新店溪上游），乃至於宜蘭的噶瑪蘭人也得到類

〔註51〕吳永華：《蘭陽三郡動物誌》（臺北：玉山社，1997 年 3 月），頁 136。
〔註52〕伊能嘉矩著，楊南郡譯：《平埔族調查旅行——伊能嘉矩〈臺灣通信〉選集》
　　　　（臺北：遠流出版社，1996 年 9 月），頁 74。

似的口述歷史，所不同的八里岔社，秀郎社的蕃社祖先來自唐山，而且都擁有舟船造形的木屋。

伊能嘉矩對平地的各族群研究，留下豐盛的學術成果。平埔族在日治初期幾乎已喪失了其傳統與語言，幸好有他對平埔族部落進行巡察旅行，用近代的學術手法做了精湛詳盡的調查，也因為走訪平地各地，也留下不少海岸踏查紀錄。明治二十九年（1896）十月，伊能嘉矩到宜蘭進行 24 天的實地調查，並探訪蘇澳南方的猴猴社，留下生動的海岸行旅紀錄：

> 剛好有平埔蕃六女一男，要從蘇澳走此近路回他們的蕃社。為了探查他們的通路，因此決定不走山路，而與他們一起走海岸近路……
>
> 出發時先走平坦的海岸沙地，沙灘盡頭忽然出現奇岩怪石，壁立於岸邊阻止我們前進。大家捲起衣褲行走於海水中，最深處達膝蓋以上的大腿，一陣一陣的巨浪衝過來，所以我們快速地在岩角背面或岩洞之間迂迴前進，以壁開浪濤的襲擊。假如行動稍微放慢或躊躇不前，可能會被巨浪擊倒而捲走，即使沒有被捲走，也會全身浸泡海水，實在危險極了。我因為行走困難，時而停下來，蕃人見到我這個樣子，馬上靠近把我背起來，而其他蕃女則把我的雨具、外套、小行李等接過去，分攤幫我帶走，使我放心下來。蕃人背著我，巧妙地跳開大浪前進，我想我們日本內地越後地方聞名的「親不知之險」，其驚險的程度也不過如此。我們好不容易來到可望見海岸平沙的地方，有一道岩石丘陵橫在眼前，越過這道岩稜便可以到猴猴社了。走在壁立的，所謂豬鹿也少有行跡的岩稜上，一邊下望蒼茫大海，我想到一失足就成千古恨……，不禁寒心不已。平埔蕃踏越海石巨浪之險，比我們走平地還要輕快，他們對於危險毫不在意，這一點使我萬分驚嘆。一行中有年齡十二、三歲到十五、六歲的少婦三人，她們都爭先以輕快的步法飛躍前進，可說是一大奇觀。我們好不容易從岩丘下降，抵達他們的蕃社。〔註53〕

這段紀錄呈現了原住民的身手矯健，海灘行走的凶險，也可以看出，1874 年羅大春所開闢的北路，已經被山上生蕃給佔據，使得漢人或是平埔蕃通行都得利用海路或是海岸險路。

〔註53〕伊能嘉矩著，楊南郡譯：《平埔族調查旅行——伊能嘉矩〈臺灣通信〉選集》，頁 195。

　　除了輝煌的研究巨著，伊能嘉矩還留下不少探查日記，根據楊南郡的研究這些探查日記，最能反映踏查者當時周遭的環境與本人的直接反應，是未加修飾的，活生生、有血有肉的人，對人與事的身體反應與所處的心理狀態。明治三十三年，他奉臺灣總督的命令，出差到澎湖群島進行地理與歷史調查，為當局編撰地和教科書做準備：

　　三十一日：午後七點左右才遙遠地望到群島中的極北島嶼——北嶼。

　　凡是從臺灣本島航向「澎湖港」的船隻，只有兩條航路可以選擇：一是從臺灣本島與澎湖群島的中間，亦即澎湖水道進入；另一是遠繞澎湖群島其西側才進入。據說這兩條航路，都要注意下面要點：

　　無論採取那一條航路，都會遇到兩處險礁，也就是桶盤嶼向西北方向突出二分之一海里，及向西突出四分之一海里的礁脈，以及從雞籠嶼向西以半個金屬環形狀突出的礁脈。所以要進入「澎湖港」的船隻，都要迴繞漁翁島（西嶼）西南端的 Richter 岬角一海里，才能安全入港。

　　航行中島影出現得更多，左舷上望見 Richter 岬角的燈塔（漁翁島燈塔）後，船徐徐進入媽宮城外十町處？（水深六尋）投錨。據說這條水道的最佳泊處，是沿著「風櫃尾半島舊荷蘭炮臺與天測嶼延伸過去的直線，再進入灣內水深八尋的位置」。午前十一點半投錨，在船上用午餐後立即登岸。〔註54〕

伊能嘉矩來澎湖調查，還向船長問出航路，可以想見他很用心地詢問並做了觀察。伊能嘉矩所說的澎湖港，是廣義的馬公港。很多地理解說的專書都忽略航路的說明，只有伊能嘉矩指出所有船隻都得從群島西南方，通行於漁翁島與桶盤嶼、雞籠嶼之間，避開險礁才能進入馬公港。伊能嘉矩在澎湖停留十五天，面對著島嶼與港澳星羅棋布、海岸線的曲折、犬牙交錯的地理形式，他一方面坐船從海上細細觀察，一方面透過徒步方式在陸地上訪察各地，完成了日本領臺後的首次澎湖調查。

　　稍晚於依能嘉矩來臺的日籍學者是鳥居龍藏（1870～1953），日本德島縣人，是知名人類學家、考古學家、民俗學家。1896年至1900年間，鳥居龍藏四度被東京帝國大學派遣至臺灣從事人類學研究調查。他的足跡遍佈臺灣本

〔註54〕伊能嘉矩著，楊南郡譯：《臺灣踏查日記（下）》（臺北：遠流出版社，1996年11月），頁498～499。

島及紅頭嶼、火燒島，並曾攀登玉山，橫越中央山脈，為臺灣原住民研究留下珍貴的影像與資料。並完成兩部民族誌學大作《紅頭嶼土俗調查報告》及《人類學寫真集‧臺灣紅頭嶼》。是第一個到蘭嶼上的日籍人類學者，也是在臺灣第一個最先使用照相機進行紀錄的學者。

鳥居龍藏對於臺灣的原住民究竟屬何種人種？從哪裡遷來也感到好奇，他採集了不少暗示著阿美族與卑南族最初移入臺灣的神話故事，例如他在花蓮美流社（吉安鄉海岸）採訪南世蕃（北部阿美族的海岸阿美），得到的口碑：「我們的祖先是兩個老婦，最初駕獨木舟到美留港，後來在當地形成一個叫美流的蕃社。」〔註 55〕當地居民還在部落附近搭建草寮，安置三艘仿造的獨木舟，每年舉行祭典。

鳥居龍藏重視的是人，每探訪一部落，勢必從部落的落的神話、傳說、習俗、語言、信仰、武器、生活器具、家屋建築、美術雕刻農具造船織藝，甚至族群的社會結構，以及生活方式、遷徙等全部一起調查，留下相當龐大卻又枯索的科學紀錄。在他文章中鮮少有景物描述，更別說與海洋有關的海洋書寫，即使他前往離島蘭嶼所關注的依舊是人：

> 船靠岸的時候，島上蕃人爭先恐後似地駕著獨木舟（canoe）過來，
>
> 每一個人都喊著「perak！perak」我連忙拍下了這個鏡頭。〔註 56〕

達悟語 preak 是銀的意思，可以打造成儀式所需的銀盔，因此每當外客前來，他們都拿土產交換外客的銀幣。這和多田岡輔的描述有幾分類似，儘管鳥居龍藏未留下太多海洋書寫，不過因為他走訪蘭嶼以及東部海岸調查達悟、南勢阿眉、海岸阿眉，也為這些靠海民族留下許多可貴資料。

二、日籍旅行家與博物學者的書寫特色

日治時代的博物學家、旅行家所撰寫的報告，有時也像是到某處旅行、生活所寫的旅遊札記，但多數具有專業的記錄形式，這一點與中國傳統文人的遊記、方志有很大的不同。儘管術業有專攻，他們只對研究的標的有興趣，但是因為需要實地考察，對於臺灣海岸的地形考察也留下珍貴資料，而他們專業研究，則為臺灣海洋的生態資源，民族文化寫下燦爛的一頁。

〔註55〕鳥居龍藏著，楊南郡譯註：《探險臺灣——鳥居龍藏的臺灣人類學之旅》（臺北：遠流出版社，1996 年），頁 252。

〔註56〕同註 55，頁 249。

另外，因為文化、語言差異，日籍學者所留下的海洋紀錄與西方學者相比，在寫作風格上也有明顯差別，大致說來，日籍學者的作品具有以下幾種特色：

（一）對海洋生物的觀察、描述與記載，更加專業深入

與西方博物學者不同，由於殖民政府之便，日籍學者來臺時間較長，因此對臺灣自然的踏查，不僅止於標本採集及分類學上的貢獻，他們更種視物種的分布狀況調查，以及生態習性的研究，普遍較西方博物學者深入。臺北帝大成立後，日本人更是加重視在臺灣研究的據點。於是採得的標本也留在臺灣大學，或各地博物館。而由於學者嚴謹的治學傳統，他們研究成果，不論是人類學、動物學，直到現在仍然是學院中人文、自然研究的重要資料。

而在海洋書寫方面，由於在臺灣還未開埠之前，西方探險家多半還只能透過望遠鏡，從海上窺探岸邊，因此其書寫偏重於海上書寫，有「海上觀陸」的特質。反觀日治時期，因為臺灣陸地平原已經開發，藉由鐵路、公路運輸，日籍學者多能輕易進入海岸線進行調查，因此其海洋書寫則多以岸上觀察紀錄為主。

（二）熟悉漢學，引用漢語資料

由於日籍學者熟悉漢語，因此在書寫上多能引用，甚至是批判。例如伊能嘉矩去澎湖踏查，一邊做實地踏查，一邊利用澎湖廳志中的資料為線索，實地求證，大量引述史冊記載，並找出前人傳聞或史冊上所未曾提及的重要史資料。此外，他也對於遍布於各島嶼的古城，古井、炮臺、古廟、石碑等重要史蹟物，均能不厭其煩地描述並考證其沿革。例如他對於八罩島（望安島）在歷史上多次被海盜侵略現況，從訪查護知島民還有「澳甲制度」的自治組織，以對抗海盜的侵入，他不但用實地調查方式去求證，還在《澎湖廳志》上發現水垵澳還設有父母會的自治組織，具有下列性質：

> 澎人有所謂父母會者，或數人、或數十人，各從其類立約。何人丁憂，則會中人助理喪事，各賻以資，視所約多寡，不得短少；猶睦媚任恤之遺意焉。〔註57〕

〔註57〕伊能嘉矩著，楊南郡譯：《臺灣踏查日記（下）》，頁 529。

他認爲這是因爲海島上生活勞苦，時則風塵拂面，沙土撲衣，午曝烈日，所以八罩島的男人不是遠到臺灣謀職，就是從事討海的工作，平時在家的男人極少，必須靠自治組織互相幫助支援。

不過也不是所有方志史料，都被日本學者照單全收。曾擔任鳥居龍藏助手，對原住民研究有深刻貢獻的森丑之助（1877～1926）在研究原住民多年後，提出這樣的批判：「明、清兩代，漢人對於臺灣蕃人完全沒有眞正的認知，史冊是荒謬不切實際的記載，而撰述蕃俗的清吏只依半調子的生蕃通事的胡謅，和下山輕佻蕃人在平地的吹牛。編纂史冊者從來沒有，也不敢深入部落調查，所以現在有的史冊完全未經實際的考證，只能視爲傳聞而已。」〔註 58〕

（三）對原住民關心勝過好奇

與中國旅行者及方志的角度不同，不論是西方還是日籍學者多把臺灣視爲一個分布了多種原住民以及漢人聚落，自然豐富的新奇之島，他們多半擁有殖民者視角，把臺灣視爲殖民地，將臺灣視爲可剝奪的「資源」，即使他們在臺灣從事生態研究或是傳教工作，仍帶著極強的政治目的。

這種殖民心態也自然落在島上住民──原住民與漢人。其實漢人本身看待原住民也是保有異樣的眼光，同樣是描寫原住民，中國旅行家與方志對原住民的描述是具有歧視、畏懼態度，相較之下，西方博物學者排斥漢人，對原住民有高度興趣，從必麒麟文章中，當時西方人對漢人的認知是「詭計多端」、「性格多變」。但這種態度，和西方人與漢人在政治與經濟上的衝突有關，他們對漢人的認識往往流於片面，對此，劉克襄稱之爲「馮秉正式」的旅行印象。〔註 59〕

僅管日本學者對臺灣原住民也是深感好奇，從多田的筆下就能看到充滿文明的優越性；不過由於長期相處，日籍學者對原住民態度是關心大過於好奇。例如鳥居龍藏第一次前往蘭嶼，一點不懂雅美語，也沒帶譯員，事實上也沒有譯員，總督府當時按照慣例派警察人員、陸軍士兵保護，都被他拒絕，面對性情溫和的達悟人，他也不是沒有危機意識，甚至覺悟要過著《魯濱遜漂流記》一書所描述的孤島生活，二個月後，不但一切安好，每天例行人類學調查，他更在《東京地學協會雜誌》發表的〈臺灣通信（八）紅頭嶼行之二〉寫下對達悟人未來的憂心：

〔註 58〕森丑之助著，楊南郡譯：《生蕃行腳──森丑之助的臺灣探險》（臺北：遠流出版社，2000 年 1 月），頁 37。
〔註 59〕劉克襄：《深入陌生地──外國旅行者所見的臺灣》，頁 15。

世界上各地的人類幾乎都有人抽煙，唯有紅頭嶼的土人完全不抽
煙，也因此島上的山野，是看不到煙草的。菲律賓群島以出產馬尼
拉煙草而著名，臺灣也產煙草，而位於臺灣與菲律賓之間的紅頭嶼，
竟然沒有煙草。……其次，紅頭嶼也沒有酒，雖然土人有芋頭和小
米，但從不釀酒，這也是一件怪事。〔註60〕

他還希望禁酒會、禁煙會等組織能夠伸出保護的手，避免島民染上菸酒惡習。
他的呼呼籲沒有發生任何效果，現在的雅美族，由於第二次世界大戰以後國
民政府沒有實施保護政策，都染到抽煙和喝酒的習慣，蘭嶼人鎖接觸到的第
一種酒，就是國民政府公賣局的紅標米酒。

第四節　1945 年以前海洋書寫的影響

　　毋庸置疑，清代地方志以及外籍旅行者的海洋書寫在史學上、自然科學
上具有相當重要的價值，是我們認識臺灣海洋史的重要窗口。但是他們對臺
灣海洋書寫發展史上，這些作品帶給現代創作者怎樣的影響？而我們能否從
臺灣現代海洋文學中，看到這些「他者的形跡」所留下來的線索？

一、提供大量海洋地形、自然生態，人文風俗資料

　　正如上文所述，不論是清代方志，或是外籍旅行家、博物學者在臺灣海
洋書寫上留下豐富資料。這些豐富資料，特別是對於海洋文學中自然書寫這
一塊，無疑是必要參考資料。這方面資料愈豐富，作者所能題材便愈廣。臺
灣有八、九成以上的物種在西方與日籍學者研究下確定命名，倘若沒有他們
研究，臺灣海洋資料的基礎也將會顯得脆弱。例如劉克襄就是閱讀伊能嘉矩
的旅行報告《彭佳嶼調查報告書》以及其他自然誌，意外對北方三小島以及
短尾信天翁的生態活動有了清楚的認識，他在長年閱讀資料與前往北方三島
及龜山島的旅行，讓他累積資料完成了《永遠的信天翁》這本具有海洋生態
特色的動物小說。在伊能嘉矩所前往彭佳嶼所觀察的紀錄，他是這麼說的：

　　此次調查團一行在逗留中，亦曾在近岸六百公尺左右之海上看見兩
　　頭鯨魚。在鳥類最顯著者為北太平洋之特產短尾信天翁，主要棲息

〔註60〕鳥居龍藏著，楊南郡譯註：《探險臺灣——鳥居龍藏的臺灣人類學之旅》，頁
　　　255。

在十一月左右至次年五月前後，差不多半年餘之間，在島中丘原擇
數處窪地，做根據地，造土堆產卵。孵化後則數十乃至百餘成群集
合……〔註61〕

詳細寫下信天翁棲息的生態史，在報告末尾，伊能還積極地提供了如何利用
其經濟價值的建議：「……陸上之主要企業為採集信天翁之羽毛。其毛在歐洲
當做妝飾品之材料，或供為寢具之內容，是有價值的海外出口品之一。現據
租用本島土地申請人之計畫，光是本島一年即可獲得五千斤……」〔註62〕結
果也因為日本人在小島大肆捕捉，以其羽毛賺取外匯，從事商業交易，使得
短尾信天翁隨著太平洋戰爭結束也跟著消失在這片海域。

　　除了專業的自然研究，部份旅行家的旅遊雜記，也都具有令現代作家
書寫啟發之處。宜蘭作家吳永華看到日治以降，龜山島的報導、遊紀，如
1897 年蘆花生〈龜山島紀行〉；1932 年丹桂之助〈龜山島旅行紀〉；1937
年，口重男的〈龜山島周遊記〉等，發現這些遊記缺乏鳥類及動物方面研
究，而唯一有有關龜山島的鳥類生態，反是遠在一百多年前，1888 年馬偕
牧師寫下：

龜山島，從某個角度望去，確實像是一隻烏龜仰著頭在守衛著。島
的一邊是一千二百呎高幾乎垂直的岩石。其結構是由很薄的黏板
岩、帶有黏性的沙岩，以及火成岩所堆積而成的。我們繞著島航行，
看到有硫磺蒸氣從島的邊邊冒出，而在海岸線，則有白灰和熱水。
整個島，很明顯的就是一片正在湧出的沸騰硫磺。……

離村落不遠，有一個天然的池，看不到水的出口，池水是從地下流
到海裡去的。退潮時，池水是淡的，但在漲潮時，池水就含有鹽分。
到了某個季節時，會有數百隻的野鴨以這個池做為牠們的聚會處。

唯一的淡水泉源，沿著不規則的岩面，涓涓流下注入池中。〔註63〕

這樣的敘述比李祺生的〈龜山賦〉具象多了，吳永華認為文中的野鴨應指渡
多雁鴨科，這些文章吸引他更想過海到龜山島了解島上生態之謎。〔註64〕

─────────────

〔註61〕劉克襄：《永遠的信天翁》（臺北：遠流出版事業，2008 年 6 月），頁 212～213。
〔註62〕同註61，頁 213。
〔註63〕馬偕：《福爾摩沙紀事：馬偕臺灣回憶錄》，頁 173 頁。
〔註64〕吳永華：《守著蘭陽守著鳥》（臺中：晨星出版社，1994 年 9 月），頁 203。

二、增加作品的歷史縱深

　　這些作品的留存，或許無法說直接「影響」了後世海洋文學作家，但是透過海洋書寫者孤獨的情境與孤獨的旅行經驗遂有了一個心靈對話的渠道，也加深了海洋書寫的深縱。於是當海洋文學中的生態作家在親身踏上某一個海岸時，總會喚起在不同時間裡，另一個旅行者走過這條路線的想像。以劉克襄來說，他所學習到的尊敬自然方式，是來自1860年環島踏查的郇和。劉克襄說自己：「只想擁有與他們一同的視野，反芻他們的探查。」〔註65〕還說：「透過這些旅行報告的描述，我們能更清楚、具體地建構出一個非漢人觀點的臺灣世界……從這些旅行報告的累積裡，我們可以解讀，延伸出另一種活潑的歷史意義。」〔註66〕這些博物學者描寫的場景，經常穿越時空而出現在百年後同樣在這片海洋上觀察的後進。王家祥在前往西子灣的壽山時，憶及1863年至1886年，經常出入打狗山的郇和，與獼猴群相遇、一起看鷹群在海港盤旋。於是書寫時便經由今昔對照的時空錯身，在文字描述間形成歷史縱深。所以，臺灣的海洋文學中，特別是海岸生態作家，不但從這時期的書寫獲得「知性的材料」有時還是無形的心靈對話。

　　與中國文人的旅行遊記、地方方志相似，這批從17世紀到20世紀初在臺灣海洋航行、海岸踏查的博物學者與旅行家，留下大量珍貴的第一手資料。他們多數學有專精，深受歐洲科學革命之後教育體系的訓練，採用了不同傳統文人旅行者的描寫手法，對於海洋不再感到恐懼，面對海洋生物時也不只想到經濟或食用的意義，能較科學性地記載了它們生態狀態。雖然這些調查的背後多數還涉及了經濟利益，充滿著帝國主義的殖民色彩，但是他們將生物視為觀察對象的行為模式，也成為海洋文學中生態作家最基本的動作。

　　不過這時期外籍學者對海洋與自然界的態度是具有「人宰制自然」的征服筆調，這不但不同於中國傳統文人對海洋恐懼，並且充滿神祕想像，也不同於現代海洋文學中，生態作家認為人要與自然和諧相處的環保思想。嚴格來說，他們的書寫確實啟發現代作家，例如像劉克襄、吳永華、王家祥等，他們遵循前人的腳步，旅行在臺灣沿海、離島間，觀察、記載海岸生態，但是後繼者在踏查寫作的態度，其實正是反省、修正這階段外籍博物學者的觀察態度與書寫模式。

〔註65〕劉克襄：《自然旅情》（臺中：晨星出版社，1992年12月），頁101。
〔註66〕劉克襄：《深入陌生地——外國旅行者所見的臺灣》，頁2。

　　相較於清代文人的渡海遊記與官方的地方方志，外籍旅行家、博物學者所留下的踏查資料對臺灣現代海洋文學，特別是海洋生態的書寫這一文類的影響是較為明顯。不能否認清代遊記與地方方志，也提供海洋書寫者相當豐富的海洋史料，但有別於傳統遊記與方志只提供資料，外籍旅行家與博物學者的冒險踏查的精神，以及採用自然科學研究態度的觀察，也深受到現代作家學習與反思，並進一步把自己與前人的海洋經驗融攝到生態倫理的層次進行思考。換言之，這些外籍踏查資料的影響仍在持續，它們已然融入臺灣現代海洋書寫，成為現代作家知性的取材來源，與感性的對話管道。

第三章　50年代的海軍文學

　　50年代，國共內戰的戰火延及到臺灣海峽，使得臺灣成為國民政府的反共堡壘，社會肅殺氣氛讓文學多元發展的空間受到擠壓，在戰鬥文藝、反共文學的影響下，海軍於1954年12月創立《海洋生活》月刊，以鼓吹海權思想、啟迪海洋知識、發揮海軍精神，並提倡海洋文學為宗旨，內容包括論著、翻譯、文藝、詩歌、新聞、社論等。其中，小說方面，郭嗣汾的《黎明的海戰》，深受戰鬥文藝風氣影響，被彭品光稱為五四運動以來描寫海戰空前成功的一部作品。〔註1〕

　　在官方與軍方的政策強力主導下，讓50年代海洋文學的論述與創作，特別是創作，呈現空前的爆發。這時期作品，題材大多以國共之間的海上戰爭為主，創作者也與海軍有深厚的關係，具有海上航行的經驗，因此他們的海軍文學，很快的成為臺灣現代海洋文學史上的第一波浪頭。只可惜這股源源不絕的創作作品，卻未讓這鼓風浪在主流文壇上帶動風潮，到了60年代末期《海洋生活》被併入《中國海軍》後，在缺乏一個集中發表園地，這一波文學浪花也就跟著船過水無痕。

第一節　戰鬥文藝思潮

　　從1950年代到1960年代，由於戰後國民政府禁用日文，使經過日文教育的臺灣本土作者無法書寫，還不熟悉中文創作，因此臺灣文學的創作由來

〔註1〕彭品光：〈「黎明海戰」讀後記〉，《中國海軍》第8卷5期（1955年5月），頁24。

臺的外省籍作家所主導，他們包括了作家、讀者及評論，在出版界樹立了供需體制。1950 年 5 月，外省籍作家以張道藩擔任發起人，成立中國文藝協會，幾乎網羅了隨國民政府來臺的作家，之後文協規模不斷的擴大，這些會員均在文壇有舉足輕重的地位，使得文協成爲最具有規模、影響力的文藝團體，他們統領文壇十年，有「文協十年」之稱〔註2〕。

他們以「反共抗俄」爲主要宗旨，配合政府政策，宣傳文藝政令，當時國民政府的文藝政策不少是透過該會的執行而實現，著名的案例有：1953 年，該會成員爲蔣介石總統完成的〈民生主義育樂兩篇補述〉一文舉辦多場座談會，並且發表文章公開呼應蔣介石總統的文藝主張，最有名就是張道藩的〈三民主義文藝論〉。1954 年，該會的成員以陳紀瀅、王平陵、陳雪屏、任卓宣、蘇雪林、王集叢等人爲首，組織「文化清潔運動專門研究小組」，與當時其他親官方的民間文藝團體合力，發動「文化清潔運動」，對當時所謂的黃色、黑色、紅色等文學刊物進行撻伐，並且呼籲政府查禁這些刊物，以及建立更嚴密的書刊審查制度。1955 年提出「戰鬥文藝」，「以使戰鬥文藝，確能適合戰鬥時代與戰鬥任務之要求」〔註3〕。

不論是「反共抗俄」、「文化清潔」，還是所謂的「戰鬥文藝」運動，都抑制了文學本該有的多樣性發展。而文協在得到青年反共救國的大力支持，在1953 年成立「中國青年寫作協會」，1955 年成立「臺灣省婦女寫作協會」，加強全國性的反共抗俄文學的建立。學者陳芳明在《臺灣新文學史》一書提到：1950 年代，國民黨常由黨內的核心組織下達決策，然後透過中國文藝協會等民間團體的配合與支持，讓每次的文化運動與文藝活動都能獲致預期的政治效果〔註4〕。除了陳芳明指陳協會有親官方傾向以外，對岸的臺灣文學研究者古繼堂，撰寫「中國文藝協會」這個詞條時，他寫道：「文協表面上是民間組織，實際上是『不失官方色彩，主導文壇風潮』的官方文化工具。發起人張道藩、陳紀瀅均爲國民黨政府的立法委員。文協網羅了大陸去臺的所有官方作家及報刊編輯。」道破這個協會的準官方性格〔註5〕。

〔註 2〕古繼堂：《臺灣小說發展史》（臺北：文史哲出版社，1996 年 10 月），頁 152。
〔註 3〕葉石濤：《臺灣文學史綱》（高雄：春暉出版社，1987 年 2 月），頁 87。
〔註 4〕陳芳明：《臺灣新文學史（上）》（臺北：聯經出版事業公司，2011 年 10 月），頁 269。
〔註 5〕古繼堂：《臺灣小說發展史》，頁 152。

由於 50 年代的文學，幾乎由文協作家主導，所以整個 50 年代的文學反映他們的心態，他們因大陸淪陷而輾轉來臺，國破家亡的沉重包袱使得作品中充滿著對中共政權的憤恨。

第二節　海軍文學的崛起

由官方主導的中國文藝協會成立之後，如一張無形的網，網羅整個臺灣文壇，成為 50 年代反共文藝、戰鬥文藝的重要推手。1951 年以來，文協響應當時國防部總政治部主任蔣經國提出的「文藝到軍中去」運動。參加這場運動的作家有：何志浩、王書川、王文漪、王藍、宋膺、馮放民等人。1954 年由國防部所轄的《軍中文藝》創刊，積極倡導軍中文藝運動，提出：「兵寫兵，兵畫兵，兵演兵，兵唱兵」的文藝口號；1956 年 4 月創刊的《革命文藝》，由「國防部總政治部」主辦，強調「要作為心理建設與反攻的基地和前哨堡壘。」〔註6〕他們提倡「軍中革命文藝」的推廣運動，以槍桿與筆桿結合的理想，致力培養軍中的作家形成既能武鬥、又可以文鬥的筆隊伍，使軍中文藝自成一特異領域，題材也都以描寫戰爭、軍人生活為主。而三軍之一的海軍，也受到這股風潮影響，他們作品大量出現在《中國海軍》、《海洋生活》等海軍刊物上，無形中成為戰後臺灣海洋文學的先河。

早在 1947 年 3 月即有海軍出版社出版的《中國海軍》是以「研究海軍學術與忠義軍風為主旨」的海軍刊物〔註7〕，其發刊宗旨為：

第一、我們要求內容充實的美，崇實尚儉，去蕪存精，啟導官兵思維，鼓動時代思潮，開拓海軍新境界。

第二、我們要求海軍學術的真，研究海洋科學與海軍軍事學術，以提高官兵學能修養，建立無敵新海軍。

第三、我們要求忠義軍風的善，使官兵能明辨是非，認清敵我，克盡職守，忘我行仁，建立中國新海軍。

第四、我們的目標，不但要使中國海軍在反攻聖戰中打好第一仗，更要使中國海軍永遠成為世界新海軍。

〔註 6〕古繼堂：《臺灣小說發展史》（臺北：文史哲出版社，1996 年 10 月），頁 152。
〔註 7〕《中國海軍》還另外刊行《中國海軍畫刊》，唯所見十分零亂、片段，無法窺見全豹。

由於主要讀者群爲海軍官兵，因此也少不了政令宣達、傳遞「正確思想」的文章，只在每期的最後刊登一篇文藝創作，文學作品只能說是點綴的調劑品，例如 1960 年元月號即連載楊天水〈海角雲天〉〔註8〕，甚至有些文學作品與海洋無關，如墨人的詩〈春雷〉〔註9〕，宋海屏的文學理論〈文學與文藝的欣賞〉〔註10〕；在《中國海軍》裡，大多文章內容仍爲海軍現況介紹、海軍科學或海權思想，並且著重於國家意識的灌輸。直到 1951 年 12 月江州司馬在《中國海軍》中這樣預告：「總部政治部在去年年底就有成立海洋文學研究會的倡議，經今年一年的籌備，大致可謂業已就緒，爲了使計劃不致落空，原則上是已決定創辦海洋文月刊……」〔註11〕他認爲有了海洋文學刊物，海軍人員的精神才能有所寄託，作品才能公諸於世，進而提高藝術水準，顯見海軍已開始注重海洋文學的推動，儘管如此，但是遲到 1954 年，「臺灣唯一以海洋爲主體的刊物」〔註12〕——海軍刊物《海洋生活》才正式出刊。

《海洋生活》在創刊號上所揭櫫發刊四項目標：「一、鼓吹海權思想；二、啓迪海洋智識；三、發揚海軍精神；四、提倡海洋文學。」，明確將「提倡海洋文學」納爲發刊目標，是前述比較制式、硬性的《中國海軍》外，比較柔性、感性訴求的綜合刊物。每期至多一、兩篇文藝作品，盱衡 1954 年 12 月創刊到 1966 年 1 月與《中國海軍》合刊前共十餘年的發行期間，《海洋生活》每期 84 頁的內容裡，確實總是能保持約莫半數篇幅以刊載文藝作品（包括創作、翻譯），稱之爲臺灣文學史第一個海洋文學園地應不爲過。

除了上述兩份刊物，海軍還有《海軍軍官》（1950）、《海軍戰士》（1950）〔註13〕等綜合性雜誌，裡頭也包含了若干可歸諸海洋文學的作品，可以說 50 年代海洋文學全集中在海軍陣營，幾乎彼時比較重要的海洋文學作家，如覃

〔註8〕楊天水譯：〈海角雲天〉，《中國海軍》第 13 卷 1 期（1960 年 1 月），頁 32。

〔註9〕墨人：〈春雷〉，《中國海軍》第 4 卷 11 期（1951 年 11 月），頁 34。

〔註10〕宋海屏：〈文學與文藝的欣賞〉，《中國海軍》第 4 卷 12 期（1951 年 12 月），頁 34～35。

〔註11〕江州司馬：〈新年的新希望〉，《中國海軍》第 4 卷 12 期（1951 年 12 月），頁 14。

〔註12〕海洋生活月刊社：〈振興海權 建設海軍——代發刊詞〉，《海洋生活》創刊號（1954 年 12 月），頁 3。

〔註13〕《海軍戰士》原名《海軍士兵》，自 1950 年 3 月創刊，1951 年 10 月更名；國家圖書館期刊文獻資訊網的出版狀況登載爲「已停刊」；但基本資料又登載爲「卷期繼續」。

子豪、墨人、郭嗣汾、張放、彭品光、何毓衡等,皆曾在這些刊物上發表作品,這一時期的海洋文學,說是以海軍文學這一文類獨霸也不爲過。

　　以下以《海洋生活》爲主,《中國海軍》爲輔,分別就其發刊詞、論著、作家群以及作品,乃至於徵稿條件、舉辦文藝獎做一概述,從中更能了解刊物性質,也更能清楚當時的海洋文學與 50 年代的反共文學、戰鬥文藝的關係。

一、海軍刊物的文學論述

　　儘管《海洋生活》明確將「提倡海洋文學」納爲發刊目標的之一,但《海洋生活》內的海洋文學多以創作爲主,論述文章反而不多,一一檢視十多年逾百期的《海洋生活》,若不包括廣義海洋文化,〔註14〕僅是關於海洋文學的論述,只有姜龍昭〈論海洋文學〉〔註15〕、范祥麟〈談海洋文學〉和〈再談海洋文學〉〔註16〕、王平陵〈海洋文學的重要性〉〔註17〕、饒立風〈發展海洋文藝〉〔註18〕等,勉強再加上發刊詞〈振興海權　建設海軍(代發刊詞)〉、宋玉〈海洋與詩歌〉〔註19〕,也只有七篇,其中宋玉〈海洋與詩歌〉是古體詩論。

　　最早爲「海洋文學」立論,且最爲詳細的則屬姜龍昭〈論海洋文學〉。姜龍昭對於海洋文學的界定是:「海洋文學,應該是描寫一些生活、工作、戰鬥在海上的人們,述說他們怎樣在海上生活,在海上工作,在海上戰鬥的文學作品。」顯然是從作家身份與內容題材上加以界定的。同時,他還頗有見地的說明另立海洋文學這一文類的原因是:

> 海洋文學,所以要從文學的圈子中,單獨的提出,創立一格,不是
> 沒有原因的:因爲海洋文學的提倡,可以培養國民海權的思想,磨

〔註14〕《海洋生活》其實不乏提倡海權、海洋意識的論述,例如每期皆有的社論,但偏重在軍事國防、經濟利用等,對於文學、文藝甚至文化方面的理論建構,並不如其發刊詞中所表現出的重視。

〔註15〕姜龍昭:〈論海洋文學〉,《海洋生活》第 1 卷 4 期(1955 年 4 月),頁 26～28。

〔註16〕范祥麟:〈談海洋文學〉,《海洋生活》第 7 卷 7 期(1961 年 7 月),頁 76～77;〈再談海洋文學〉,《海洋生活》第 7 卷 12 期(1961 年 12 月),頁 64～66。

〔註17〕王平陵:〈海洋文學的重要性〉,《海洋生活》第 9 卷 9 期:(1963 年 9 月),頁 65～69。

〔註18〕饒立風:〈發展海洋文藝〉,《海洋生活》第 10 卷 4 期(1964 年 4 月),頁 3。

〔註19〕宋玉:〈海洋與詩歌〉,《海洋生活》第 1 卷 3 期(1955 年 3 月),頁 46～49。

礪國民冒險的精神，發揚國民奮鬥的意志；而這些對整個國家民族
的興衰強弱來說，是有其不容忽視的重要影響性的。〔註20〕

至於如何寫海洋文學，他認為：「具備豐富的海上經驗，可說是創造海洋文學
的最大前提。因此，你若要創作海洋文學，首先必須到海上去。……憑想像
是決不可能，一定要對他有深刻的瞭解與認識。」強調要有海洋生活經驗才
能創作海洋文學，這一點也與筆者看法相同，另外在范祥麟〈談海洋文學〉
也得到相同論點。

除了要有海洋經驗，姜龍昭在文中，還特別指出：「一兩個海軍在陸地上
發生的戀愛故事」並不能算是海洋文學，「有水手、漁民、海軍等人物的文學
作品，並不一定就是海洋文學。」〔註21〕顯示其對海洋文學的定義已著重於
海洋意識、海洋精神的想法，而不單單就題材、人物、背景……等等的條件
限制。當然，這樣的認定有待商榷，他自己也在文中稍微修正：「當然不一定
硬性的規定，發生在陸上的情節，一絲也不能放在海洋文學的作品裡去，但
至少，從整個海作品來說，它的重點應在海上，該是毫無疑問的。」總的來
說，姜龍昭所設定的條件，確實為海洋文學做一較為明確的定位，較之後晚
近海洋文學／文化論者的看法，竟有相似的吻合，稱得上是臺灣「海洋文學
的先知」！

而從「培養國民海權的思想，磨礪國民冒險的精神，發揚國民奮鬥的意
志」的目的下，加以提倡，鼓勵創作海洋文學，也呼應了《海洋生活》「鼓吹
海權思想、發揚海軍精神」的發刊目的。其實，《海洋生活》雖將「提倡海洋
文學」納為發刊目標的，但從發刊詞中，更強調海軍戰鬥意識的提升，在同
期上，就刊登中國文藝協會成員趙友培的專論：〈論文藝的戰鬥〉明白表示：
「本刊既以《海洋生活》命名，顧名思義，當然要重視海洋戰鬥生活的介紹，
當然要重視海洋戰鬥生活與文藝的結合，當然要改進以往大陸習性沾染於文
藝的白圭之玷，來創造嶄新的海洋文藝。」〔註22〕他所認定的海洋文學，是
「多樣多彩」，但前提一定要具備「戰鬥性」的，在作品裡要有以下六種特徵：
「一是壯闊的胸懷，乘風破浪，海闊天空；二是活潑的想像，自由自在，無
拘無束；三是變化的色彩，氣象萬千，盡態極妍；四是豐富的蘊藏，左右逢

〔註20〕姜龍昭：〈論海洋文學〉，頁26。
〔註21〕同註20，頁26。
〔註22〕趙友培：〈論文藝的戰鬥〉，《海洋生活》創刊號（1954年12月），頁9。

源、深造自得；五是深厚的情感，精誠所至，金石為開；六是聖潔的靈魂，救國救民，成仁取義。」〔註23〕這六點與其說是海洋文學特徵，不如說是當時的文藝政策宣導，文末更指出發揮文藝的戰鬥性就是要「思想第一」，而這思想就是「反共抗俄」，是要掃除「赤色」、「黑色」、「黃色」、「灰色」等錯誤的思想，這其實也是與文協所發動的「文化清潔運動」不謀而合。

　　強調戰鬥的文學意識主導刊物的運作，一直到60年代依舊如此，在〈海洋生活第十年〉更直接挑明的說：「海洋生活月刊，就是要以提倡海洋文學，來加強教育的效果，達到戰鬥的目的。至於海洋本身，則祇是地球上一個空間而已。唯有讓海洋與生活結合起來，才是多彩多姿，經緯萬端的。」〔註24〕言下之意，戰鬥是主，海洋是賓的主客關係。這顯然是受到當時文藝政策影響，另一方面也是因為發行單位是海軍，該刊物免不了也受到軍方文宣的影響。

　　1965年，國軍於復興崗召開「國軍新文藝運動大會」，號召了全國文藝、文化界人士的參與。隨即，國防部於同年的5月8日制訂〈國軍文藝運動推行綱要〉，確立其運動的目標：「以倫理、民主、科學的理念為出發點，期能達到真、善、美的最高境界。」做為有效推行「國軍新文藝運動」，國防部頒訂〈國軍文藝金像獎評選規定〉，成為新文藝運動的依據。初期〈綱要〉推動文藝運動的準則有四項：第一、文藝本質與「三民主義」思想結合起來。第二、文藝路線與「反共復國」運動結合起來。第三、文藝題材與「現實生活」結合起來。第四、文藝創作與「民族情感」結合起來。這一波新文藝運動，馬上就受到《海洋生活》的響應，例如1965年所刊登的社論〈如何有效推行「毋忘在莒」的運動〉〔註25〕，專欄〈擴大三民主義的文藝運動〉〔註26〕，都是響應國軍文藝大會宣言決議，認為文藝運動該由心靈滋潤到精神武裝、由精神發起到社會配合、由文藝反攻到文藝重建。這些主張大致上缺乏文學理論的架構，淪為呼喊口號的政策宣導。

〔註23〕同註22，頁10。
〔註24〕海洋生活月刊社：〈海洋生活第十年　將海洋生活透過文藝的形式表現出來〉，《海洋生活》第10卷4期（1964年4月），頁7。
〔註25〕海洋生活月刊社：〈如何有效推行「毋忘在莒」運動〉，《海洋生活》第11卷1期（1965年1月），頁6。
〔註26〕海洋生活月刊社：〈擴大三民主義的文藝運動〉，《海洋生活》第11卷5期（1965年5月），頁3。

　　這樣的軍方色彩，更表現在《中國海軍》這一份刊物上，而當《中國海軍》與《海洋生活》合併後，《中國海軍》成為當時海洋文學的唯一發表園地，這一年海軍也在左營舉辦文藝大會，也開始推動海軍新文藝運動，在〈編者的話〉寫到：「要以海洋文藝的文道路，來使我們勇敢的『走向基層，走向海洋，走向戰鬥。』將文藝運動與建軍運動與復國運動密切相互應。」〔註27〕，而也在這一年開始，《中國海軍》也每一年的年初，刊登當年國軍文藝獎徵選準則，並在當年報導文藝獎競賽結果，以及採訪當年得獎的海軍創作者。從這不難發現，《中國海軍》儘管也鼓勵海洋文學創作，但實際在相關理論上的探討卻更為缺乏，取代的反而是由政府政令宣導為創作方向，而表現在作品上，雖每期也刊登一小部分的文藝作品，但僅是搭配性質，文章仍是海軍現況、軍事知識及政府政令宣導等等，海洋文學因此遂更趨邊緣、弱勢。

二、海軍刊物的作家群

　　不論是《中國海軍》還是《海洋生活》都屬於軍中刊物，不但受到軍方掌控，該刊物的讀者也多以軍中文藝人口為主，自然形成特殊的供給圈，外人較難創作符合編輯審美要求的稿件（甚至可能不知有此發表園地）；因此主要稿源來自於軍中，以及與軍系關係密切的作家稿源為主。

　　來自海軍的作家，有宣建人、郭嗣汾、墨人、何毓衡、彭品光、洛夫、張默、張放、瘂弦、朱學恕等。而與軍系關係密切的作家，則大都是來自中國文藝協會、中華文藝獎金委員會、中國婦女寫作協會、中國青年寫作協會等相關文藝團，除了上述所舉例的趙友培、王平陵，另外還有王藍、尹雪曼、公孫嬿、謝冰瑩、劉心皇、張秀亞等知名作家，另外像詩人紀弦、覃子豪、彭邦楨、蓉子，劇作家潘壘，也曾在上面投稿。他們的作品充滿著戰鬥文藝的特色，但是書寫內容未必與海洋有關，因此本論文暫時不將其作品納入討論，以下先將幾位重要的海軍作家，就其生平、著作略為介紹，以方便討論：

　　宣建人，軍事委員會戰時工作幹部訓練團第一團第二期結業，曾任「海軍總司令部政工處」少校科員，及「海軍出版社」採訪主任。退役之後則擔任中國青年反共救國團總團部組員、編審、專員，兼任中國青年寫作協會總幹事等職，並且主編過「中國海軍」月刊及「海訊」。他在海軍雜誌刊登的作

〔註27〕中國海軍月刊社：〈編者的話〉，《中國海軍》第 19 卷 1 期（1966 年 1 月），頁26。

品主要以散文、小說爲主，然而從國家圖書館所能找尋到的早年著作，例如《抒情集》、《綠窗集》、《水鄉拾記》、《巧婦與拙夫》等書，卻都沒有收入相關的海洋著作，反而多以懷鄉題材爲主。

　　郭嗣汾，陸軍官校第十六期步科畢業，中國地政研究所土地經濟系研究。曾任海軍出版社總編輯，省新聞處科長。曾主編《海洋生活》、《中國海軍》、《臺灣書刊》等刊物，擔任中國文藝協會理事長。寫作歲月橫跨一甲子，創作文類包括散文、遊記、小說、戲劇，共出版近四十部長、中、短篇小說集。

　　墨人，本名張萬熙，詩人、小說家，陸軍官校十六期畢業、中央訓練團新聞研究班一期畢業。曾任報社主筆、總編輯，海軍總部秘書，左營廣播電臺副臺長一生筆耕不輟，已出版詩、散文、大河小說、中短篇小說、文學理論數十部，可以說是長青級的文學家。早期在海軍雜誌上刊登以詩爲主，之後也有散文、小說等創作，不過與宣建人一樣，早期著作甚少收錄與海洋有關作品。

　　何毓衡，相關生平資料甚少，只知道在海軍擔任軍職，在作家張放的妻子所投稿的一篇心得稿，以及何氏的散文中，推估其曾在二戰期間前往英國受訓，並擔任接艦任務，回國後曾任艦長。他在海軍雜誌刊登的作品主要以翻譯爲主，偶爾有報導、介紹國外的海洋文學，並且有短篇小說〈星洲的安妮〉、〈小屯冬戀〉，長篇小說有〈何羅娜之戀〉、〈毀暗的黎明〉等。長篇小說並未出版，事實上也未寫完，不過所出版的《藍色記憶》、《浪花上的喜劇》，收錄了短篇小說、散文，記載他在英倫服役海軍，學習軍務的點點滴滴。

　　彭品光，先後畢業於國防部政治幹部訓練班、政工幹部學校政訓班，曾主編過《中國海軍》、《海洋生活》月刊，他在海軍雜誌刊登的作品主要以小說爲主，偶有報導、傳記、評論等文章，小說大致上都有集結出書。

　　張放，小說家，早年從軍，曾經在澎湖駐紮，擔任准尉繪圖員。之後政工幹校第一期畢業，在海軍出版社服務，曾擔任《海訊日報》總編輯、左營軍中電臺臺長、海軍出版社副社長。一生筆耕不輟，已出版散文、大河小說、中短篇小說、文學論述數十部，也是長青級的文學家。他在海軍雜誌刊登的作品主要以小說、散文爲主，然而從國家圖書館所能找尋到的早期著作，除了小說〈安水旺和他的情人〉，其餘作品未被收錄早期的著作。

　　此外，《創世紀》詩刊詩人洛夫、瘂弦、張默等也都曾在海軍服務，並在海軍刊物發表詩作；洛夫，政工幹部學校第一期畢業，曾任海軍編譯官。張

默，本名張德中，陸軍官校 24 期畢業，服務海軍多年，1973 年自海軍退役。
瘂弦，政工幹部學校戲劇系畢業，曾服務於海軍。另外還有詩人朱學恕，三
軍大學戰爭學院正規將官班畢業，曾任海軍上校艦長。他們的詩作不少，尤
其是朱學恕，除了詩作還有散文，60 年代開始，幾乎每一期雜誌都有他的詩
作發表。不過由於詩的體裁關係，他們的作品較少有戰鬥文藝氣息。

　　這些作家大多為外省族群，這也相當符合 50 年代的歷史背景，加上刊物
隸屬軍中，作家大多來自海軍，自然也以外省族群為主。另外，葉連鵬在其
博士論文中則指出：

> 兩岸政治上的對立，這樣的敵對氣氛，促成了層峰對戰鬥文藝的推
> 廣，一方面助長了全國各界對海軍的重視；另一方面也抑制了百姓
> 與海洋的接觸，這是造成海軍文學在早期海洋文學各類型中一枝獨
> 秀的原因。〔註28〕

在那個時代背景下，軍人與漁民較有機會接觸海洋，而軍人多為外省籍，因
此 50、60 年代的海洋文學作者大多為外省作家並不令人意外，而漁民雖然多
為本省籍，但是普遍教育程度不高，因此文學創作便相對稀少。

　　儘管作家與海軍關係相當深厚，但未必每一位作家都在前線，有些可能
屬於後勤單位，從事文書、出版的工作，例如第一章所提到的彭品光就因為
多處理文書工作，少有海洋生活經驗。不過這些海軍作家雖未有豐富海上經
驗，但是因為在海軍服務，其所能掌握的海洋資料與知識，也往往比一般人
來得容易及豐富。例如郭嗣汾的《黎明的海戰》就是取材 1954 年發生在大陳
島與鯁門島水域的真實海戰。當時共軍逐漸佔領大陳島附近的許多小島，國
民政府為了救出困在鯁門島上的情報人員，於是派遣 106 號軍艦保護 80 號機
帆船去救同志，在夜晚與共軍一艘巡洋艦兩艘驅逐艦，和七艘砲艇交戰，最
後突圍而去，並救了從島上搭舢舨逃離的同志。從史料來看，我們無從得知
作者郭嗣汾是否有參與當時的戰爭，但是假如沒有掌握相關資料，甚至親自
訪問艦上人員，以及自己本身長期的海軍生活經驗，光憑想像是很難將七小
時的海戰濃縮在一篇七萬字的小說上。

　　許多論者都常以「情節公式化」、「人物虛假」、「扭曲生活歷史」來評論
50 年代的文學作品，彭瑞金更以「大鍋菜式的同質性（公式化）、虛幻性和戰

〔註28〕葉連鵬：《臺灣當代海洋文學之研究》（桃園：中央大學中國文學研究所博士
　　　論文，2006 年），頁 30。

鬥性」〔註29〕來指責反共文學的文學價值，雖不是無的放矢，但50年代的海軍文學，裡頭還是有作品是真實反應當時臺海緊張的現實環境，並非都是虛幻的想像。

　　除了掌握豐富的資料，作家們還不時可以前往前線，體驗戰鬥生活，搜集創作素材。在1957年夏天，海軍主管當局為了團結海軍作家，提高海洋文藝創作水準，組成海軍作家訪問團前往南沙群島訪問。當時由作家郭嗣汾為領隊，小說家張放、慕容懷美，詩人彭邦楨、張默、瘂弦等，搭205號軍艦前往。結果訪問團不但訪問了南沙，回航時還遇上颱風，於是改行到菲律賓蘇比克灣避難，如實體驗了一場海上風暴。隔年12月14日，海軍作家又在海總政治部補助下，搭216號運補艦前往金門體驗戰地生活。無獨有偶，在他們出發的當天早上，文協也組成戰地訪問團搭機前往。這一團由文協常務理事陳紀瀅擔任團長，小說家王藍、彭歌，詩人紀弦也一同前往，而從海軍離開的郭嗣汾也在這團當中。參考兩團的訪問行程，大致相同，不外乎正氣中華報社、軍中廣播電臺、心戰指揮所、炮兵陣地、女青年工作隊、馬山播音站等單位。文協之後更為此行記載，出版了《井與燈》一書。

　　另外，1961年9月，海軍主管當局為了增加社會各界對海軍了解，促進海軍與藝文人士交流，邀請了文協作家訪問前往左營訪問海軍的盛舉。當時前來的作家有趙友培、王藍、穆中南、郭嗣汾、紀弦、林海音、王鼎鈞等，除了參觀南部海軍基地外，並且登艦參觀打靶操練。參訪之餘，文協作家還與當時在服役的張放、張默、何毓衡等海軍作家進行座談交流，討論如何倡導海洋文學，推廣文藝到軍中等。儘管像這樣走馬看花的訪問行程，稱不上什麼具體的「海洋經驗」、「戰鬥經驗」，但對於軍方希望透過訪問團的模式讓作家能夠體驗戰地生活，進而充實文藝作品內容，進而宣傳「戰鬥文藝」的企圖心卻是毋庸置疑。

三、海軍刊物的選文方針

　　發行單位是軍方，編輯、作家也多半是軍中成員（眷屬），就不難猜出這些軍中刊物在內容選材上會如何呈現，撇除社論、官方報導不論，光就文藝作品而言，雖然包含了散文、小說、廣播劇、書評以及新詩等，但是除了新

〔註29〕彭瑞金：《臺灣新文學運動40年》（高雄：春暉出版社，1997年8月），頁80。

詩因爲體裁的關係，較少沾染「戰鬥」氣息，其餘作品內容難免要與戰鬥扯上邊，三不五時就要呼喊「反共抗俄」，宣傳愛國精神，海軍的忠義風氣。即使書評所介紹的《白鯨記》、《老人與海》、《海狼》等世界名著，也著重小說裡的人類征服海洋的戰鬥意識，並且不斷以「海雖可吞食人的生命，卻征服不了人的意志。」來灌輸海軍人員該有的堅強意識。

海軍刊物在選文上還有一特色，就是很多翻譯文章。以《海洋生活》而言，一期內約莫有一半是翻譯自海外的文章，這有可能是彼時海洋軍事、科技、地理等知識，國內的人才不足，導致需大量依賴國外引進，而翻譯的文學作品又多以國外的海戰小說爲主。這顯然還是爲了配合「戰鬥文藝」的文藝政策，可想而知該刊物受權力場域影響的強度。而在《海洋生活》即將邁入第十周年，一次題目爲「我在海上的……」海洋小說徵文中，評審結束後，編輯在〈我們對於這次徵文的「感」與「想」〉裡說，就更能了解其選文的條件：

> 它必須是「我」「在海上的」一篇「小說」；它不是我在「陸上」的一篇「小說」或「非小說」；它是出自對「海上生活」體驗豐富而且對「海洋文學」具有熱誠的作者，當然，更理想的，作者是「海上生活的朋友」；它應屬「譜畫『海』上生活的豪邁與柔情」；它的著筆應是「光大海軍建軍的壯闊精神」；它的最高嚮往，亦即是我們全中華民國海軍所日夕孜孜，全力以赴者：「建立我們在海上的權力」。
> 〔註30〕

明顯揭示就要是「戰鬥文藝中的海洋文學」——「戰鬥」是「最高嚮往」，「海洋」則是施展「戰鬥」精神的空間。同理，亦可推理出《海洋生活》、《中國海軍》等刊物的編輯選文方向。

第三節　海軍文學的主題內容

50 年代的海洋文學，可說是海軍文學的天下，是戰後臺灣最早形成的海洋文學。葉連鵬將海軍文學的主題內容，分別爲：1、描寫海戰經過；2、宣揚愛國精神；3、官兵的艦上生活；4、官兵靠岸後的行爲。葉連鵬雖是以作

〔註30〕海洋生活月刊社：〈我們對於這次徵文的「感」與「想」〉，《海洋生活》第 10 卷 4 期（1964 年 4 月），頁 58。

品內容來界定的海軍文學，但其所劃分的年限沒有限定，就連較近期所出版的回憶錄也算討論範圍內〔註31〕，因此較難反映50年代的海軍文學受到當時「戰鬥文藝」的特殊影響，本節希望借由前人的整理基礎上，進一步從文本內容探討50年代的海軍文學，作品範圍主要選自1950到1970年間，在《海洋生活》、《中國海軍》刊登的文藝作品，以及當時的主要作家在這段期間，另行出版的作品。

一、描寫海戰經過

在當時，兩岸雙方政權隔著海峽對峙，因此描寫海戰的經過，常常被寫入作品中，甚至成為整部作品的主題。這些描寫海戰的作品，有的是根據海戰史實，有的則是歌頌官兵團結英勇，有的則是岸邊的登陸作戰。例如郭嗣汾的《黎明的海戰》便以鯁門島海戰為底本，這部小說是由郭嗣汾依真人真事的素材而寫，是相當出色的一部海戰小說。故事內容是描述國府海軍軍艦一〇六號為掩護八十號機帆船與兩條舢舨順利執行任務，而與中共海軍對戰於海上的過程。當時國軍曾在鯁門島上設立秘密電臺，隨時打聽中共海軍活動的情報，並且將其以密碼的方式通報大陳海軍巡防處，或者是在附近海域巡邏的海軍軍艦，而這個秘密電臺則被稱為「天使之聲」。然而就在共軍登陸鯁門島之後，「天使之聲」不得不停止打探軍情的工作，並且在發出最後一次的求救電報後，就撤退至島上的秘密石洞中，等待國軍救援，而救援行動則由八十號機帆船所執行，一〇六號軍艦則擔負起掩護與攻擊的任務。整個救援行動過程中，一〇六號軍艦先後遭遇共軍一艘巡洋艦、兩艘驅逐艦和七艘砲艇的輪番攻擊，最後成功扭轉劣勢，順利完成任務，其對海戰描寫的相當精彩：

> 這一段時間的代價是足夠的，擊沉了一艘砲艇，另一艘驅逐艦也被迫退出了戰列，而現在他們還在用所有的砲火射擊任何射程內的目標。可是，敵人的反擊也愈趨激烈了，他們集中火力對付一〇六號。這時候，彩色的排砲彈弧又來了！

〔註31〕葉連鵬：《臺灣當代海洋文學之研究》，頁30。葉連鵬是以作家身份來劃分，將與海軍相關的作家，其作品規劃成「海軍文學」這一類。從早期海軍作家郭嗣汾、彭品光，到之後朱學恕、汪啟疆，乃至於大眾所熟知的林耀德、劉克襄都涵蓋進來。事實上之後的海軍作家，其創作並非以海軍生活為主，也鮮少受到軍中「戰鬥文藝」影響，因此較難顯示50、60年代海軍文學之特色。

「右滿舵！」

船底一側懸空，兩部主機似乎因爲受不住這一份沉重的壓力而發出
怪聲。一瞬之後，三條水柱在一○六號剛才經過的位置上激起，船
被猛烈地震撼著！砲彈落點距她太近，太近了！〔註32〕

故事中對於海戰實況的敘述，若非眞實體驗過海軍的生活、親身經歷戰場的
磨練，絕對無法執筆創作如此逼眞的海戰小說。誠如林怡君所說：

郭嗣汾出身海軍的身份特質，對於他的創作確實助益不少，在海洋
文學的場域中，創造出獨樹一格的作品特色，讓他在那個 1950、60
年代軍中作家輩出的文學場域裡，能夠因爲創作中有著海洋的「出
現」而「出線」。〔註33〕

而他更是藉由生動的筆法，讓一○六號軍艦艦長梁天价，活生生呈現在讀者眼
前：

砲彈的碎片，撕裂了駕駛臺的天篷，在上面嘶嘶地飛行着。站在駕駛
臺上的梁艦長，卻堅強的像一座化石像！也許是過去一連串光榮的戰
績鼓舞了他，也許他急於要趕去救那兩條舢板，也許什麼都不是，只
是他自己覺得需要這樣做。於是，他就無視於自己處境的危險，指揮
著這一條盛怒的軍艦，接近！再接近！攻擊！再攻擊！〔註34〕

郭嗣汾對這位因此次戰役而獲得青天白日勳章的梁天价艦長，以「堅決的像
一座化石像」歌頌他臨危不亂的奮戰精神，並且有深入的人性描寫：

我作了一次痛苦的決定。照說我可以馬上遵照司令的意思回去的，
但是我的本能不願意這樣作，絕望地放棄了那些在危難中的同志
們，在我實在是一件不可想像的事情。他們每個人都愛惜生命，珍
重自由決不亞於我們，而他們現在已經瀕於絕望的邊緣。我們去搶
救他們，對他們來說，是唯一生還的希望；如果失去他們，對於我
們今後作戰，也將遭受很大的損失。〔註35〕

第一次，旗艦命令他躲過東磯山海面的那一艘巨型軍艦，繞道五棚嶼，穿過
東磯、高島之間的水駛往鯁門。當然，旗艦的命令是說「相機」而他考慮之

〔註32〕郭嗣汾：《黎明的海戰》（香港：亞洲出版社，1954 年 12 月），頁 86。
〔註33〕林怡君：《戰後臺灣海洋文學研究》（臺南：成功大學臺灣文學研究所碩士論
文，2007 年），頁 41。
〔註34〕同註 32，頁 90。
〔註35〕同註 32，頁 43～44。

後，（認爲暫時無危險）他沒有接受那一個改道的命令，他是有充分理由的。結果（當共軍發現他們的艦艇）第二次旗艦召他「相機」回航，他仍下了痛苦的決定，不管要付出任何代價，不管會發生時麼事情，他不再回去，決心駛到鯁門島去搶救那些瀕於危難中的同伴們了。

除了大陳島戰役，小型的登陸游擊戰也是常見的小說題材，如宣建人的〈海底蛟龍〉、〈三人行〉，郭嗣汾的〈前奏曲〉、〈狐狸海灘〉、〈海潮〉，彭品光的〈荒島夢回〉，墨人的〈夜襲〉，張放的〈除夕之夜〉都屬於這一類型。其中彭品光的〈荒島夢回〉曾在 1956 年獲得軍中文藝獎金徵稿進修級小說組第二名（第一名從缺）。小說敘述國軍爲了要集中兵力，決定從浙江外海的南麂島轉移，主角我與王雄貴則留下來爆破島上基地後才搭乘舢板離去，結果遇上了海上風暴，往南漂流到福建沿岸不知名的小島上。原以爲深陷敵營的兩人，偷偷潛伏內陸才發現這座海外仙山，原來是從大陸逃難出來的居民所組成的反共救國軍的基地，解開誤會之後，兩人在救國軍的領袖周大爺的幫忙下，搭機帆船離去，離去前老人掏出青天白日國旗說道：

> 請你轉告廣大自由區域的全體同胞，告訴他們，在這大陸邊緣的一
> 個荒島上，祇要我這個老頭子能夠存在一天，甚至我們這幫眞正的
> 人民有一個人存在，這裡永遠飄揚著青天白日滿日紅的旗幟，也永
> 遠是一塊乾乾淨淨的自由天地。〔註36〕

故事的內容非常簡單，但是作者透過世外桃源的寄託，強調漢賊不兩立的立場。荒島位於那裡？作者並未明說，從故事內容大概可以推測是位於連江縣外海的不知名的小島，其實荒島在哪裡也不重要，在登陸這一類型小說中，不論是〈海底蛟龍〉裡吳坤所摸哨的閩江口，還是郭嗣汾〈前奏曲〉、〈狐狸海灘〉裡所登陸的海灘，作者都不曾多加著墨當地風光，常見的場景不是插滿魚鱗樁的海灘，就是架設炮臺的峭壁，只用來當成背景，襯托任務的驚險以及國軍的團結士氣。而這一類型的小說還有一特點，就是不論任務成功失敗，撤退時往往遭遇共軍強大攻擊，最後不是搭上舢板離去就是跳海逃生，而即使是孤身漂流，在茫茫大海、狂風暴雨之中，卻總能獲救。

〔註36〕彭品光：〈荒島夢回〉，《中國海軍》第 10 卷 1 期（1957 年 1 月），頁 37～38。

二、艦上生活

在作戰之餘，軍人在艦隊上的生活，也是作家常見的題材。由於這時期
海洋文學所敘述的主要對象為海軍，強調紀律與合作比其他船隻更加注重。
葉連鵬將海軍艦上生活分成幾個類型：1、海軍倫理，2、船艦生活不便，3、
遙想親人，4、情感歸屬，5、海上景觀，6、暈船等，〔註37〕可說相當多元，
但筆者認為在 50、60 年代的海洋文學，因為受到「戰鬥文藝」的影響，海上
景觀的描述其實並不多，在小說中，多半為陪襯背景，透過描寫海道的險惡，
襯托艦隊進入敵營的勇敢。純粹描景的作品反而大多見於散文與新詩中，例
如張默〈海啊，生命之源的海啊！〉：

> 每一次看見您，我們呼吸着
>
> 且是迫不及待地呼吸着
>
> 您青草地一般的春天的芳香的氣息
>
> 以及您永不褪色的
>
> 好漂亮的湛藍
>
> 於是我們一邊揮舞，一邊嬉戲，一邊歌唱
>
> 且把大把大把的真情
>
> 一股腦兒地投向您
>
> 漲滿您得額角
>
> 溫柔您的肺腑，以及
>
> 捕捉您喜怒無常的深深的眉睫〔註38〕

這首詩由景入情，透過水手與大海的對話，寫出海對水手的呵護與砥礪，吸
引水手進一步走向大海。與眾人較熟悉的詩作〈關於海呦〉〔註39〕一樣，詩
中追求語感的跌宕以及內在韻律的協調，「噢，海呵，海呵，」在詩中出現三
次，如一層層的波浪加重詩人對海的感歎。與〈關於海呦〉不同，〈海啊，生
命之源的海啊！〉這首詩後半段戰鬥意識十足，水手不因大海的喜怒哀樂而
退縮，反而因而磨練成鋼鐵信念，最後激起收復家園的渴望。這首詩不但寫
景寫情，也呼應了當時以「戰鬥」為主的文學意識。

〔註37〕 葉連鵬：《臺灣當代海洋文學之研究》，頁 35～38。

〔註38〕 張默：〈海啊，生命之源的海啊！〉，《中國海軍》第 19 卷 7 期（1966 年 7 月），
頁 30。

〔註39〕 張默：〈關於海呦〉，收入張默：《紫的邊陲》（臺北：創世紀出版事業，1964
年 10 月）。

　　至於船艦生活不便以及暈船等，能否成為一獨立題材或內容，其實有待商榷，畢竟作品的角色既然是「反共抗俄，復興中華」的革命軍人，船上的生活不便只是革命軍人必要的磨練，而暈船嘔吐，更難在革命軍人的身上發生。因此筆者認為這時期海軍文學所描述的艦上生活不便，並非作者所要傳達的重點，而是經由船上生活的刻苦，凸顯海軍不怕磨練的意志力。例如郭嗣汾的短篇小說〈天風海雨奏凱歌〉寫道：

> 從颱風掠過金門海面時起，我們的軍艦便一直在備戰狀態中，大家擠在關緊了的水密門狹小的艙裡，心底真有一分說不出的滋味來！
>
> 官員擠在官廳裡，玩著橋牌，翻著已經成了歷史般的雜誌和破爛的報紙，百無聊賴地打發著時間……
>
> 這風雨的晦冥的日子，不禁使我想起了臺灣島上風清日麗的綺旎風光，而我們卻蹐伏在這狹小的房艙裡，任海濤顛簸！艙裡到處吐得一塌糊塗。〔註40〕

如此困苦的環境，卻在下一秒發現任務目標，全船人立刻活了起來：

> 擠在官廳裡的人們先是抬起頭來，大家互望了一下，似乎想從別人的臉上證實這命令是不是真的？然後，不約而同站起來，離開了自己認為世界上最舒適的坐位，沉默地走出去。〔註41〕

儘管船艙裡的生活不便，卻比不上在茫茫大海中找不到目標來得苦悶。小說《黎明的海戰》也有相同的描述：

> 九十天不是太短的時間啊！但是，卻沒有一天不是出航，作戰，過著硝磵風浪的生活。即使回到大陳港內，也沒有登過一次岸，沒有吃過一點新鮮的菜蔬和新鮮的肉類，他常常想，一碗排骨麵甚至比一席最豐富的宴席還要好吃些呢。由於船上的淡水容量有限，有時候補給不上，連洗臉也變成奢侈了。生活變得單調不能再單調，每天祇是在烟波蒼茫的海上，在一個島嶼與另一個島嶼之間，在風浪中，航行，作戰；作戰，航行。〔註42〕

〔註40〕郭嗣汾：〈天風海雨奏凱歌〉，《海洋生活》第 2 卷 10 期（1956 年 10 月），頁 61。

〔註41〕郭嗣汾：〈天風海雨奏凱歌〉，頁 61。

〔註42〕郭嗣汾：《黎明的海戰》，頁 37〜38。

去除以上幾項，如果要爲艦上生活這一主題細部分項，又要符合 50 年代海軍
文學這一範疇，筆者認爲這主題底下可以細分爲：海軍倫理與海軍人員的內
心世界。

（一）海軍倫理

在作家的筆下，航行海外的艦隊儼然是一獨立王國，船長是王國的國王，
而幹部就是臣子，維持一個階級嚴明的社會體制，而要維持社會的和諧秩序，
適當的規矩倫理是必要的。尤其對海軍來說，嚴謹的紀律要求，更是凌駕一
切，這從「軍紀是軍隊的命脈」這一句話，可見其重要性，因此在船艦上，
上對下的命令往往是不容質疑的，這裡頭捨棄了人道思維。在何毓衡的小說
〈浪滔沙〉對於軍中教條「合理的要求是訓練，不合理的要求是磨練」有深
入的描寫，小說主角隊長，爲了治癒新兵李大明的暈船症，帶著李大明從防
空砲砲位，沿小艇甲板，爬著懸空的樓梯，上了信號臺，翻過擋浪板，下到
艦首，又繞過艦首爬那最長也是最危險的絕壁，直上了指揮臺：

> 當我幫忙他翻進指揮臺裡的時候，我接觸到他的手，冷冰冰且冒着
> 汗。接着我又帶他到瞭望的位置，告訴他這就是他橫行值更的崗位，
> 而且暈船不是可以「免更」的理由。
>
> 他癱瘓無力地倚靠在防彈板上，以憤怒的眼光看着我一言也不發。
> 〔註43〕

就這樣在隊長，大海的磨練下，李大明成長了，在北太平洋強烈的東北風下，
也不再暈船，對於不合理的要求，李大明事後直言曾想把隊長推下海，結果
他卻是笑著說：「我沒有力氣呵！」完全服膺隊長的訓練。如果從今天的眼光
來看，上級的不合理要求，反而常被外人所詬病，但從軍隊角度出發，這確
實是必要之訓練。

在另一篇小說〈聖水〉中，就敘述軍報記者林錫欽爲了洗臉與輪機隊管
油水的下士唐吉慎起了衝突，原因是軍艦上的淡水管控：

> 「老兄，別緊張，現在不是回港嗎？馬上就可以加淡水了。」林錫
> 欽說得輕鬆。
>
> 「回港？加淡水？你都能保險嗎？好多次都進了港口又轉頭出航，
> 好多次靠了碼頭馬上又解纜。這是作戰時期，誰能敢說下一步的話。」

〔註43〕何毓衡：《浪花上的喜劇》（臺北：海洋生活月刊社，1965 年），頁 68。

> 唐吉慎的湖南官腔，尾音越來越重了。〔註44〕

長期在陸上生活，很難想像淡水對航海生活的重要性，尤其是在軍中，強制規定用水更有其必要性。兩人因此一言不和大打出手，違反紀律林錫欽受到五天禁閉的處罰。然而對上面的懲罰，林錫欽不但欣然接受，還深刻反省回頭向唐吉慎道歉，沒想到接受道歉的唐吉慎反而心生愧疚，想代替林受罰。最後戰艦在料羅灣海外發生戰事，林錫欽戰死，唐吉慎看著甲板的屍體，將友軍送來冰水為林的屍體洗最後一次臉。

> 「請你原諒我！請你原諒我！……」

> 林錫欽臉是冷的，冰水也冷，可是唐吉慎心更冷。〔註45〕

結局相當感人，這種題材多從衝突走向和諧，一方面著重軍人要服從紀律，一方面也強調軍隊要互相團結才能克服萬難。整個情節營造成一團和氣的氛圍，著重海軍的人格高尚，人性的光明面。

　　如果跨過時空，將這一時期的海軍與70年代東年作品內的船員相比，將會大相逕庭。在東年的小說裡，船員們勾心鬥角，上下階級互相批鬥，即使漂流海上，也為了求生互相殘殺取食。撇除個人寫作風格不論，東年筆下多為教育程度不高的遠洋漁民，但是漁民的人性就比海軍黑暗嗎？恐怕不是，影響最大的還是兩個時代的文藝風格。70年代鄉土文學的興起，文學多反映社會現實，揭露社會問題，而50年代文學在戰鬥文藝影響下，除了強調戰鬥，宣揚人性的光明面也是重點之一，在作家安排下，50年代的海軍文學鮮少有醜陋的人性。

（二）水兵的內心世界

　　在海上，艦艇是獨立的小型社會，儘管水兵對大海是嚮往的，充滿熱血的戰鬥意識，但是長期的海上巡弋以及與外界隔絕的結果，使得水兵內心特別多愁善感，容易想家，或是岸上的愛人。由於海軍水兵多半為外省籍，因此這方面的題材也多顯現兩種模式，如果親人在自由基地，作品則會呈現水兵在國家與家庭無法兩全的困境，更突顯水兵在大海之中的孤獨心境。如果是親人留在鐵幕的對岸，則作品多帶有懷鄉味道，而水兵在思親之餘，也會興起早日反共復國的熱血氣概。

〔註44〕同註43，頁3。
〔註45〕同註43，頁10。

　　前者，可以以郭嗣汾〈看時光流轉〉為例，小說主角我，在一次遠航中認識了營隊實習生小玫，兩人因為對海洋的興趣而相戀，但卻因為主角是海軍緣故而無法長相廝守，一次突來的任務，主角只能不告而別，而在馬祖海上的激烈戰鬥後又讓他想起小玫：

> 不過，她（敵方軍艦）已經永遠不能浮起來了，從海底傳來的件葉聲逐漸減低，終於停止，祇剩下海水湧流的聲音，最後傳來的是一陣猛烈的爆炸破裂聲，她將永遠躺在寂靜的海底了。
>
> 艦上每一個人都屏息無聲地看着，直到海上翻起了一大塊油跡和衣物碎片，大家才深深地吐出一口氣。……
>
> 我打從心底升起了一份淡淡的悲哀，為那些葬身海底的紅色海軍們悲哀，如果不是他們不警告就用魚雷擊沉了運輸輪，那麼她也不會遭到如此結果了。我不知他們被攻擊時，有什麼感覺？那永遠也不知道了。
>
> 這時候，我開始想起了小玫，這時候，她在作什麼呢？明天這時候，我能趕回臺灣到她的身邊麼？我希望如果沒有其他任務，也許還有希望的。〔註46〕

小說對人物的情感刻畫相當細膩，在當時算是少數幾篇作品中，會對戰敗的共軍產生人道關懷，然而大時代的悲劇依舊，主角的希望幻滅，不但趕不上約會，也與小玫分手了，最後只能把愛人藏在心裡。結局以「曾經愛過」為滿足劃下句點，反映海軍人員儘管面臨國家、愛情不能兩全的無奈，但多能光明看待未來，時光繼續流轉，日子依舊要過。

　　朱學恕在散文〈海上風浪又一年〉中，對水兵的內心剖析，從少寫到壯，可以說涵蓋了當時所有水兵內心的一切變化：

> 他還記得四十一年初入海校的時候，那份急盼着上船和一份顯得有些士氣的幼稚，……在他的印象中，海已經從幻想的美麗變成了現實的美，在海上，他慢慢地成長了；他學會的慣有的冒險和忍耐，也學會了堅定、固執、沉着，而有目的前進。〔註47〕

〔註46〕郭嗣汾：《謝橋》（高雄：長城出版社，1967 年 3 月）頁 126～127。
〔註47〕朱學恕：〈海上風浪又一年〉，《海洋生活》第 8 卷 3 期（1962 年 3 月），頁 75。

隨著年歲的成長，他對海的心情又有了變化：

> 在海上，也不是沒有寂寞的——他常在長天覆蓋著藍藍的群海上流
> 浪。在這裏，是沒有城鎮，也沒有鄉村的，在這裡，是島外的荒島，
> 海外的大海，但他有自己的想像和天地。〔註48〕

他想到自己是一個異鄉人，每次過年都在思念家鄉，想起留在對岸的母親，
然而他卻只能在海上漂流過年：

> 前年，他還記得在金門砲聲中國年，去年，也還是這般個陰暗的
> 天，大風大浪的海，他和船跌跌撞撞地趕到了塢坵去過年，也不
> 為了什麼，大家都有一份高傲和欣慰，如今，他又在中國的最南
> 疆，南沙過年了！一在最南，一在最北，一在最西，一在最東，
> 他忽然想到了年的特殊意義，他感到好笑，但立刻他又感到驕傲。
> 〔註49〕

結尾以捍衛家園的大愛，消化了思鄉的小愛，回歸到軍人要移孝於忠的本位
上。

三、官兵靠岸的行為

　　巡弋再久的船隻，終有靠岸的時刻，海軍將士靠岸的生活，也常見在這
時期的作品內。在探討這主題之前，首先我們再次釐清有關於書寫漁村鹽村、
港口河口等濱海陸地的題材，乃至於「岸上生活」的描述，能不能算是海洋
文學？如前文所敘述，姜龍昭曾說：「一兩個海軍在陸地上發生的戀愛故事不
能算是海洋文學」、「有水手、漁民、海軍等人物的文學作品，並不一定就是
海洋文學。」論者也不敢把論點說死，而在文中修正說：「但至少，從整個海
洋作品來說，它的重點應在海上，該是毫無疑問的。」〔註50〕由此可見海洋
文學的範疇也未必完全把岸上生活去除在外。

　　事實上，70年代的海洋小說家東年很多作品都以遠洋漁業為背景，像〈遊
夜街〉〔註51〕就是以海員在酒吧生活為主，故事情節幾乎都沾不到一滴海水，
但故事重點卻敘述到船員如何在酒吧裡逞凶鬥狠，藉此抒發長年海上漂泊的

〔註48〕同註47，頁75。
〔註49〕同註47，頁76。
〔註50〕姜龍昭：〈論海洋文學〉，頁26～28。
〔註51〕東年：〈遊夜街〉，收入東年：《去年冬天》（臺北：聯經出版事業公司，1983
　　　　年9月）。

壓抑。又或者像〈酒吧〉〔註 52〕則是敘述了船員靠岸後，受到當地白人，或是日本船員的歧視，這樣的故事，不但反映船員在海上的辛苦，也道出臺灣船員長期在海外不被尊重的心酸，這些作品呈現了臺灣船員獨特遭遇，能因為故事發生在岸上，就不具有海洋意識？因此，筆者認為這一類海岸生活的題材，雖然與航海生活故事不同，但還是能屬於廣泛的海洋文學所要探索的範疇。

回頭來看，這時期的海洋文學，也記載了當時期海軍的岸上生活，1953年，由海軍總司令馬紀壯上將率丹陽、太湖、太昭等艦訪問菲律賓，為國民政府來臺首次執行的敦睦活動。直自 1967 年起，每年均編組艦隊訪問友邦，其目的在於：驗證官校學生所學、訓練艦隊遠航能力、宣揚國家建設、展示海軍武力、增進受訪國家邦誼、鼓舞僑胞愛國情操等。有了這樣的歷史背景，不少海軍文學的故事就發生在異國的海外港口上，例如：張放〈櫻花戀歌〉的東京灣，彭品光〈佐世堡戀歌〉的佐世堡，郭嗣汾〈岷江夜曲〉的馬尼拉，〈綠屋〉的蘇比克灣，何毓衡〈星洲的安妮〉的新加坡、〈藍色記憶〉裡的英倫三島。其中在菲律賓、新加坡的場景中，可以看到海軍如何受到當地僑胞熱烈歡迎的情景，對此，尹雪曼在〈把希望寄託在海軍〉中解釋，一來是當地僑胞受到中共恐嚇，一來是僑胞長期受到菲國政府的排擠，使得他們對中華海軍產生了移情作用。〔註 53〕這些史實多半都寫進作品裡，海軍將士不但受到僑胞的歡迎，還被請到家裡招待。類似的情節也發生在何毓恆散文〈三島隆情〉、〈兩個節日，兩個都城〉中，不過歡迎他們的不是當地僑胞，而是當地居民，何毓恆寫道：

> 在地方人仕招待之下，我們是出有車，食有肉。拜會首長參觀古蹟，
> 也相當忙碌和疲勞。自己的人相互看得緊緊地成了一個核心，外面
> 又密包着一層招待主人，誰也衝不進來，誰也突不出去。〔註 54〕

何毓恆是二次大戰末期，響應了海軍「出國、接艦、參戰」的政策，在當時中英同盟的氣氛下，中華海軍在官方、新聞的美化下，個個都是年輕、受高等教育，因此受到當地居民的歡迎是可想而知。

〔註 52〕 東年：〈酒吧〉，收入東年：《落雨的小鎮》（臺北：聯經出版事業公司，1977年 12 月）。

〔註 53〕 尹雪曼：〈把希望寄託在海軍〉，《中國海軍》第 6 卷 9 期（1953 年 9 月），頁65。

〔註 54〕 何毓衡：《藍色記憶》（臺北：文星出版社，1964 年），頁 95。

除了國外風光，本國的海港基隆、左營，外島的澎湖、金門、馬祖及南沙，也是官兵岸上生活所常出現的場景之一，特別是在張放的小說中，常以澎湖、金門為場景。場景看似五花八門，但故事內容大多以水兵岸上的家庭生活，愛情故事為主。特別是水兵的愛情故事，考其原因海軍刊物的閱讀群仍以軍中（海軍）人口為主，作家以海軍愛情故事為題材，多少有市場需求的考量。事實上愛情本來就是海上男兒紓解寂寞心情的藥劑，張明初說海軍將士離不開三個「W」的豪邁傳統：wine（酒）、woman（女人）、war（戰爭）〔註55〕。由於水兵的需求，很多港口都開設了許多特種營業場所，海軍的愛情故事也多從吧檯、舞池開始蔓延。不過這時期的海洋文學，愛情故事雖多，但很多情節都相當類似，而人物也非常的樣板，有幾種固定類型：

（一）水兵都具有浪漫的個性

姜龍昭在〈論海洋文學〉一文中，曾指出水兵的缺點就是個性浪漫隨便。張放的小說〈櫻花戀歌〉一開始也這樣的自剖：

> 我們生活於海洋上的人，長年飄泊在海裏，海洋造成我們孤獨的個性，海洋也造成我們浪漫的個性。我們的歡笑和悲哀，隨着浪花滾動；海洋是最富有的，在它波浪中生活的兒子，也是最有情感。〔註56〕

長期以來，外界對於水手的印象都認為他們個性浪漫，但事實真是如此嗎？如果我們比較鄉土文學作家王拓，或是東年筆下的漁夫，似乎有些微的不同。王拓、東年小說下的漁夫，個個也是吃喝嫖賭，靠岸後也熱衷於尋歡作樂，雖不見得浪漫，卻都很多情。水兵、漁夫之所以這麼多情，與他們長期在海上的漂流有關，特別是遠洋船員，長期的海上漂泊，加上靠岸地點都遠離家鄉故土，因此多少造成船員對情感的渴望勝過家庭，他們不追求長久幸福，只求眼前的歡樂。因生活的不安定所產生的性格，也反映在當時的海軍人員身上，也許航行的里程與遠洋漁業比起來不算遠，但長期的巡弋，加上兩岸的局勢緊張，都添加水兵的不安定感。他們的愛情故事都在靠岸時發生，而當船隻離岸，也為這段感情就劃下句點。

〔註55〕張明初：《碧海左營心——捍衛臺海的真實故事》（臺北：星光出版社，2002年8月），頁277。
〔註56〕張放：〈櫻花戀歌〉，《海洋生活》第2卷11・12期（1956年12月），頁64。

（二）海軍將士都具有高尚品格

50 年代的海洋文學筆下的海軍將士雖然個性浪漫，但真的談起感情卻是相當專一，即使戀愛對象是歡場女子，海軍將士也能與她們談上一場柏拉圖式愛情。如張放的〈櫻花戀歌〉就是主角我與銀座舞女千島英子的愛情故事，女主角英子，不但個性內向還懂得「廚川白村」、「菊池寬」、「芥川龍之介」等文學家的作品，而小說寫到兩人的相處，也多是在舞廳、餐廳、電影廳之間，裡頭毫無情色的描繪。同樣類似的情節也發生在郭嗣汾〈綠屋〉中，輪機長張裕聲與菲律賓歌女蓓蓓，兩人不但相知相戀，張裕聲還為歌女蓓蓓申請來臺居住而煞費苦心，小說從主角我第一人稱來看待這段感情：

> 裕聲從不涉足這些地方，然而卻在偶然一次中就找到了奇蹟。我不能不相信他得了什麼，他已得到了珍貴的愛情。這是用金錢買不到的。無論如何，愛情仍是生命中唯一值得追求的。〔註57〕

浪漫的水手能找到真愛，在這一時期中大量出現這樣的情節，這與其說是奇蹟，不如說是作家在當時掃黃、掃黑的文藝政策下，不得不對海軍的美化。

（三）劃破省籍藩籬的故事情節

省籍衝突在郭嗣汾、張放的小說中出現過幾次，而且類型不但有愛情的衝突（外省籍的官兵與臺籍女友），也有海上作戰的衝突（外省籍將士與臺籍士兵）。嚴格來說，這方面的作品並不多見，但即使只有幾篇也微微透露出當時社會外省人與本省人的微妙緊張關係。不過作家，在當時的氣氛下，也並未加深這份緊張，所以小說多以衝突化消，一家合樂的圓滿結局來做收尾。

以愛情故事來說，衝突多來自本省籍的家庭反對女兒嫁給外省人，反對的理由不外乎，外省人家無恆產，難以帶來保障，張放小說〈暖流〉中在澎湖小池角的老母親，聽說女兒慧珠愛上的燈塔管理員丁杰生來自貴州，她直覺那就是一處「猴子不吃水的地方」（荒蕪無人的地區）。〔註58〕而〈駭浪〉裡，百貨行老闆林棟材擁有幾十萬的家產，就怕獨生女秀珠被外省人給騙去。

〔註57〕郭嗣汾：〈綠屋〉，《海洋生活》第 5 卷 4 期（1959 年 4 月），頁 69。
〔註58〕張放：〈暖流〉，收入張放：《沙河村》（臺北：文豪出版社，1977 年 11 月）。根據口試復審委員傅錫壬老師的經驗，當時國內，不論是外省人，還是本省人，一般人民的生活普遍都很困苦，因此並非外省人較為貧窮，而使得本省籍家庭不願意把女兒嫁給外省人，而是外省人無恆產，在當時「反攻大陸」的政策下，萬一外省人回到大陸，女兒將會跟著離開家鄉。

除了無法提供生活保障，有些本省籍家庭因為過去日治時期，家裡的男丁被派去中國作戰而戰死他鄉，連帶使得本省籍家庭對外省人感到怨懟。〔註59〕

（四）化小愛為大愛

在上述水兵的內心世界中就提到，為了凸顯海軍水兵盡忠職守的本分，當水兵面對感情與事業的兩難，往往會捨家庭、戀情而屈就國家、事業，對他們來說，海上才是他們真正的家，真正的情感歸屬。這樣的模式在小說家的安排下，國仇家恨往往是海軍將士得必須放下戀情，前赴海上漂泊的重要原因，換句話說是共產黨造成有情人終不能成眷屬。例如彭品光的〈霧茫茫〉〔註60〕，小說主角我與露露原本是人人稱羨的一對，但一場海戰中，主角不幸重傷住院，被報紙誤報為死亡，這使得在家鄉的女友改嫁他人，顯然他們的分離也是因為共產黨所造成。在海上工作的水兵，本來就比陸地上的人還具有高度的工作風險，這也是水兵及水兵家屬、愛人所不得不面對的課題，但是把所有的問題都歸咎於共產黨，這樣的安排，筆者認為多少有些刻意的鑿痕，不過這也反映了在兩岸局勢緊張的年代，站在最前線，在海上巡弋的將士確實比別人更能體會大時代的無奈悲苦，他們對愛情的灑脫如兩面刃，傷了親人也傷了自己。

這時期除了千篇一律的愛情故事，有幾篇小品還讓人耳目一新，例如何毓恆的〈剃刀邊緣〉用詼諧、戲謔的筆調寫出左營軍區外林立的理髮店，為了迎合水手喜好，清一色換了女子理髮師，女理髮師漫不經心的工作態度讓主角吃了苦頭。〔註61〕另外，彭品光的〈碧海情深〉中篇小說也是相當特別的作品，主題主要是為了宣揚海軍將士的「忠義風氣」，故事背景是在與海洋毫無關係的臺北，但是裡頭的角色每一個都是退役的海軍將士，他們退役之後無法適應社會而產生問題，主角趙國強退役找不到工作，艦長葉海帆則是地下工廠的推銷員卻佯稱自己是貿易公司的外勤經理，雜兵老牛則每天推著三輪車，並到處與朋友跟會，一群人擠在破木屋之下還被謠傳住在別墅裡，讓原本退役後在南部做生意的胡子荃、溫子卿等人想來北上投靠。

〔註59〕張放：〈駭浪〉，《中國海軍》第22卷1期（1969年1月），頁34～38。
〔註60〕彭品光：〈霧茫茫〉，收入彭品光：《荒島夢回》（臺北：海洋生活月刊社，1959年12月）。
〔註61〕何毓衡：〈剔刀邊緣〉，收入何毓衡：《浪花上的喜劇》（臺北：海洋生活月刊社，1965年）。

　　整個小說的安排有如鏡花水月一般的不真實，最後每個人如泡沫般，一一粉碎自己在社會上的價值，跟會的跑的跑，投資餐廳的倒的倒，就連把退役金存放在自由中國最大的鐵工廠——唐榮鐵工廠，也碰巧遇到唐榮改組、垮臺的不幸，最後葉海帆當推銷員整天無所事事的真相被發現，北上的同袍發現原來所謂的別墅只不過是鐵路旁的破木屋。

　　大夥體悟到退役生活大不易，在年輕退役戰士郭銘新的號招下重回海軍。回役的理由除了軍中福利穩定，最重要還是軍人的責任未了，郭銘新說：

> 我很托福，我退下來之後一直混得挺好，挺受老伙伴們的羨慕，卻要急流湧退，毅然決然地回到海軍裏去，說起話來，也許還有一點影響力量！我回去的目的，固然是要同老伙伴們生活在一起，工作在一起，戰鬥在一起，成功在一起。同時，我回去的另一個作用，是要向一些不應辦理退役而又急於要退下來的老伙伴們證實一個觀念——我從前是沒有這個觀念的——這個觀念就是：在這個反共抗俄的大時代裏，反共抗俄大業未成，任何一個人想為自己打算，中途脫離革命陣營，為了追求個人的理想而奔走，即使獲得任何偉大成就，結果也終歸是一場空的！〔註62〕

他還舉出名震當時的新店屈尺分屍案，強調一個人沒有認清在社會上的存在價值，心靈上就會失去平衡，失去了寄託，「就像茫茫大海中失去了舵的船，把握不住航向，觸礁、漂流、沉沒。」把眾人回歸海軍的目的，從原本現實生活的不適，提升到精神價值的寄託。

　　說教意味十分濃厚，說是一篇為海軍宣傳的「公關」小說也不為過。整篇小說讀起來像是水滸好漢被生活「逼上梁山」，而為了襯托軍中生活的穩定，作者將現實社會生活描述得相當不堪，看似刻意，卻多少反映了 50、60 年代的社會問題。在經濟尚未起飛的年代，社會上已經有投機分子進入角逐金錢遊戲，而唐榮鐵工廠的垮臺，是現實發生的新聞，也寓意了物質生活的不可靠，就連國家支持的鐵工廠也垮了。

　　另外，作者在小說中也留下一個線索，那就是政府單位對軍人退役生活的漠視，只發放退役金，卻未對其退役生活加以規劃、輔導。若從這觀點，這篇小說也具有社會性，可視為反映軍人問題的寫實小說。只可惜作者沒持

〔註62〕彭品光：〈碧海情深〉，《海洋生活（六）》第 7 卷 6 期（1961 年 6 月），頁 73。

續挖掘這一類問題，也未深入刻畫海軍人員的獨特性，要不然也可以當作一篇海上人員不適應陸上生活的社會寫實小說。

四、宣揚反共抗俄的愛國精神

　　從上面所述，50 年代的海軍文學為了配合軍中文藝政策，宣揚海軍的戰鬥精神，以「反共救國」、「積極戰鬥」為最高準則，所以這一時期的海軍文學也脫離不了這樣的基調，甚至有為政府、國軍美化的現象，寫海戰的目的多半是為了宣揚海軍官兵的英勇，相反則是醜化共軍的膽小狡猾。郭嗣汾的《夜寒船》就是如此，小說於 1955 年 9 月開始在《海洋生活》連載，之後出版改名為《海星》，敘述一艘由香港出航的英籍貨輪「海星號」，因為被中共收購而開往天津，曾在中華海軍服役的二副許正溫，在中共特務監視下，秘密策反貨輪的指揮權，更改航運方向，投奔自由到復興基地——臺灣。面對英籍老船長不想捲入政治風暴，認為船到天津就是回到中國，許正溫抗議地說：「我是一個中國人，但是，共產黨不能代表中國……」〔註63〕；面對中共特務，同時也是舊情人麗莎的分化，他說：「如果這條船開到了天津，這船上多少人都會死，或被送去集中營過暗無天日的生活，但是我們都是人，都要過人的生活。我相信你也希望過人的生活吧？」〔註64〕最後麗莎反而受到許正溫的勸說下，幫助他取得貨輪的指揮權，成功地向巡邏的海軍投誠。小說結尾寫到：

> 復甦的海洋，急駛而來的小艇，飄揚著青天白日的國旗，海星輪上
> 歡呼雀躍的人群和他們掛在臉上的眼淚。這些，構成了一幅充滿光
> 明和希望的圖案。〔註65〕

　　在當年的時空背景下，宣揚「反共」、「愛國」、「戰鬥」、「犧牲」是海洋文學的主流，即使作品內容是描述男女情愛，也不能脫離這樣的指導原則，即使較可以自由發揮的海洋詩，也有幾首關於愛國、戰鬥的主題。張默在《夜泊蘇比克灣》一詩中寫道：

> 時鐘滿滿地指向東南
> 說：這是蘇比克灣的第一個子夜

〔註63〕郭嗣汾：《海星》（臺北：三民書局，，1967 年 1 月），頁 5。
〔註64〕同註63，頁 175。
〔註65〕郭嗣汾：《海星》，頁 196。

海浪是柔和的那遠處一抹輝煌的燈光

好比天星，好比我底小小戀人的彩裙

這異國，熱情的暖流仍盤旋空頂

雲霧依依無語，海鷗也已酣眠

只有彼岸的紅燈預示我，這裡不能騰越

唉，蘇比克，你為什麼沒有勇敢與自由

二○五號的艦身是靜止的

而我的心，而我的思想的金鷹

已如一匹野馬，脫韁而去

踏裂那心，踏裂那鎮，踏裂那蘇比克的夜

呵，海倫頻頻啜泣，鐘鼓也在悲鳴〔註66〕

這是詩人參與上述的南沙群島訪問團，結果回程因颱風而避難蘇比克灣，儘管坐困愁城，也壓抑不住詩人想要出海的戰鬥意識。這一類作品中，主軸多以宣揚反共愛國的戰鬥精神，儘管作品寫到海洋，海上生活情景，但卻非作品的重心，海洋多淪為作品的故事背景。

第四節　海軍文學的特色

海軍文學在 50 年代開始發展，深受當時戰鬥文藝政策的影響，因此作品特色也難免與當代其他「戰鬥文藝」文學相同，簡單來說，有以下三項特色：

一、呈現當代海軍現況

儘管 50 年代的海軍文學延續了當代「戰鬥文藝」的寫作思維，但這不表示這時期的海軍文學缺乏了海洋文學所該具備的「海洋」獨特性。做為戰後國內第一批海洋文學，作家還是寫出了海軍水兵積極冒險，同舟共濟，漂泊孤獨的性格。原本水兵就具有冒險犯難的個性，而以戰鬥為主的創作思維，自然就將水兵的冒險犯難與戰鬥畫上等號，加深了海軍人員的滿腔熱血。而國仇家恨的時代環境，讓原本該習慣於漂泊的水兵，又增添了外省人離開故鄉的哀愁，就在不斷的離岸靠岸的航行中，更顯異鄉人的孤獨心境：他們嚮

〔註66〕張默：〈夜泊蘇比克〉，《中國海軍》第 10 卷 9 期（1957 年 10 月），頁 35。

往故土卻又回不去，擁有新的家庭，卻又得在反共復國的大業上做出了選擇，看似四海爲家的浪漫性格，眞實的背後其實反映了無以爲家的無奈。

　　此外，誠如上述，這些作家大多是海軍人員，在海軍出版社從事編輯、撰稿的工作，因此比一般人較多的海洋的實際參與經驗，也掌握較多的海洋資訊與資料。這些經驗與資訊在軍方掌控，以及隱惡揚善，報喜不報憂的思維下，能在作品中呈現多少眞實？不得而知，但凡走過必留下痕跡，做爲戰後第一波海洋文學，也確實反映了當代臺灣海軍現況。

二、戰鬥文藝主導

　　在軍方以及戰鬥文藝政策的主導下，歷代評論家對「戰鬥文藝」所提出的問題，例如：「斤斤計較於意識形態的鬥爭的狹窄領域」〔註67〕「缺乏批評性和雄厚的人道主義關懷，使得他們的文學墮爲政策上的附庸，最後導致這些反共文學變成令人生厭，劃一思想的、口號八股文學。」〔註68〕「有這樣一些固定的公式：1、愛情加反共；2、共產黨勾結日本人打倒國民黨；3、知識份子誤入共產黨後又覺醒；4、共、日、匪合夥製造人間悲劇。」〔註69〕這些特色也在這時期的海軍文學中出現，不論是主題爲海戰還是海軍的愛情故事，都流於人物刻畫平面而樣板，情節簡單而類似。

　　對岸的共產黨永遠是小說中製造問題的來源，海軍將士個個都是勇於冒險，能夠團結犧牲的革命戰士，談起戀愛來都是浪漫而專情，溫柔而體貼。雖有像《黎明的海戰》、〈看時光流轉〉、〈霧茫茫〉、〈佐世堡之戀〉等著重人性刻畫的小說，也寫到海員在大海漂泊不定的情感，只是在國仇家恨的大前提之下個人的性格、情感都明顯被抑制，無法有深入的發揮，變成英國小說家佛斯特（E. M. Forster）《小說面面觀》中的扁平人物，〔註70〕改變的只是角色名字。也由於情節簡單、流於公式，不但使得作品看來有千篇一律的味道，像郭嗣汾、彭品光等多產作家的作品，還有相同的情節被拆開放入其他小說內〔註71〕。

〔註67〕彭瑞金：《臺灣新文學運動40年》，頁83。

〔註68〕葉石濤：《臺灣文學史綱》，頁88。

〔註69〕古繼堂：《臺灣小說發展史》，頁157。

〔註70〕佛斯特（E. M. Forster）著，李文彬譯：《小說面面觀》（臺北：志文出版社，2002年1月），頁92。

〔註71〕郭嗣汾的小說常有相似的情節，例如同樣是登陸游擊戰的情節，〈前奏曲〉、〈狐狸海灘〉、〈兩口井〉裡頭角色都是爲了洗刷自己被同袍譏笑膽怯，而臨時起

三、懷鄉氣味濃厚

　　由於這批作家幾乎都是在 1949 年隨著國民政府來臺，因以作品中充滿著懷念故土，抒發鄉愁的味道。除了上述的朱學恕的〈海上風浪又一年〉，另一篇〈他自陸上來〉〔註 72〕，以及宣建人的〈海之歌〉〔註 73〕也是如此，寫得是眼前的大海風光，心裡想的卻是對岸的揚子江，而思鄉的情緒昇華之後，就是激發反共復國的鬥志。在張放〈暖流〉中，燈塔管理員丁杰生與慧珠的戀情衝突，除了省籍之外，丁杰生過去在故鄉悔婚，害得未婚妻氣憤投河自殺的過往回憶，也是他無法勇於接受眼前惠珠的情意。

　　懷鄉是這一代作家最常遭受評論家非議的課題之一，其實，作家寫故鄉的生活點滴也屬自然，張放就曾表示：

> 文學作品集是現實社會生活的具體反映，那麼用筆來寫出自己骨肉離散、手足分別痛苦感受，這有時麼不可呢？莫非你們讓我們忘卻過去，滿足於現實的繁華氣象，陶醉於「暖風吹得遊人醉，直把杭州作汴州」的溫柔鄉麼？〔註 74〕

近年來也有許多評論對懷鄉文學，重新解讀，像是王德威就認為這是近半世紀以來傷痕文學的第一波〔註 75〕，並且提出傷痕文學透過文字力量去救贖歷史的內蘊緊張性與寫作本身的「不可能」，點出了傷痕書寫的敘事策略，是反共懷鄉書寫中最主要的文學意識形態，也說明以文字見證傷痕，從個人到家國，傷痕所觸動的是一種永不能復歸，卻必須在現實中持續書寫的歷史想像。

　　懷鄉並非不可，然而過於停留過去的歷史回憶，結果反而是忽略了腳下這一片土地。對照這時期的海軍文學，確實如此，很多作品的主題是在官兵人員的岸上生活，然而著重的卻是官兵的家庭、感情生活，場景不是自家就是酒家、電影院、餐廳，臺灣島上所發生的事，似乎與他們無關，就連停船靠岸的基隆、左營，在作家的筆下其實與海外的馬尼拉、佐世堡差不多，除

　　意，透過夜襲搶灘，證明自己的勇敢。而〈綠屋〉與〈櫻花再開的時候〉，都是主角前往酒家通報同袍的死訊，並藉此測試同袍女友的真情，呈現大時代兒女的愛情悲劇。〈前奏曲〉、〈狐狸海灘〉、〈櫻花再開的時候〉，收入郭嗣汾：《謝橋》；〈兩口井〉，收入郭嗣汾：《迷津》（臺中：立志出版社，1969 年 4 月）。

〔註 72〕朱學恕：〈他自陸上來〉，《海洋生活》第 8 卷 10 期（1962 年 10 月），頁 67。

〔註 73〕宣建人：〈海之歌〉，《海洋生活》第 6 卷 3 期（1960 年 3 月），頁 76～77。

〔註 74〕張放：《不是過客》（臺北：黎明文化事業，1991 年 10 月），頁 125。

〔註 75〕王德威：《如何現代‧怎樣文學？十九、二十世紀中文小說新論》（臺北：麥田出版社，1998 年），頁 154。

了燈紅酒綠，還是燈紅酒綠。只有少數幾篇作品如何毓恆的〈剃刀邊緣〉以及張放以澎湖爲背景的作品中，有關注到腳下這片土地，可惜的是這類作品太少，寫得也不夠深入。

第五節　海軍文學的尾聲

　　50年代的海軍文學在相關的文學論述與不絕如縷的創作中，確實爲臺灣海洋文學激起第一波高潮，但浪花之後，對之後的海洋文學的發展與影響卻是船過水無痕。考其原因，除了軍事緊張所實施的海禁，使人民無法親近海洋的客觀因素；就文學面來說，1966年元月《海洋生活》被併到《中國海軍》、恐怕是重要因素。因爲首當其衝就是作家少了發表園地，雖然1965年以國防部爲主體的國軍文藝金像獎開辦，以及之後1972年，海軍所設的文藝金錨獎使得海洋文學的創作在海軍內一直是未曾中斷的，但因爲這兩個獎項的開辦都不是爲了海洋文學，對象又限定是現役軍人，文學獎所形成群聚效應自然無法與海洋刊物相比。

　　若從作品來看更是一目瞭然，在合併之前，主要作家像是墨人、宣建人、彭品光等已鮮少在刊物上投稿，他們的海洋創作到了60年代末期大多熄火，合併之後更是銷聲匿跡，只剩下郭嗣汾、張放、何毓衡等還有零星作品與海洋有關，以及60年代才開始嶄露頭角的朱學恕還持續創作中；而到了70年代，就連郭嗣汾也不再從事海洋文學的創作。究其原因，是這些作家多半離開海軍職務，或是轉調其他非編輯事務，不但生活上缺乏海洋經驗，也沒有義務責任繼續爲刊物提供稿件，換句話說，他們過去的海洋文學創作，是有工作的需要。

　　海洋文學不但發展停滯，由於這時期的海洋文學都集中在海軍，而軍隊本身是一個封閉團體，不論是早期的《中國海軍》、《海洋生活》，還是之後的金像獎、金錨獎，與外界的關係、互動乃至影響力都值得商榷。楊政源就認爲「文藝獎都充斥著權力場域對文學場域的干擾，其結果自然是對主流美學價值的重申——參賽人會在投稿前自我審查是否符合主辦單位的美學要求（政治正確），評審人同樣會依照主辦單位的特性投其所好（甚至評審已被主辦單位篩選過）」〔註76〕，權力的宰治，不但影響作品品質，無形隔絕了外界

〔註76〕楊政源：《海洋文學在臺灣文學場域的興起——以夏曼‧藍波安與廖鴻基爲觀察核心》（嘉義：中正大學中國文學研究所博士論文，2012年），頁139。

參與的渴望。葉連鵬更直言文學獎：「爲海洋文學的創作提供了一個很好的誘因。」〔註77〕但由於軍隊半封閉的特性，縱使海軍曾爲得獎作品集結成書，卻是流傳不廣，無法擴大軍營外的影響力。

另外，受到戰鬥文藝政策主導下的海軍文學，是否如同一般論者對戰鬥文藝的批評，因爲「人物大多與現實脫節，佈局老套公式化」而受到廣大讀者的唾棄，不但無法繼續發展，更對後代文學難以產生影響，更難引起當時與後來的論述者的注意，在文學史上交了白卷？筆者認爲如果沒有提供足夠的資料而如此的論斷是危險的。我們倒是可以從幾個資料來看，再來做出評斷比較適宜。首先，當《海洋生活》被併到《中國海軍》，雖然《中國海軍》是說《海洋生活》已經完成現階段任務，爲了精簡人力，集中資源，使方法與經驗能夠相互印證而不得不爲的措施〔註78〕，但推其原因，不論是《中國海軍》還是《海洋生活》，無法推廣到軍中以外的閱讀市場，恐怕才是主要原因。

其次，像是墨人、宣建人、張放等幾位持續有在創作的作家，卻未將這時期在海軍刊物投稿的作品集結成書，這不禁讓人有很大的想像空間。筆者推斷，可能是他們當時在海軍服務，長期受到雜誌社的邀稿，以及得應付軍方文藝政策下，無法掌控作品的品質，因此未將其集結成書。

整體而言，戰後到1970年代前，臺灣的海洋文學雖然數量爆炸性的成長，但是受限於海軍團體通行，在質方面的也缺乏經典作品，使得海洋文學一直無法走出海軍。而在《海洋生活》被併之後，少了發表園地，以及作家們漸漸離開海軍，海洋文學也形同枯竭，其在文壇的影響力更是微乎其微。不過值得一提，海軍詩人朱學恕在這之後仍繼續創作，他在1975年所創立的「大海洋詩社」，也因爲成員多半來自的海軍，使得他們的詩作也多少沾染到這時期的海洋文學的海風。

重返50、60年代的時空背景，置身戰鬥文藝思潮之中，可以發現海洋文學並不如想像中貧瘠，集結成冊的有郭嗣汾《黎明的海戰》、《寒夜曲》、《海星》等，彭品光的《荒島夢回》、何毓衡《藍色記憶》、《浪花上的喜劇》……都可稱得上是海洋文學——戰鬥文藝類型的海洋文學。這尚不包括那些爲數

〔註77〕葉連鵬：《臺灣當代海洋文學之研究》，頁19。
〔註78〕中國海軍月刊社：〈編者的話〉，《中國海軍》第19卷1期（1966年1月），頁26。

更多，散見在《海洋生活》、《中國海軍》與其他報章雜誌未結集出書的作品（例如前述海洋小說徵文的得獎作品）。

　　晚近一些方家或言彼時沒有海洋文學，反而顯見國內缺乏專業海洋文評家、缺少進行歷史考察。另外如同前文所述，也有論者對彼時戰鬥文學的審美標準的不了解、不認可，而直接忽略、否定這一時期的海洋文學。例如林宗德在其碩士論文中引用葉連鵬的資料，指出：

> 葉連鵬將這些詩作的內容分類爲，描寫海戰經過、宣揚愛國精神、官兵靠岸後的行爲、官兵的艦上生活等四種，前三種內容清楚展現海洋只是藉以喻情之背景，稍能契合的是官兵海上的生活，但在此一特色中細分之後，發現與海洋相關僅「海上景觀」與「暈船」稍能以海洋爲主體。由此觀之，海軍作家書寫海洋之作，多數無法達到前述「海洋文學」的定義，至多是與海洋相關的書寫。〔註79〕

葉連鵬指的是作品，其中以小說爲主，散文、詩爲輔；其次，林氏所著重的「海上景觀」與「暈船」都是船上生活，由此看見其認定的海洋文學應該是以海上生活爲主體，顯然是忽略了水兵精神層面的獨特性，也應該是海洋文學範疇所該強調的。更別說林氏所要認定的「暈船」、「海上景觀」，若從文本觀察，反而是相對較少的部分，可見得當時的作家對於「暈船」、「海上景觀」其實並不著重表現。當然，作品表現戰鬥、愛國、懷鄉等意識，並非是海洋文學主要特色，任何題材的文學作品也都可以包含以上三種面向，但絕對不能忽視在海洋這樣特殊的背景下，同樣的主題是能激化不同的化學反應，這絕對不是簡單的「藉以喻情之背景」。

　　只可惜，海洋文學研究已經有十年之久，除了葉連鵬首先針對文本進行探討，以及李友煌、楊政源考察《中國海軍》、《海洋生活》兩本刊物的歷史背景、發行目的與對象，其餘論者對於這一時期的海洋文學仍不重視，而以反共文學爲研究的論文，也鮮少接觸到海軍這一塊。即使筆者的研究，也只是以50、60年代的《中國海軍》、《海洋生活》，以及主要作家在同時期的出版品爲研究對象，至於更多散布在其他報章雜誌，以及其他海洋出版社的出版品，則因爲取得困難只能放棄，這一點，不能不說是本文的缺憾。

〔註79〕林宗德：《消弭海／陸的界線——論廖鴻基作品中海洋文化的思想體系與美學實踐》（臺中：靜宜大學 中國文學研究所碩士論文，2008年），頁48。

　　其實，這一段時期的海洋文學，作品之多是不亞於 90 年代以後的海洋文學，儘管多未必是好，但在國共內戰那特殊的時空背景下，想要架構臺灣海洋文學歷史，這方面的研究實在不該遺漏。此外，近年來小說家張放也以過去他在澎湖服役的經驗爲背景，陸續創作了《海兮》〔註80〕、「邊緣人」〔註81〕、「海峽」〔註82〕三部曲，這種重新詮釋過往國共內戰史的海洋文學，與 50 年代的海洋文學又有何關係？又將激起怎樣浪花？跨世代的海洋文學比較，其實也值得深入探討。

〔註80〕 張放：《海兮》（臺北：文史哲出版社，1996 年 1 月）。

〔註81〕 邊緣人三部曲分別是《海魂》、《漲潮時》、《與海有約》三書。張放：《海魂》（臺北：昭明出版社，2001 年 4 月）、《漲潮時》（臺北：昭明出版社，2001年 6 月）、《與海有約》（臺北：昭明出版社，2001 年 7 月）。

〔註82〕 張放：《海燕》（新北：詩藝文出版社，2006 年 5 月）、《天河》（新北：詩藝文出版社，2007 年 2 月）、《海客》（新北：詩藝文出版社，2007 年 10 月）。作者在《海客》自序中提及「《海客》、《天河》、《海燕》三篇小說，姑且定名爲《海峽三部曲》」。

第四章　60 年代的海洋詩

　　從 50 年代到 60 年代，文壇仍以官方所推動的「戰鬥文藝」爲主流思潮，然而另一方面，另一股反動勢力在民間悄悄形成。首先是 1953 年現代派詩社所推動的「新詩現代化」運動，到了 60 年代則有臺大外文系學生白先勇、王文興、歐陽子等人所創刊的《現代文學》。他們一方面譯介西方現代主義文學作品，一方面從事大量的新詩、小說創作。在這股風潮下，不論是現代詩還是小說創作都受到西方現代主義影響。

　　從 50 到 60 年代，先是現代詩，後是現代文學，當整個臺灣文壇都吹起西方的現代主義風潮，此時的海洋文學仍掌握在海軍手中，《海洋生活》雜誌在 1966 年停刊之前，仍繼續刊載以海戰爲主題的海洋小說，以及抒發個人情感的海洋詩、散文。這些詩作、散文與海戰小說不同，大都呈現抒情唯美的氛圍，仍有緣自懷鄉、揮之不去的中國情懷，但也慢慢落腳於臺灣海島海洋，接受並適應臺灣獨特的海岸島嶼風光。

　　只可惜在《海洋生活》與《中國海軍》合併後，海軍文學則因爲一直沒有特定的發表園地，學理論述更是呈現真空狀態。因此，一般論者在處理臺灣海文學史，也多半捨棄這段時期，彷彿整個臺灣海洋文學的發展，在此時呈現停滯狀態。然而這段期間並非完全沒與海洋有關的作品，1953 年覃子豪出版了《海洋詩抄》，是我國第一部全部以海洋文主題的「海洋詩集」。另外許多詩人如紀弦、余光中、鄭愁予等在這一時期也寫了不少以海洋爲題材的詩作。而有集結成冊的則有 1961 年 4 月瘂弦出版的《瘂弦詩集》〔註 1〕，

───────────

〔註 1〕瘂弦：《瘂弦詩集》（臺北：洪範書店，1961 年）。

其中卷三的〈無譜之歌〉收錄了多首海洋詩。1968 年朱學恕的《三葉螺線》〔註2〕，是繼覃子豪《海洋詩抄》〔註3〕後，以海洋爲書寫主題的詩集。

　　從以上資料不難發現，這一時期，除了海軍刊物之外，以海洋爲題材的文學作品多以現代詩爲主，相對於小說、散文、戲劇等其他文類，分量不但較多，還讓人誤以爲當時只有海洋詩。其實不然，這時期仍有海洋小說，不過都是集中在海軍作家，而誠如莊宜文所說，小說中人物與情節，不像詩可以海闊天闊，放逐無邊無際的想像，非屬傳奇性質的小說，需建立在對現實基本的了解基礎上，因而作者若欠缺眞實的海洋生活經驗，便難以鋪敘成文，進而撼動人心。〔註4〕而這時候有海洋生活經驗，又能從事創作，多半還是以海軍作家爲主。

　　由於當時作家受限於主客觀條件，離岸的海洋經驗普遍不多，在現實生活經驗不多的前提下，詩自然較諸其他文類易於表現，份量較多。另外，50到 60 年代期間，正是臺灣現代詩起步的時候，受西方現代主義影響，現代詩創作蓬勃發展，因此詩人以各個題材進行現代詩創作、實驗，自然也創作不少以海洋爲題材的海洋詩。

　　儘管當時許多現代詩人都寫過幾首以海洋爲題材的詩作，然而相較於其他題材，海洋題材的詩作終究是少數，詩人也非有意識以「海洋」爲創作主題，使得歷年來研究海洋文學的學者，都忽略了這一時期的海洋詩創作。以下先就 50 至 60 年代的現代詩運動進行論述，並進一步探討受現代主義思潮影響甚深的「創世紀」詩社的海洋詩作。

第一節　現代主義詩潮

　　1960 年《現代文學》雜誌創刊，發行人白先勇，與主要編輯王文興、歐陽子、陳若曦等人，當時全爲臺大外文系學生。受到西方文論影響，出刊過程一方面譯介西方現代主義文學作品，一方面從事大量的短篇小說創作。這股風潮影響，使得日後 60 年代被慣稱爲「現代主義」時期。然而，臺灣「現

〔註2〕朱學恕：《三葉螺線》（高雄：創世紀詩社，1962 年 8 月）。
〔註3〕覃子豪：《海洋詩抄》（臺北：新詩週刊社，1953 年 4 月）。
〔註4〕莊宜文：〈航向人性的黝深海域——試論東年的海洋小說〉，收入鍾玲編：《海洋與文藝國際會議論文集》（高雄：中山大學文學院，1999 年 9 月），頁 224 頁。

代主義文學」的興起，最早可以追溯到 50 年代初的現代詩創作，橫跨到 60 年代，其關鍵人物為紀弦與覃子豪。

紀弦，原名路逾，曾在 30 年代與戴望舒、徐遲等人一起從事詩歌創作，並且合辦過《新詩》月刊，來臺後也曾獨立出版過《詩誌》詩刊。1953 年春天，紀弦把《詩誌》改為《現代詩》季刊，從事「新詩現代化」的理論和實踐活動。1956 年 1 月「現代派」詩社成立，現代派在詩學上除了沿襲戴望舒等現代派的旗號，並提出在當時十分爭議的「六大信條」：

> 一、我們要有所揚棄並發揚光大地包容了自波特萊爾以降一切新興
> 詩派之精神與要素的現代派之一群。
>
> 二、我們認為新詩乃是橫的移植，而非縱的繼承。
>
> 三、詩的新大陸探險，詩的處女地。
>
> 四、知性之強調。
>
> 五、追求詩的純粹性。
>
> 六、愛國、反共。擁護自由與民主。〔註5〕

他們主張以現代主義的藝術手法寫詩，強調新詩是西化的「橫的移植」，反對浪漫，提倡知性，認為現代詩應該過濾過多的情緒。「現代派」的成立，可以說是臺灣現代詩運動的一個高潮；但「橫的移植」以及「知性之強調」，曾與覃子豪引發激烈的論戰。

1963 年，《現代詩》因難以為繼而告停刊，這期間紀弦因為各方批評，內心因為信心動搖，曾數度發表文章，宣布「取消」現代詩。儘管現代派在理論和實踐上發生許多矛盾和困惑，但確實為當時詩壇注入新的血素。而和紀弦針鋒相對的覃子豪於 1954 年與鍾鼎文、余光中等人發起創立「藍星詩社」，並藉《公論報》副刊刊行《藍星周刊》（後擴大為《藍星月刊》）；之後主編《藍星周刊》、《藍星詩選》和《藍星季刊》。

相對於現代派嚴密的籌組過程，藍星只能算是一群詩友相聚的文藝沙龍，除了藉周刊的一角發表同仁詩作，即無宣言，也沒有任何信條。而且社員在精神和風格上彼此差異甚大，部分還受歐美詩的影響頗深，例如黃用具有超現實主義的激情，覃子豪傾向法國象徵主義，羅門則在作品中表現了天

〔註5〕紀弦：〈現代派信條釋義〉，《現代詩》第 13 期（1956 年 1 月），頁 4。

花亂墜的理想主義〔註6〕。與現代派相比，藍星不論在理論上或創作上均顯得持重，對當時極富創造性與衝勁的現代派的實驗性作品時有批評。對一個現代詩社而言，藍星作風雖稍嫌保守，但不無制衡作用。

　　現代派的解散，並不意味著現代派文藝思想就此銷聲匿跡，整個時代文藝的趨向，還是反叛傳統中國文學。覃子豪雖然為文批評現代派，骨子裡卻不脫現代、西化的本質，其主張「中國現代詩淵源於歐美現代主義而發展成為目前的態勢」〔註7〕的說法，顯示其部分認同現代詩與現代主義的關係。而不論精神上或實際創作上，真正繼承現代派是「創世紀」。1954 年 10 月，軍中作家張默、洛夫、瘂弦以高雄左營為根據地成立創世紀詩社，出版《創世紀》詩刊。1959 年《創世紀》11 期，擴大改版提倡「超現實主義」，陸續編選《六十年代詩選》、《七十年代詩選》、《中國現代詩論選》等。1969 年 1 月休刊，共 29 期。1972 年 9 月於臺北市改組復刊，改為季刊。在 50、60 年代，創世紀與現代派、藍星形成了臺灣早期現代詩創作鼎足而三的局面。

　　創世紀自稱要抖落過於偏狹的本鄉本土主義，強調詩的世界性、超現實性、獨創性和純粹性，並提出建立新民族詩的口號。五年後的第 13 期，洛夫曾這樣呼籲：

> 無疑地，本刊一向以追求詩的純真與現代表現為宗旨，雖然我們從未揚著「現代主義」的旗幟，但是我們確實是現代藝術的證人與實踐者。我們之不高喊「現代主義」乃基於客觀情勢。且「現代主義」流派繁多，我們不能圈自己於某一派別而滿足──不為派別但求精神。在思想上精神上乃是以現代人的觀察力與價值意識去向世界作新的認識與把握，並且也是以最新的表現手法時時作技巧的修正與實驗。歷史將從我們行過的足跡及今後發展的方向中找出我們的特質，評定我們的價值，確定我們的身份。〔註8〕

創世紀顯然是受到西方詩潮衝擊較大的一個詩社，洛夫甚至認為傳統主義無法滿足他們對於藝術的渴望，反之現代藝術才能「將我們引進的是一個新鮮的世界，它不僅使我們發現自我，且使自我更形覺醒，更形重要。」〔註9〕

〔註6〕洛夫：《洛夫詩論選集》（臺北：開源出版事業，1977 年 1 月），頁 36。
〔註7〕同註6，頁 30。
〔註8〕瘂弦編：《創世紀詩選》（臺北：爾雅出版社，1984 年 9 月），頁 596。
〔註9〕瘂弦編：《創世紀詩選》，頁 598。

創世紀在現代派之後，也走上了現代主義的路子，而從現代詩到創世紀，整個現代詩的發展，確實受到外來的思潮影響，可以說是對於傳統中國舊詩的一種叛離。他們從傳統詩中覺醒，一則汲汲於西洋現代文學理論與作品的譯介，一則大膽的從事各種風格形式的實驗，對傳統詩的形式進行整體性的破壞。

做為一種文學運動，這股風潮主要在於奠定「自由詩體」為新詩的主要形式，詩人們皆注重語言的創新和突破，尋求新的經驗與節奏。另外詩人們努力的向人類心靈的內在挖掘，覺悟得到「自我價值」應該抬頭，洛夫就認為一個詩人如果個性被掩沒，就是去了創造力，因此詩人在追求做更深一層的表現時，無不極度地在展示自己較隱秘的一面。自此詩人們發現到現代詩是「感悟的而不是分析的」，是「呈現的而不是敘說的」，是「暗示的而不是直指的」，是「生長的而不是製作的」〔註10〕。

這種向個人內心探求的表現方式，也未嘗不是對當時強調愛國主義的「戰鬥文藝」文學風氣的一種反動，但也因此有了逃避現實矛盾，忽略了詩的社會意義而走進個人的象牙之塔的弊病。另外，現代詩發展因為強調「橫的移植」，提倡異國情調，也形成了盲目西化的傾向；而強調為藝術而藝術，則使得唯美主義的流行和形式主義的氾濫。不過最令人詬病的還是因為現代詩過度嘗試創造新的語言，以及向內在挖掘，產生了矯飾造作、無病呻吟和晦澀如謎，只有詩人本身才能看得懂的詩。誠如學者彭瑞金所言：「僅僅一個『晦澀難懂』便在詩壇上整整爭論了數十年，仍糾纏不清。」〔註11〕

第二節 創世紀詩社的海洋詩

1954年在左營所成立的「創世紀」詩社，創辦人洛夫、瘂弦、張默等三巨頭，從上一節得知他們當時都在海軍服務，也因為地緣及工作關係，寫了不少的海洋詩。至於其他「創世紀」的詩人們，其創作的海洋詩章，數量則相當稀少，作品的主題也非著墨在海洋這主題上。因此，以下就創世紀的洛夫、瘂弦、張默等詩人的海洋詩作進行論述。

〔註10〕洛夫：《洛夫詩論選集》，頁31。
〔註11〕彭瑞金：《臺灣新文學運動40年》（高雄：春暉出版社，1997年8月），頁83。

一、創世紀詩社海洋詩的介紹

　　1961 年 4 月瘂弦出版了《瘂弦詩集》，其中卷三的〈無譜之歌〉收錄了多首海洋詩。之後 1964 年張默出版的《紫的邊陲》〔註 12〕以及 1970 年出版的《上升的風景》〔註 13〕則分別收錄了〈哲人之海〉、〈關於海呦〉、〈我站立在風裡〉、〈窗之嬉〉等與海洋有關的詩作。至於作品產量最多，常被人稱為超現實主義者的洛夫，早期詩作少以海洋為主題，1965 年出版的詩集《石室之死亡》深受詩壇矚目，但所受到的批評與喜好，也成兩極化。〈石室之死亡〉為一組長詩，雖完成於金門坑道，但整組詩意象複雜，與海洋較無所關聯。只有少數作品如〈風雨之夕〉、〈投影〉、〈帆在升起〉、〈海之外〉、〈煙之外〉等詩〔註 14〕。1974 年出版的《魔歌》則是有〈月問〉、〈水聲〉、〈蟹〉等〔註 15〕，另外還有〈街景〉、〈向海洋，送張默出海上〉等與海洋相關的詩，並收錄在 1976 年出版的《眾荷喧嘩》〔註 16〕。洛夫此時期的詩風偏向簡潔明朗，用字遣詞則更為純樸，與之前的晦澀、迷離相比，可說是嶄新的面貌〔註 17〕。

　　這些作品未必都以海為主題，有時候只是借由營造海洋意象，來表現詩的意趣。詩的語言與散文語言不同之處，主要乃在詩是意象的呈現。意象是一首詩的基本構成，意象起於詩人在日常生活中所感受的印象，以海洋詩而言，一個詩人看見海，由於波濤洶湧給予他無限的衝擊，他會把所見的印象寫成一首詩。但是這印象並非是單一，有可能是多元繁複，例如眼中所看到的海，耳朵所聽的海濤澎湃，鼻中所聞到的魚腥味，乃至於海水打在臉上的黏濕帶鹹的體感，這些錯綜複雜的印象，盤踞在詩人的內心中孕育一種觀念，這種觀念，通過詩人的心靈觀照，借由語言多種形態表現出來，它滿載詩人的內在經驗、感受和思想。

　　張默在〈單一與繁複——談現代詩的意象〉中指出，現代詩意象的姿式，不外兩種，即「單一」與「繁複」。一個詩人既可創造單一意象的詩，也可以同時創造意象豐煩的詩。他認為所謂「單一」，僅是「豐繁」的相對語，並非是意象單一的詩，而是它所展現的僅是一個意象：

〔註 12〕張默：《紫的邊陲》（臺北：創世紀出版事業，1964 年 10 月）。
〔註 13〕張默：《上昇的風景》（臺北：巨人出版社，1970 年 10 月）。
〔註 14〕洛夫：《無岸之河》（臺北：大林書店，1970 年 3 月）。
〔註 15〕洛夫：《魔歌》（臺北：中外文學月刊社，1974 年 12 月）。
〔註 16〕洛夫：《眾荷喧嘩》（新竹：楓城出版社，1976 年 5 月）。
〔註 17〕張漢良：〈評洛夫後期風格的演變〉，收入洛夫：《魔歌》，頁 216。

它在形態上可能是短詩，它在語言上可能是直指或暗示；它在結構
上可能比較緊密，它在給予讀者心靈的感受上，可能是點而不是線
或面。……

至於意象豐繁的作品，在形態上可能是較長的篇章，語言上放射較
大的歧異性或鋪陳性；在結構上可能層次分明，首尾呼應，它在給
予讀者心靈的感受上，可能是線與面而不是一個小小的逗點。〔註18〕

　　換言之，一首充滿著海洋符號的現代詩，它的主題未必與海洋有關，詩
中有關於海洋的意象、符號，有時候只是詩人借來暗示內心的感受，誠如洛
夫在〈現代詩二十問〉一文中這樣解釋詩的主題與意象：

基本上，不論就功能、就結構，或就內含而言，詩都不是表達思想
的工具。我的意思是說，詩語言與詩人企圖表現的東西是渾然一體
的，無主從體用之分；詩的意像語絕對不是一種工具。其次，詩當
然也可表現思想，但思想須融合於意象之中。所謂「主題」，就是中
心思想，經過意象變化的主題，在詩中往往是不明確的。當然，有
時我們也可以在某首詩中看出一個單純的主題，通常這首詩只是一
個小品。〔註19〕

因為一首詩可能有好幾個主題，是不明確的，這也是為何筆者在第一章時就
說到在談論海洋文學，如果可能盡可能排除海洋詩這一類體裁，因為很難從
文字中去揣測詩人所說的海洋，是真實的海洋情景？還是內心的抽象感受。

二、創世紀詩社海洋詩的內容與特色

　　海是浩瀚神秘，看似深沉又氣象萬變，故無邊無際的大海蘊含了無限的
題材，常激發詩人創作的靈感，蔡振念就曾經分析海洋詩的意象：

伴隨在海洋詩中的意象，人物有船長、水手、浪子、漁夫，自然景
物則不外岩石、沙灘、島、潮水、波浪、海岸、風雨、雲霧、天空、
日月，海中生物常見蚌貝，甚至神話中的人魚，人造景物則以船和
燈塔為主。海洋意象表達的情感，則有游大海引發的生命之感、安
定與不安定的相反情緒；自由與神秘、理想的追求與人生歸宿之思
緒；鄉愁與對遠方的想望等；由水手想到寂寞與孤獨，潮水與沙灘

〔註18〕張默：《無塵的鏡子》（臺北：東大圖書，1981年9月），頁48～52。
〔註19〕洛夫：《孤寂中的迴響》（臺北：東大圖書，1981年7月），頁149。

則經常隱含愛人或愛情，港口每是分手離別之處，而潮來浪去不免
有時間永恆之感。〔註20〕

海洋觸發詩人繽紛多元的想像，縱觀這時期創世紀詩社的海洋詩作，可以區
分為兩類：一類以海洋為主題，屬於意象鮮明的海洋詩；另一類則是意象繁
複、多元，主題不一定與海洋有關，詩中有關於海洋的意象、符號，只是詩
人借來暗示內心的感受。

（一）意象鮮明的海洋

瘂弦的〈遠洋感覺〉、〈船中之鼠〉、〈水手·羅曼斯〉、〈遠洋感覺〉、〈海
婦〉等都屬於這一類〔註21〕。〈遠洋感覺〉就是一首呈現暈船意像的詩：「暈
眩藏於艙廳的食盤／藏於菠蘿蜜和鱒魚／藏於女性旅客褪色的口唇／時間／
鐘擺。鞦韆／木馬。搖籃／時間／腦漿的流動、顛倒／攪動一些雙腳接觸泥
土時代的殘憶／殘憶，殘憶的流動和顛倒」。〔註22〕開頭「嘩變的海舉起白旗
／茫茫的天邊直立，倒垂」〔註23〕，詩人把海上掀起的巨浪，說成嘩變的海
舉起白旗投降，並在天邊形成直立倒垂的線，通過視覺顛倒，呈現觀者正處
於搖晃不定的航行之中，「暈眩藏於艙廳的食盤／藏於菠蘿蜜和鱒魚／藏於女
性旅客褪色的口唇」〔註24〕則從視覺轉化為味覺，一股氤氳傳所醞釀的嘔吐
之味呼之欲出，最後作者連「時間」這一抽象概念也變成鐘擺、鞦韆、木馬、
搖籃一樣不斷搖擺，這異動的搖擺使得人的腦漿也流動、傾倒，就連記憶也
跟著流動和顛倒。即使如此，「又是飲咖啡的時候了」結尾看似調侃的語句，
卻寫出船員依舊安定自若，不畏風浪的神情。

相較於〈遠洋感覺〉的樂觀〈死亡航行〉中「燈號說著不吉利的壞話／
鐘響著」則醞釀海上航行的危險，「乘客們委縮的靈魂／瘦小的苔蘚般的／膽
怯地寄生在老舊的海圖上、探海錘上」〔註25〕船員暈眩、萎靡的情形已經對
航行不抱任何希望，「鎮靜劑也許比耶穌還要好一點吧」，戲謔寫出船員暈船
的痛苦。

〔註20〕蔡振念：〈臺灣現代海洋詩中的意象與情感〉，收入鍾玲編：《海洋與文藝國際
　　　　會議論文集》（高雄：中山大學文學院，1999年9月），頁97。
〔註21〕以上詩作收入瘂弦：《瘂弦詩集》。
〔註22〕同註21，頁71～72。
〔註23〕同註21，頁71。
〔註24〕同註21，頁72。
〔註25〕同註21，頁74。

　　另外像是〈水手‧羅曼斯〉、〈船中之鼠〉，則是寫出長期海上遊蕩的水手渴望登陸的感覺。其實只要仔細讀過〈遠洋感覺〉、〈海婦〉、〈死亡航行〉等詩，就不難發現瘂弦曾在 1957 年 8 月間造訪過菲律賓呂宋島。事實上，詩作寫的都是相同的航行，就是上一章所說海軍作家訪問團前往南沙群島的訪問之行，當時由作家郭嗣汾為領隊，一行人因颱風還轉至菲律賓的蘇比克灣避難。

　　張默〈關於海呦〉、〈我站立在風裡〉、〈窗之嬉〉〔註 26〕也是海洋意象鮮明的詩作。〈我站立在風裡〉，則是用淺顯的文字表達一種具有擴張性的意象，音樂性很濃，在和聲中所用的語詞與詩的意象絕對相容，並沒有因聲而害意：

　　　　我站立在風裡，頻頻與飛沙走石對飲

　　　　頻頻以修長的肢體亂舞

　　　　唱大風之歌，吐心中之鬱

　　　　是初度，我從沒有如此之歡愉

　　　　思緒是落在咆哮的浪尖上

　　　　滿眼的水域令我感知造化的茫然

　　　　我欲以全生命的逼力去親貼

　　　　　　　　　　去飛逸

　　　　　　　　　　去泅泳

　　　　舐舐暴躁的海特釀的鹹味

　　　　我心中綿密的森林與某些

　　　　潮濕的夜晚與某些

　　　　星星的爭吵

　　　　突然蛻化無數條彎彎曲曲的游龍〔註 27〕

張默曾為文解釋這首詩是在一個朔風呼號，大雨傾盆的夜晚，在烏梅酒酡紅的醉意下，十分快速地寫下了一首詩，他說：

　　　　其實我一到澎湖，就對那兒的陽光、風沙與榕樹，有了十分親切的好感，祇是未能把握適當的時機，寫下自己內心的告白。那夜，當我激動地寫下第一個字，我就預感，這首詩是會很快完成的。有人

─────────────

〔註 26〕以上詩作收入張默：《張默自選集》（臺北：黎民文化事業，1978 年 3 月）。

〔註 27〕同註 26，頁 112～113。

說，詩是經驗的結晶，假如我不去澎湖，不在那兒親身生活的三年
多，未嚐過飛沙走石的滋味，我是壓根兒也不會寫出，〈我站立在風
裡〉那種親切動人的景象。〔註28〕

至於耳能熟詳的〈關於海喲〉，是跨海來臺的張默此階段極重要的代表
作，身在海軍，「海洋」是他思索和寫作的重要對象，因此而成詩：

圓圓的，那些喜愛沐浴的嬰孩
撥開宇宙的光，連同一些雲霧
連同一些淊淊聲
連同一些彎一些彎

這初生的逸樂的剛剛見過世面的
關於海喲
那裡來，怎樣形成
她的眼中的世界
一粒簷滴，半撮流水
它們緩緩萌芽，茁壯而且匯合
也許在一個山澗裡
赤裸著的少女的足趾上
那裡也是宇宙
她洗濯而且擺動
似風，似舞踴，似踱著方步的雲

這茫茫的飛躍的胸襟充滿無限希望的
關於海喲
從落腳的一天起
漸漸變了樣，這些偉大的藻類
它們刺戟著她的心
廣博如世界的心
而且任其繁榮，任其喧囂
任其向上，任其連綿

〔註28〕張默：《無塵的鏡子》，頁243。

世界沒有路，這裡有路

一切是指向羅馬的

小心它要發威了

小心它要淹沒了

這沉潛如哲人的，我們的

關於海喲〔註29〕

詩將海擬人化，寫出了海的生命旅程，詩有層層譬喻，從三個層面書寫了海的情韻。一開始是喜愛沐浴的嬰孩之「初生的逸樂的剛剛見過世面的」，而從「圓圓的」、「喜愛沐浴的嬰孩」的洗滌中透視出初生的海的新奇；其次是赤裸著的少女之「茫茫的飛躍的胸襟充滿無限希望的」，從少女的婀娜多姿中讀出「希望的」海；最後才是「沉潛如哲人的」，從海「廣博如世界的心」中悟出「沉潛如哲人」的海。

整首詩追求語感的跌宕及內在韻律的協調，將海的形狀聲色，以及詩人對於海的感覺，（嬰兒之真，少女之美，哲人之善）置身其中，人海互動交映，彰顯詩人眼中的海及美感層面的海，乃至於更抽象、神祕的體驗。

節奏是張默詩的一大特色，透過詩的節奏變化，顯現一種澹泊，清麗與和諧的情操，在系列的意象間，就間接地插入「關於海喲」這四個字在詩中一共出現三次，以響起一種如浪潮的回應（節奏上，情緒上），即是對海的感嘆，又一步步指向主題的確定性。誠如張默自己所說，這首詩「有一種輕輕拍擊的力量，有一種飛昇甚至截止的節奏，在緩緩地引領著，雖沒有恪守古典詩的押韻，音樂性依然迸流在我們的心河中。」〔註30〕

（二）意象繁複多元的海洋詩

另一類海洋詩，海洋並非敘述的主題，多半成為一種意像，傳達詩人所要表達的情境，以張默的詩來說，在當時另有〈哲人之海〉、〈海與星群〉以及〈神祕之在〉〔註31〕等詩，這其中的共同點是具有抽象的哲性，哲性是向「道」（宇宙生命的隱秘）的探求，以哲人思想之深邃與海之實體相比擬。

李英豪認為這時期張默寫詩的方法，除了「節奏」最重要是利用「轉位」的技巧，所謂的轉位就是變調，它不是按照一定的方程式發展，它不是一而

〔註29〕張默：《張默自選集》，頁50～52。

〔註30〕張默：《飛騰的象徵》（臺北：水芙蓉出版社，1976年9月），頁46。

〔註31〕以上詩作收入張默：《張默自選集》。

二，二而三，三而四，而是可以從一直接跳到三、到五、到十，這完全看詩人當時創作的心境與意念而定。李英豪就說：「轉位，是一種感情的代入，將人我一如，物我一如，以求將主體呈現更深更真，以喚起完整的想像：因此不但是表現，而且是流露。」〔註32〕他認為在〈哲人之海〉中，張默又是轉為哲人，生命航程的探索著，將自己內在的世界轉化為海，流露出一個創造者（詩人自己就是上帝）追尋之感覺。

這時候的海洋非是實體對象，而是向內探索的抽象心海，因為作者轉為哲人，所以詩中常流露出哲人的仁愛意識：

> 遠遠的海瞪視著我們
> 洞簫起伏在天的中央
> 吹一曲八月之歌
> 她說這是冒險的季節
> 讓我們的眼角膜不再屢及
> 那些破銅爛鐵，那些蒼白的魚腥味
> 與及沒有甲骨的波紋
> 而藻草是婚媾了的
> 而鏽了的歲月對我們將不再是教育而是死亡〔註33〕

這節詩不難懂，但對於一般生活在安定的人卻未必了解，詩的「洞簫」，是作者將砲彈劃過長空的聲音引喻為「洞簫」，這是非常巧妙的隱喻，詩成於 1962年，其中一句「吹一曲八月之歌」，應該是描述發生在 1958 年的「八二三炮戰」，寫詩時，詩人的立場不再是捍衛國家的戰士，反而成為具有仁愛意識的哲人，思想中具有潛在的仁愛意識，當這種仁愛意識面對戰爭時，會不期然產生質疑，很多詩句都在矛盾中產生。

如此使用曖昧的語言，除了是受到現代主義影響，借由創造新的語言，營造新的意象，另外還有其不便觸及的理由。瘂弦在〈現代詩三十年的回顧〉中曾說：「50 年代言論沒有今天開放，想要表達一種特別的意見，很難直截了當地說出來；超現實主義的朦朧、象徵式的高度意象的語言，正好適合我們，把一些社會的意見、抗議隱藏在象徵的枝葉後面。」〔註34〕當時的臺灣，自

〔註32〕李英豪：〈從拜波之塔到沉層〉，收入在《張默自選集》，頁 248。
〔註33〕同註31，頁 38。
〔註34〕瘂弦：〈現代詩三十年的回顧〉，《中外文學》第 10 卷 1 期（1981 年 6 月），頁 146。

第七艦隊進入臺灣海峽，已經被納入世界兩權對立的舞臺上，而且成了自由世界的前線。在當時政治氛圍下，即便想然要鼓吹自由思想，也有了無形的禁錮，文字的活動與身體的活動都受某種程度的管制。對此，葉維廉也說：「這個令人絕望的禁錮感，除了反映政治緊張狀態下的現實情境外，顯然還投射到別的層面上去，如個人的存在猶如自囚這一個近乎存在主義的課題；又如中國文化之被放逐與禁錮。這三個層次——個人、社會、民族的『走投無路』，在當時構成了創作者特殊的孤絕意識。」〔註35〕

三、刊登海軍刊物的海洋詩

　　政治的禁錮是現代詩語言曖昧、晦澀的原因之一。如果與他們在這同一時期在《中國海軍》、《海洋生活》等刊物所發表的詩進行相互比較就更加清楚。除了之前所說的〈船中之鼠〉、〈遠洋感覺〉，瘂弦曾發表在《中國海軍》、《海洋生活》刊物上的詩作還有〈鐘是偷春天的賊〉、〈劇場，為海光話劇隊而歌〉、〈酒吧的午後〉、〈乘醉航行〉、〈水手哲學〉、〈水手狂想曲〉、〈風神〉等詩。張默則是有〈海灘寄語〉、〈瞭望臺〉、〈海之圓舞〉、〈夜泊蘇比克〉、〈海啊生命之源的海啊〉。至於洛夫則是有〈貝殼〉、〈燈塔〉、〈海濱散曲〉、〈夜空〉等。

　　這些詩都充滿的鮮明意象，即使被歸類為鹹味的詩，詩的風格近乎苦澀，既鹹又苦〔註36〕，在當時詩壇上最為人所爭議的洛夫，其詩作也是如此，試看〈貝殼〉一詩：

　　　　是我案頭標本中的最美者，
　　　　我已發現，你在炫耀自己藍亮的記憶，
　　　　有着大海的傳統，和我同源。
　　　　退潮的沙灘上曾烙下你纖纖的腳印，
　　　　也烙下我那金亮金亮的童年。
　　　　是懷念起沉睡海底的珊瑚的藍？
　　　　是惦記當年與魚蝦偷吻時難忘的繾綣？
　　　　抑或追戀着星空下漫遊海濱的伴侶？

〔註35〕葉維廉：〈洛夫論〉，收入洛夫：《因為風的緣故》（臺北：九歌出版社，1988年6月），頁327。

〔註36〕洛夫：《洛夫詩論選集》，頁3。

　　我知道你已不安於夜窗下的冷清，

　　因為你比星群更沉默……。〔註37〕

整首詩，抒情有餘，卻缺乏現代詩所講究的想像性、多義性，套句洛夫所說，只不過是一篇散文打散、斷句成詩。這顯然與他們所一再強調的「詩的語言必須確切」、「詩的語言必須放射以及產生最大的歧義性」、「詩的語言必須獨立，而沒有過多的敘述性甚至附麗性」、「詩的語言要由作者自己努力不斷的創造」、「詩的語言是未知的。」〔註38〕的要求顯然不甚符合。

　　如果說這些詩作誠如張默自己所說：「完全是憑藉心中一股說不出的熱情」，「想到什麼就寫什麼，抓到什麼就寫什麼」，「談不上什麼技巧，祇是把當時心中的感受略抒一二而已。」〔註39〕年輕時期的練習曲，那也就罷了，但看其發表時間卻又不是如此，究其原因，這多半還是考量刊物性質。

　　上一章提到《中國海軍》、《海洋生活》都是海軍刊物，以宣揚海洋文化與戰鬥文藝為刊物精神，因此在此投稿的詩作，一來不能太過晦澀，讓海軍官兵都能欣賞，二來要以家國大愛為主題創作，藉以凝聚官兵的士氣。在這些條件的限制下，詩人所寫的詩作恐怕多為應付之作。因此這些詩作，除了很早久前就停筆不寫詩的瘂弦有將部分詩作如〈船中之鼠〉、〈酒吧的午後〉、〈遠洋的感覺〉收入其個人詩集，至於張默與洛夫兩人，這時期的投稿詩作都未收入自己的詩集中去。

第三節　小結

　　50、60 年代的海洋詩，大多都是詩人的海洋想像之下的產物，他們最多都是以陸看海，鮮少有真實的海洋生活經驗，因此詩作缺乏現實生活關照，多為意象呈現。即使像創世紀詩社的詩人，他們成員如張默、瘂弦等人因為曾在海軍服役，而有實際的海上生活經驗，但在現代主義的審美要求下，他們的海洋詩也多是向自我內心挖掘，海洋只是詩中譬喻、象徵的意象，他們寫水手、寫海盜、寫貝殼、寫燈塔，但完全不涉及現實，海洋成為詩人寄托夢與詩的精神海域。

〔註37〕洛夫：〈貝殼〉，《海洋生活》第 4 卷 9 期（1958 年 9 月），頁 77。

〔註38〕洛夫：《洛夫詩論選集》，頁 77。

〔註39〕張默：《無塵的鏡子》，頁 243。

　　嚴格來說，創世紀詩人的海洋詩創作仍不算多，究其原因，乃在於他們汲汲營營於現代詩的理論闡述與創作實驗，至於「海洋」，則多半爲創作背景或是所要營造的意象，鮮少單以海洋爲主題的詩作。而他們之所以有海洋詩的創作，起因也多半是因爲他們這時期在海軍服務，創作的動機有的來自於親身的感觸，而有的恐怕是爲了應付海軍刊物的邀稿。

　　至於這時期還有其他詩人有海洋詩創作？有的，例如余光中的〈南極〉、林亨泰〈風景〉、敻虹的〈海底的燃燒〉、鄭愁予的〈歸航曲〉、〈如霧起時〉〔註40〕；施善繼〈橫牆〉、〈飛幡之歌〉、辛牧的〈逝〉、〈變調的海〉、沙牧的〈海獵〉〔註41〕；林冷〈冬的結語〉、沈臨彬的〈黑髮男子〉、〈浮蘭德〉〔註42〕等。其中作品較多有鄭愁予，他後來將詩集結成《夢土上》〔註43〕、《衣鉢》〔註44〕等詩集，因爲當時在基隆港務局工作了許多年，常時與大海接觸，而有一系列與海洋相關的詩篇。另外還有集結成冊的是朱學恕的《三葉螺線》，上一章提到朱學恕也是海軍作家，他是繼覃子豪《海洋詩抄》後，以海洋爲書寫主題的詩集。他的詩集由創世紀所發行，他本人也與洛夫友好，不過他創作風格與當時的現代詩可說大相逕庭，反而較具有 50 年代的抒情懷鄉氣息。至於沈臨彬，政治作戰學校藝術系畢業，曾在海軍服務多年。《泰瑪手記》包含了詩與散文創作，其中詩又多以散文詩爲主。作品多以澎湖爲描述對象，但數量仍舊不多。

　　總之，這段時期的海洋詩，在整體的數量上看似不少，但是單一詩人所從事的海洋詩創作，則是相對稀少。如果再將那些意象繁複多元的海洋詩去除，也就是詩人創作時，並非眞以海洋爲寫詩的主題，那剩下的數量更是寥寥可數。顯然這一時期的詩人，大多都不是有意識，有系統的以海洋爲創作主題，多半爲偶一創作，很難從中去了解其與海洋關係。

〔註40〕以上詩作收入瘂弦、張默編：《六十年代詩選》（臺北：大業書店，1961 年 1月）。

〔註41〕以上詩作收入洛夫、瘂弦、張默編：《七十年代詩選》（臺北：大業書店，1967年 9 月）。

〔註42〕以上詩作收入瘂弦編：《創世紀詩選》。

〔註43〕鄭愁予：《夢土上》（臺北：現代詩社，1955 年）。

〔註44〕鄭愁予：《衣鉢》（臺北：臺灣商務印書館，1966 年 10 月）。

第五章 70 年代的海洋小說

　　70 年代是臺灣海洋文學開始發展較具規模的年代，首先是海軍在 1970 年代開辦「海洋文藝金錨獎」為海洋文學創作提供一個激勵動力。其次隨著鄉土文學的興起，本省作家開始關心在漁村生活的漁民，一系列以漁民為書寫對象的漁村文學在此時期產生，算是臺灣海洋文學的次文類。〔註1〕此外，1975 年10 月，朱學恕等人在高雄左營成立了「大海洋詩社」，並創辦《大海洋》詩刊，大海洋詩社是目前臺灣唯一以推廣海洋文學為宗旨的詩社，具有指標性意義。

　　作品方面，王拓在 70 年代寫了多篇以漁村為背景的小說，女作家楊小雲的《水手之妻》(1979) 以船員妻子為主要描述對象，頗能呈現身為水手家人的無奈。這些作品的背景多集中在漁村海港，小說的重心也圍繞在漁村漁民生活的困苦與悲哀，鮮少涉及到漁民的海上作業，只能算是廣義的海洋文學。不過在王拓之後，小說家東年也發表了多篇以漁民為描寫對象的小說。相較於王拓的漁民文學，東年不但有實際航海經驗，寫的也是漁民在海上的生活及內心的心理問題，有的角色還是遠洋漁船船員，寫出船員在外捕魚受到他國船員歧視的狀況。

　　70 年代的臺灣海洋書寫雖然數量上仍稱不上蓬勃發展，〔註2〕小說創作也並非有意識以海洋為創作主體，但因為受到鄉土文學的影響，作家開始關

〔註1〕有關臺灣當代漁民文學的研究，可參見陳胤維：《臺灣當代漁民文學研究》（彰化：彰化師範大學臺灣文學研究所碩士論文，2009 年）。其中第四章作家分論的部分，陳胤維列舉鄭煥、呂則之、廖鴻基、夏曼・藍波安、杜披雲與王聰威等六人。

〔註2〕由於 70 年代的作家都非有意識以海洋為創作主題，過去論者大都將其作品歸類為鄉土文學，鮮少以海洋文學稱呼，因此筆者在此將其作品定調為「海洋小說」或是「海洋書寫」。

心腳下的土地，以及在這塊土地上生活的小人物，連帶使得他們將眼光停留在這片海域上，並用寫實的手法去揭示生活在這片海域上的問題，這樣的轉變不但有別於 50 年代的海軍文學，60 年代的海洋詩，也為臺灣海洋文學發展奠立契機。

　　本章將介紹 70 年代海洋小說的重要內容，主要以東年的小說為主，王拓為輔，並分門別類分析、討論，再進一步探討 70 年代海洋小說的特色，以及其對海洋文學發展的影響。

第一節　鄉土文學的興起

　　70 年代的鄉土文學興起是多因多緣所造成，它的形成相當複雜，誠如學者陳芳明所說：

> 鄉土文學之成為運動，絕對不是由某位作家或某個團體所發起，當然也不是由單一政治事件或社會事件所造成，而是整個歷史大環境的轉移變遷，次第匯成巨大的文化衝力。歷史力量的沖刷，使新的時代心靈誕生。心靈框架（frame of mind）的支撐，使作家必須尋找新的表現方式。到達 1970 年代，臺灣社會開始醞造全新思維方式，從政治經濟到社會文化，都要求知識分子應該回到海島重新觀察世界。〔註3〕

這文學運動包括了政治、經濟、社會、文學的轉變與反省，以下分別就各個層面分析其興起原因。

一、社會的蛻變

　　60 年代開始，經濟發展成為重要的課題，臺灣迅速的工業化，從農業體制為主國家走向工業化國家。善用美援幫助，使得 1965 年前後，已經具備了輕工業、加工業為主導的勞力密集的初期工業國家的規模。外資的進入，跨國企業的增加，使得臺灣走向更自由化以及現代化。然後另一方面，現代化也造成臺灣社會和文化受到摧殘，經濟的發展使得無數農村子弟離鄉背井，前往城市尋求更好的發展，結果連帶使得淳樸農業文化次地消失，取而代之

〔註 3〕陳芳明：《臺灣新文學史（下）》（臺北：聯經出版事業公司，2011 年 10 月），頁 521。

是追求效率、利潤，崇拜功利的資本主義社會，在這種環境下，固有的傳統
文化和倫理價值勢必受到衝。

　　到了 70 年代，臺灣更進入了風雨飄搖的年代。這幾年臺灣遭受一連串的
外交打擊，先是法國、加拿大、日本等主要盟邦先後承認了中共政權，在我
國政府堅持的「漢賊不兩立」強硬外交政策下而與之斷交。1971 年發生釣魚
臺事件；釣魚臺因為發現地下有石油，而美國卻將其主權歸屬於日本，這樣
的行動激起了旅美的我國留學生和學人發起「保釣運動」，同一年四月，國內
臺灣大學等學生也走上街頭示威遊行。1971 年 10 月政府宣布退出聯合國，隨
之而來世界上許多國家紛紛宣布與我國斷交。1972 年 2 月美國尼克森發表「上
海公報」，埋下美國承認中共的伏線。同年 9 月日本承認中共與我國斷交，反
過來促進和加速了美國對中共轉變的進程。1973 年石油危機，造成經濟上的
浮動和掀起移民的熱潮。1975 年 4 月 5 日蔣中正總統逝世。1978 年 12 月與
美國斷交，隔年 4 月訂立「臺灣關係法」以維此現狀。

　　在這些一連串的國際事件的衝擊下，都在挑戰國民政府在臺灣的合法
性，同時也造成國內的民族意識高漲和覺醒，尤其是知識份子的覺醒，他們
反省了國家在國際上的重要性，以及個人的生存價值是為何？當時國內許多
的大學生提出了「上山下海」、「為大眾服務」的口號，他們紛紛組織「大學
生服務團」、「擁抱人民先鋒隊」等組織，自動投入鄉村、工廠進行服務。誠
如論者彭瑞金所說：

> 此一從現實紮根著參與行動，固然糾正了虛無縹緲的民族主義情
> 結，最重要的是把他們的注意力從仇外的愛國迷思轉換為對社
> 會、現實、人民、生活的擁抱熱情。擁抱現實、社會參與的呼聲，
> 不但團結了知識份子，也把知識份子的言行與農工等民眾的權利
> 和利益結合在一起，這種現實化，是臺灣社會最重要的蛻變之一。
> 〔註 4〕

臺灣文學便是在大環境的挑戰下有了重大改變，知識份子開始思考整個海島
的命運，並且透過創作激發全國人民對自己民族的關懷與肯定，進而對崇洋
媚外的心態進行批判。70 年代發生的國內外重要事件，不僅是成為文學的重
要題材，更積極的促進文壇上改革的風氣。

〔註 4〕彭瑞金：《臺灣新文學運動 40 年》（高雄：春暉出版社，1997 年 8 月），頁 161。

二、文壇的變化

知識份子擁抱人民，參與社會，造成一股回歸現實、回歸土地的熱流，同時也觸動了寫實主義文學的復甦。70 年代鄉土文學，強調了文學參與態度，提出了文學反映社會、反映現實、反映人生的主張，顯然是與 60 年代的現代文學風格有所分別。

50、60 年代，臺灣經濟隨著美、日的援助而成長，文壇上也吹起一陣西化的風潮。首先是 50 年代的現代詩運動，其次是 60 年代由當時正在臺灣大學外文系就讀的白先勇、王文興、歐陽子等人創刊了《現代文學》雜誌，他們主張「橫的移植」為文學基本精神，來替代「縱的繼承」，把存在主義、意識流、超現實主義等西方文學理論、寫作技巧引進到國內。這股西潮雖然對提升文學的藝術層次、創作技巧，做出了不可磨滅的貢獻。但是其中的作品陷入了形式主義的泥沼，忽略了文學的精神，反而刻意模仿西方文學的創作手法，導致內容上晦澀空洞，脫離社會現實，這些均引起人們的不滿和憂慮。

而不論 50 年代的反共文學、現代詩，還是 60 年代的現代主義文學，他們作品很少描寫臺灣農民和勞工的生活現實，縱令他們有深厚的人道主義關懷和同情，所描寫的勞動人民的形象也模糊而不明確。所以當到了 70 年代民族意識高漲時，知識份子高舉「為民服務」、「擁抱人民」的大旗，要求在經濟上排除外國的經濟侵略與買辦經濟，走向自主的經制度，連帶在文化上也興起改革風氣，開始要求建立中華民族傳統文化，積極推展鄉土色彩的文化，而首先發難的就是《文季季刊》。

《文季季刊》的前身就是《文學季刊》，《文學季刊》雖然在剛開始還沒有有插上鮮明的旗幟，卻有共同的寫作風格，比較「貼近現實」。然而在陳映真被捕之後，《文學季刊》在經濟拮据之下停刊。一年後《文學季刊》改名為《文學雙月刊》重新復出文壇，強烈表明文學與現實是不可分開的。但是《文學》出了兩期就夭折了，然而這時候《中國時報》副刊上刊登了對現代詩批評的文章——關傑明的〈中國現代詩的困境〉。唐文標也在此時發表了〈先檢討我們自己〉、〈甚麼時候甚麼地方甚麼人〉對現代詩進行批評，文中全盤否定現代詩的成就，對於於現代詩在文字上所表現的濃縮、跳躍、切斷、隱喻的技巧感到非常不耐，縱然其有藝術成就，但卻無法與臺灣現實社會有所連結。這些文章雖然引起了不少共鳴，但是相對的也引發不少的批評。後來唐

文標認識了尉天驄，並在 1973 年 8 月創辦了《文季》，在第一期的發刊詞上，就表明強烈的文學態度：

> 我們認為文學不但應該是生活的反映，更重要的還是如何透過這些反映在現實中教育自己。因為唯有一個作家能夠把自己的命運與人類共同的命運結合在一起，他才能在不斷地反照出個人的愚昧和自私中，領略生命的喜悅。也只有這樣，他所創造出來的藝術品才會真正對人類產生虔誠和愛心，形成一種前進的力量。〔註5〕

這種較具功利性、實用性的文學理論，可以看出現實主義漸漸取代現代主義的美學觀，成為 70 年代鄉土文學的基礎調性。除了發刊詞之外，還有唐文標的論文〈詩的沒落——港臺現代詩的總批判〉，尉天驄的〈幔幕掩飾不了污垢——現代主義的考察〉，對現代詩、現代主義進行了批判。此外，還對《現代文學》的歐陽子進行專號，分析與批判歐陽子的小說，以及刊登剖析、批判日本殖民經濟的小說——黃春明的〈莎喲娜拉・再見〉。

　　雖然《文季季刊》在 1974 年 5 月出了第 3 期後，又停刊了。不過這時文壇開始吹起改革的聲音，一方面在鼓吹鄉土文學、闡明現實主義、社會寫實主義等等，另一方面也繼續對現代主義等文學思潮毫不留情的批評。

三、鄉土文學論戰

　　儘管鄉土文學是針對現代主義文學，現代詩的西化進行批評，但是一開始卻未受到對方的反擊，反倒是是引起官方的注意，特別是依附政權力量、官方媒體的反共作家。1977 年 8 月 15 日招開了一次座談會，與會的人有彭歌、姚一葦、何欣、尉天驄、陳映真、黃春明、王拓、朱炎、楊選堂等人。然而在會議後沒幾天，彭歌就在《聯合報》副刊上發表了〈不談人性，何有文學〉正面批評了陳映真與王拓等人，容易陷入「階級對立」：「如果不辯善惡，祇講階級，不承認普遍的人性，哪裡還有文學？」〔註6〕而詩人余光中也在《聯合報》上發表了〈狼來了〉直指鄉土文學為「工農兵文學」，是配合毛澤東「在

〔註5〕《文學季刊》自 1966 年 10 月創刊到 1970 年 2 月停刊，共發刊十期；《文學》雙月刊則於 1971 年 1 月創刊，1971 年 4 月停刊，共發刊二期；《文季》於 1973 年 8 月創刊，到 1974 年 5 月停刊，共發刊三期。

〔註6〕彭歌：〈不談人性・何有文學〉，收入於彭品光主編《當前問學問題總批判》（臺北：青溪新文藝學會，1977 年 11 月），頁 23。

延安文藝座談會上的講話」的鬥爭路線。〔註7〕對於這些大陸來臺作家的指控，陳映眞與王拓在缺乏發表園地下力求反擊，結果一場鄉土文學論戰就這樣展開。

只不過這些文章最後都界於文學與政治之間的討論，甚至流入意識型態之爭，彭瑞金表示：

> 論戰之所以淪爲一場混戰，最主要的原因當然是雙方都離開了文學這個主題，陷入意識形態的決戰，尤其不可原諒的是動輒在「愛國」、「忠貞」這些絲毫與論旨無關的問題上大作文章。〔註8〕

彭瑞金把論爭縮影成「即得利益者」與「非既得利益者」的二分對峙，雖說簡化了論爭，但卻也點出這場論爭在文學上失焦的事實，只是相對立的意識形態的對決。

紛紛擾擾的鄉土文學之爭，在半年後1978年的1月，因爲政府的介入下，在「國軍文藝大會」上高喊鄉土文學是「民族主義文學」的一環，將鄉土文學與民族主義進行連結，進而承認鄉土文學表達鄉土情愛的正當性，平息了這一場紛爭。這一場論戰不僅在於長年受到壓抑的鄉土作家的名氣從此不逕自走，更造成了文學、文化全方面地回歸民族文化、鄉土上。像校園民歌的流行，採集民間歌謠和樂曲的盛行；連舞蹈、繪畫、戲劇等文化層面，都造成回歸的潮流，在潮流中建立了中華民族精神和臺灣鄉土情懷。

第二節　海洋與鄉土合體的海洋小說

70年代的鄉土文學並非屬於社會某一特定階層的文字，它描寫的範圍頗廣，但佔大多數的民眾是勤奮的勞苦大眾，因此，它積極地寫農民、工人、漁民等在社會底層掙扎的卑微人物。這樣的文學趨勢，漸漸延伸出以海洋爲題材的創作。作家以漁港、小村爲背景，並且以漁民爲描述的對象。也就是說70年代的海洋小說是與鄉土文學的合體，可稱之爲鄉土文學類型的海洋小說。

這一類作品多以小說創作爲主，主角也以底層漁民爲主。有論者因而將這類作品歸屬爲漁民文學或漁夫文學，甚至將其劃分爲海洋文學的次文類。

〔註7〕同註6，頁25。
〔註8〕彭瑞金：《臺灣新文學運動40年》，頁169。

不過值得一提，這些作品關心的是漁民的生活，漁村的環境變遷，他們在創作時尚未自覺到自己所從事的是海洋文學。

　　真正直接寫漁民生活，並以此聞名的是王拓，他在 70 年代以其家鄉基隆八斗子及其鄰近的漁村為背景，寫了幾篇漁村小說。70 年代後期，東年也創作以漁民為描寫對象的小說，他們倆人的作品比當代知名的海洋作家廖鴻基更早關心臺灣漁民以及漁業環境，可以說是早期漁民文學的代表性。

一、漁民的代言人——王拓

　　王拓，原名王紘久，為臺灣鄉土文學作家、政治受難者與政治人物，曾連任四屆民進黨立法委員。1944 年，王拓生於基隆八斗子漁村，世代務漁。父親已是家族第五代捕魚人，而他的三哥更是出海捕魚時，死於海難。因此對於故鄉八斗子漁村，討海人生活的艱辛以及無奈，有深刻的觀察。儘管父親早逝，家境困窘，他仍在母親的教養下完成學業，後來進入政治大學中國文學研究所，並參與政大中文系尉天驄教授主辦的雜誌《文學季刊》編輯，開始小說創作，同時也在林海音創辦的《純文學》上發表作品。

　　他前期（70 年代前半）小說多以故鄉八斗子漁村為背景，寫出多篇貼近臺灣漁民生活的作品，呈現當代漁村和漁民的生活問題，敘說漁民的窮困痛苦、人性的陰暗，這除了來自童年窮困的深刻體認，也來自於他曾當過煤炭工人與漁夫的經驗。王拓的生活是離不開大海和漁村，因此他的作品《金水嬸》和《望君早歸》是以故鄉八斗子漁村生活為背景的，文中生動描寫漁民家庭和漁村生活的情景，以類似自然主義手法般地將漁民與漁村的困境如實呈現於讀者面前，這時期作品都收錄於第一本創作集《金水嬸》。

　　1975 年王拓發表〈金水嬸〉以後，作品明顯改變。其一，小說背景由漁村轉移到都市；其二，作品中的人物動態上，開始出現明顯的現實批判，他認為：

　　　　資本主義的本質是賺錢和佔有，表現在人與人或國與國之間的行為

　　　　便是激烈的公平競爭——實際上是弱肉強食、適者生存。〔註9〕

這時期的作品則都收錄在《望君早歸》，反映著臺灣歷經社會變遷後所的改變，並對資本主義進行嚴厲批評，其中〈望君早歸〉敘述場景雖都是岸上漁

〔註 9〕王拓：《街巷鼓聲》（臺北：遠景出版社，1977 年 9 月），頁 70。

村，卻是紀念死於海難的三哥，因此這篇小說仍屬於漁民文學，屬於廣義的
海洋文學的範疇。

王拓不但是小說家，也是 70 年代鄉土文學論戰中鄉土派的主將，1977 年
4 月，鄉土文學論戰時，王拓於《仙人掌》雜誌第 2 期發表〈是「現實主義」
文學，不是「鄉土文學」〉，自社會經濟面切入，去看 1970 年代湧起的鄉土文
學風潮，認為當時「鄉土文學」一詞易引起一些觀念上的混淆以及感情上的
誤解和誤導，誤以為只是以鄉村背景來描寫鄉村人物的鄉村文學，倒不如以
「現實主義文學」稱之更為適切。在王拓看來，「鄉土文學」是根植在臺灣現
實社會的土地上來反映社會現實、反映人們生活的和心靈的願望文學。

王拓的創作時並未想以海洋為主題，只是小說所關心的為故鄉八斗子的
人事物，而故鄉八斗子正好為漁村，小說的角色正好是在漁村生活底層的漁
民罷了，所以真要歸類，他是以漁村生活為主題。過去論者都把王拓的作品
歸類為鄉土文學，近年來研究海洋文學的論者則將他這時期的作品歸類為漁
民文學，如果以廣義的海洋文學來看，他這時期的作品是鄉土文學與海洋小
說的合體，可謂開啟臺灣海洋小說中屬於民間的文化和生命力。

在 70 年代，王拓的海洋小說有〈弔人樹〉、〈墳地鐘聲〉、〈海葬〉、〈炸〉、
〈金水嬸〉〔註 10〕、〈望君早歸〉〔註 11〕等，大多為短中篇小說，其中〈弔人
樹〉、〈墳地鐘聲〉、〈金水嬸〉裡的海洋內容較為薄弱，〈墳地鐘聲〉所批判的
是鄉下的教育問題，除了到校與老師爭執的滿福是討海人，說明了小說背景
為漁村內的小學，其餘內容與海洋較為無關，最多做為背景參考。小說反映
當地教育界的敗壞，討海人子弟因貧困繳不出補習費而被老師誣賴偷拿筆記
簿。而學校學校裡也亂象百出，新建之廁所竟禁不起一場地震的試驗，壓死
了學生。

至於〈金水嬸〉背景也是八斗子漁村，王拓曾說主角金水嬸就是他母親
的形象〔註 12〕。小說內容除了背景為漁村，金水嬸的三兒子、四兒子在漁船、
商船工作，其餘也與海洋較沒有關聯，可說都是 60 年代至 70 年代，臺灣眾
多落後的農、漁村的寫照。這篇小說寫出當時漁村社會仍保有些許的醇厚人

〔註 10〕以上作品收入王拓：《金水嬸》（臺北：九歌出版社，2001 年 5 月）。

〔註 11〕王拓：〈望君早歸〉，收入王拓：《望君早歸》（臺北：九歌出版社，2001 年 5
月）。

〔註 12〕同註 11，頁 9。

情（雖然有些人也開始勢利），相較於此，反倒是金水嬸的眾多子媳進入了城市（基隆）發展，受到工商業社會文明的影響，一一變質，不但投資失利，還留一堆債務給父母，透露出一個激變中的社會，人性是怎樣地服從於追逐金錢的貪慾的規律而扭曲了。

二、探索人性幽微——東年

　　這一時期眞正能被歸納爲海洋文學應屬小說家東年；東年，本名陳順賢，基隆市人，外祖父爲宜蘭進士楊士芳後族，外祖母爲抗日先賢蔣渭水醫生堂兄妹。臺北工專畢業，曾赴美國愛荷華大學國際作家寫作班研究。回國後曾任聯經出版事業公司副總經理、歷史智庫出版公司社長、《歷史月刊》社長兼總編輯、《聯合文學》社務顧問。

　　其創作起於1971年，1973和1974年之間，在胡耀恆與顏元叔的鼓勵下，於《中外文學》發表了幾篇短篇小說，1974年到1976年之間，25歲的東年曾跟隨遠洋漁船到達南非開普敦，當時所擔任的職務是「無線電報員」，他將這一段海上經驗融入了之後的創作，創作了一系列的海洋小說。

　　東年的海洋小說多爲短篇小說，有〈沉船〉、〈酒吧〉〔註13〕、〈最後的月亮〉、〈惡夜的船笛〉、〈暴風雨〉〔註14〕，另外還有〈海鷗〉、〈賊〉、〈遊夜街〉〔註15〕。長篇小說有《失蹤的太平洋三號》，此書於1974年在船上集開始構思，前後改寫費時八年，才於1983年發表。由於作品在80年代才發表，以及內容涉及到70年代末期到80年代初期，國內政治氣氛與國家認同，因此將其留在之後再進一步探討。

　　高天生曾以現代社會罕有的的「孤獨先知」名之。〔註16〕東年的小說風格沉鬱、內斂，小說是以1970年代爲背景，而與王拓相似，場景大多發生在漁村、港口或船上，儘管他後來曾爲文表示：「世界上似乎再沒比臺灣島上的人，忘了自己應是海洋民族更荒謬的事。」〔註17〕但是70年代，東年從事創

〔註13〕以上作品收入東年：《落雨的小鎮》（臺北：聯經出版事業公司，1977年12月）。
〔註14〕以上作品收入東年：《大火》（臺北：聯經出版事業公司，1979年9月）。
〔註15〕以上作品收入東年：《去年冬天》（臺北：聯經出版事業公司，1983年9月）。
〔註16〕高天生：〈孤獨的先知——東年集序〉，收入施叔、高天生主編《東年集》（臺北：前衛出版社，1992年4月）。
〔註17〕東年：〈海洋臺灣與海洋文學〉，《聯合文學》第13卷10期（1997年8月），頁166。

作時，與王拓同樣，海洋並非他所關注的主題，他所關注的仍是處理人的秩序、尊嚴的問題。他在著作《大火》這本書的書底，附了一段小文字：

> 無論在城市、僻野或鄉村，現代人的生活處境就像任何一條海上的船；這樣無法逃避的空間裡，你我是否必須意識清晰的願望是一種秩序，在其中認同彼此的尊嚴，在獸性的殘酷中肯定人性的同情與諒解，在穩定中航行？〔註18〕

從這段話，不難發現海洋不會是東年書寫的主要對象，而是故事鋪陳的活動地點，作者主要關心依舊是在這片大海地下生活的人，他們的內心的情緒與哲性的思考。

他在《失蹤的太平洋三號》一書中，以〈船過水無痕〉為題做為本書出版序言，也表明自己在航海中所觀察到的點點滴滴，都成為他思考的軌跡：

> 至於我自己，我想我已經獲得了許多；尤其是我弄清楚了海洋的哲學。在沙灘、內灣、堤岸、外海或者深海看海，海都各有其完全不同的風貌和韻理；海的哲學和深度成正比。生活也如此。〔註19〕

一直以來東年的小說著重在哲性的思考，他極力挖掘人性的複雜面，特別是在特定時空，如大自然或人際的生死逼迫中，人的精神面的狂亂與迷惘。他分別於 1977 年及 1979 年出版《落雨的小鎮》、《大火》兩本短篇小說集，捕捉到了社會轉變時的諸種現象及問題，顯現了他對社會的關懷。關注的層面包括對消逝中的鄉土親情的依戀，與對工商社會人的卑微處境的感嘆，以及在諸種社會問題下，知識分子內心的徬徨與虛無。

第三節　海洋小說的主題內容

70 年代的海洋書寫以小說為主，場景大多發生在漁村、港口或船上，角色多半是漁夫、船員，而在內容上可分為船難、船務管理的秩序與失序、漁民的生活困境、船員的岸上生活等。

一、船難

討海人的職業是看天吃飯，收入不穩定，如果一旦發生災難事故，整個

〔註18〕東年：《大火》，書底文字。
〔註19〕東年：《失蹤的太平洋三號》（臺北：聯經出版事業公司，1985 年 3 月），頁 6。

家庭就要跟著陪葬。海難的題材常出現在 70 年代的海洋小說，發生海難的原因不是來自天災就是人爲。

（一）天災所引發的海難

　　海洋波動不息變幻莫測，再細密精緻的圖像也難以完整描繪海洋的性情和脾氣，一個曾經豐收的釣點，往往就是下回落空挫敗的場所。海洋是如此的神秘而不可捉摸。在王拓的小說〈海葬〉中，水旺藉由父親的海難事件表達海洋的變幻莫測的看法：

> 　　這是他一生最具決定性的一件意外。結果，他就這樣被留在八斗子，像那隻祖先遺留下來的船，被海水所浸漬腐蝕，即使破了、沉了、完了，也還是要浸在海裡。在海上追逐，也被海所追逐。
>
> 　　平時阿爸也不是那樣死心眼的人，人家都看出風頭不對，紛紛轉航回家了，阿爸就是死不放手，錢財迷進心竅了。天意是無法逃過去的，有什麼辦法。演戲的不是也唱：「閻王註定三更死，斷不留人到五更」嗎？〔註20〕

此時，賴水旺的腦海中浮現海難當時的情景：

> 　　阿旺！注意啦！要小心哦！風浪越來越大啦。阿爸的嗓子雷公一樣大。海浪蕃蕃稜一般，移山倒海地翻湧過來，一稜接一稜，連給人喘氣的時間都沒有。……
>
> 　　浪嘩啦嘩啦地滾進船來，從胸前滾進袴底，淅瀝淅瀝地沿著袴管滴下來。海水鹹鹹的，生活的擔子實在太重了。……
>
> 　　船在海上像一片破葉似的翻哦騰哦。人在船上跟著旋呀轉呀，實在想不到一萬塊有這樣重，一個冬天的生活有這樣重。〔註21〕

在王拓的小說中，船難事件的原因大致上來自於天災，除了〈海葬〉，〈望君早歸〉也是。這是王拓紀念三哥不幸遭遇海難而作，並向辛苦撫育姪兒姪女的三嫂致敬，因此這篇小說故事情節可能有部分是依當時的海難實情而寫。

　　故事描述討海人萬福所搭的華豐號出海捕魚遇上了颱風而發生船難，小說沒有明寫海難經過，反而借由在家中的妻子秋蘭的一舉一動，側寫出每當船員出海，在家的妻子總是寢食難安，茶飯難以下嚥。其實不只這一次，每

〔註20〕王拓：《金水嬸》，頁81。
〔註21〕王拓：《金水嬸》，頁82。

當萬福的船在高高浪頭上與海搏鬥，妻子的心也是高高懸在心頭，難以放下。萬福母親嘴上說不擔心，卻不忘在祖宗牌位前燒上一炷香，祈求兒子的平安。

　　這一部分王拓充分描繪身為討海人的親人必須常常面臨的擔心、焦慮與彷徨，這種心理壓力是所有家屬得共同承擔的負荷。到了隔天，華豐號依舊沒消沒息，所有的漁船都靠岸避風，就是不見華豐號。有如謎團一般，一直到颱風過了後，小說依舊還是沒交待華豐號的下落，卻是借由描述船公司的卸責推託，無心救人，一句「那種十三四級的風浪，除非是航空母艦，不然，再大的船都頂不住，派船租飛機去找又有什麼用？還不是白了！」〔註22〕更顯示討海人不但看天吃飯，還得聽天由命，大船都頂不住十三四級的風浪，那近海捕魚的中型漁船恐怕是更是危在旦夕。

　　小說一直到颱風過後第五天才揭開謎底，華豐號確實在海上遇難了，從漁船失蹤到殘骸被找到，家人除了擔心流淚，還是只能擔心流淚，在航海技術還不算進步的年代，政府、漁船公司草菅人民，不願意負責，討海人在海上工作真如〈海葬〉的水旺所說：「生在海上，就要死在海上」。

（二）人為疏失所發生的災難

　　除了天候因素，人為疏失也是造成海難的原因，相較於王拓的船難小說，多半來自變化莫測的天氣與海洋，東年小說中的船難則較多來自於人為的疏忽，或是人性的衝突。〈惡夜的船笛〉就是描述一艘剛出港不久即遭逢祝融之禍而等待救援的船難故事。小說一開始並沒清楚交代船難是怎麼發生：

> 沒人知道那場火是如何燒起來的，值更者發現的時候，整個機艙幾乎已經陷在火裡。一開始就有兩個勇敢的輪機員和輪機長被燒死，他們淒屬的叫喊聲立刻熄滅了其他人殘餘薄弱的勇氣。再說他們對那場大火也無可奈何，因為停了輪機的船身被喧嘩的巨浪打橫了，在傾斜的甲板上或船艙裏，每個人都必須結結實實地抓住身旁的東西，才能穩穩站住。〔註23〕

船難的起因不明，從船長的自白與何得章的抱怨得知，船難是因為船員在船上辦聖誕舞會，疏忽沒注意到輪機故障而引發大火，顯然是嚴重的人為疏失所造成。「亞洲騎士號」不但遭遇大火，在漫天巨浪的撞擊下，船身還斷了兩半：

〔註22〕王拓：《望君早歸》，頁209。
〔註23〕東年：《大火》，頁73。

前半段傾斜著向前衝了幾步，卡死在水中的暗礁：後半段急促地在
礁堆中向後滑了一段距離，滑進另一堆礁石中，繼續鐘擺一般的隨
著浪擊而搖晃。沒了溝口的阻攔，海溝中的海水更加澎湃奔騰了，
於是頻頻拍岸的怒浪使岸上的人必須向後退得更遠。退卻中，他們
同時在緊張的驚恐和強烈期待的感情中鬆弛下來，彷彿這已經是這
件事的尾聲。〔註24〕

儘管船身毀壞的過程不是小説主要重心，但是東年依舊以精鍊的文字鉅細靡
遺描繪出船身在巨浪衝擊下斷了兩半，彷彿自身也曾歷經船難一般，這恐怕
是長期的遠洋航行的經驗，經年累月觀察海浪變化才能想像如此驚心動魄的
畫面。

　　另一篇名為〈暴風雨〉的小説，在莊宜文的歸納中屬於船難故事之類型，
〔註25〕小説描寫一群在遠洋工作長達兩年多的船員，由於在海上漂泊的日子
太過長久，加上魚獲狀態並不理想等因素，致使船上的船員因為意見紛歧而
分裂兩派，多數船員在船長及船東兒子的慫恿下，選擇延長航期並冒險前往
危險海域以求增加魚獲，另一派船員則堅持提早返航回家。然而就在船長刻
意隱瞞的情形下，這艘船便瞞著所有船員開往另一海域碰碰運氣：

沒具備多少航海地理的知識，總是不知道自己身在何處，所有的船
員隨時隨地可能被蒙在鼓裏……

「怎麼？」宋坤認真的盯著他説：「是不是船正往阿根廷跑？」

「沒有……沒有啊，阿根廷在大西洋那邊，我，我們現在是在印度
洋。」

「嗯，最好是這樣。」宋坤點彈著腦袋説：「要是誰敢玩把戲，我不
管他是誰都要捅他一刀。」〔註26〕

內文點出船員一旦出海航行，即面臨著唯有信賴船長而別無他法的被動窘境
外，更突顯出在蒼茫大海中航行的船員們，猶如陷入孤立無援的狀態之中，
失去自由選擇的能力與機會。小説的災難主要來自變天的海上風浪，但是另
一波風暴卻在船員與幹部互鬥中悄悄產生。兩派的衝突在暴風雨的晚上發生：

〔註24〕同註23，頁82。
〔註25〕莊宜文：〈航向人性的黝深海域——試論東年的海洋小説〉，收入鍾玲總編：《海
　　　　洋與文藝國際會議論文集》（高雄：中山大學文學院，1999年）頁 225～226。
〔註26〕東年：《大火》，頁115。

「喂！快來！」船東的兒子跟跟蹌蹌的跑進走道口，兩手頂着兩邊的床欄，驚駭的說：「船長和大副被浪打倒了，駕駛房的窗子都碎了，趕快！趕快！」

「快個屁！」吳金和鄙夷的說：「讓他們自己打舵，呃，把船開來這裏，難道就開不出去？」說着，他再度拿盆把綿被壓住那個漏洞。「誰都不要上去！」他繼續怨恨的說：「平常那麼神氣，現在讓我們看他們吃一點苦頭吧！」

「我們還是上去啦。」洪保說：「沒人把舵的話這船會翻啊，我們會沒命啊。」

「誰都不准給我上去！」放開堵塞漏洞的手，吳金和擋在路口說：「你們上去的話，我要讓海水灌進來，大家就連船沉下去吧！」〔註27〕

對於幹部的怨恨，讓吳金和絲毫沒有同舟共濟的想法，反而不惜採用同歸於盡的方式，他還亮起水手刀威脅其他想要上去幫忙的水手。所幸在宋坤的暴力阻止下，一場船員彼此爭執互鬥的戲碼才宣告落幕。諷刺的是宋坤與吳金和本來是朋友，也是主張提早回家的那一派。此時承受不少狂風湧浪破壞的船隻也幸運地逃過一劫，收拾著驚懼的心情與船上的殘骸，度過「暴風雨」的船員們最終只想要歸航回家。

船員時常要面對大海無情的洶湧波濤，已經讓他們提心吊膽，長期的海上航行，讓船艦有如海上孤島，在狹隘的空間內，彼此的相處、摩擦，無形在心中也醞釀風暴火種，隨時爆發產生災難。這篇小說名為「暴風雨」，除了實指天氣上的暴風雨，更有暗喻船員間不和有如遇到暴風雨一般，很可能損及船隻的秩序與安全。

有別於 50 年代的海軍文學，不論是王拓，還是東年，他們小說所塑造的海洋大多是詭譎多變，只因其難以掌握，因此充滿著危險，這也是過去、現代臺灣人對海洋的普遍印象：海洋是禁止接觸的危險地帶。有論者評論東年的小說試圖翻轉臺灣海洋文學舊有的負面記憶，進而重新揭開嶄新的文學風貌時，讀者接收到的訊息卻是過去刻板印象的重新複製，在閱讀的過程中，海洋環境依舊險惡難安、出海作業仍是極度危險。〔註 28〕筆者認為這樣的批

〔註27〕同註 26，頁 132。

〔註28〕林怡君《戰後臺灣海洋文學研究》（臺南：成功大學臺灣文學系碩士論文，2007年），頁 69。

評顯然太過，一來即使到了今天，海洋還是危險，更別說在四十年前，航海技術相對落後的年代。而且從文學的佈局來說，有衝突才有高潮，這是自古以來，不論是希臘史詩，還是《白鯨記》裡，都是借由災難凸顯人性光輝與墮落，這樣的表現方式也屬常態，即使到了今天，災難片依舊是現代人熱愛的題材。

總的來說，王拓小說中的海難描述較為不深，多半是過去式，小說所要表達的是漁民或是眷屬在海難過後，所要面臨親人不在、家庭生計等總總變故，呈現底層人物在變動之後的彷徨、無助。而東年小說中的船難描述較為深刻，而且常是現在式，小說極力刻畫災難發生的當下，每個船員，包含上位者船長，心中所產生的自責、猜忌、恐懼、信心等各種人性。這也顯示東年因為有實際的航海經驗，因而能鉅細彌遺寫下海難發生過程。而不論災難是來自天災，還是人禍，每當災難來臨，意味著和諧的秩序將面臨失序狀況。

二、船務管理的秩序與失序

海洋文學作家廖鴻基曾經說過，一艘船到了茫茫大海上，就像宣告獨立的國家，是「一座特立獨行的海上王國」〔註29〕，「每道船舷都圍著陌生，圈圍著其他場遇不容易體會的密閉、少數人口、單性、孤立、階級分明而又關係緊密的小社會。」〔註30〕遠洋航程中，人與人之間的關係自成一個小社會，船長船員間的階級位置，成為命運共同體彼此相互依存等。在這小王國中，具有一套獨立於陸地的規則與制度，是一個階級分明的組織，大部分是由船長、機輪長、大副、二副、三副等幹部，及一般船員組成，一艘船的統領者——船長，大多由年長且具有豐富的資歷者擔任，操控船航向所要前往的地點，因此必須維持船上的秩序，對船及船員負起絕對的權威。

如果說船長猶如國王，幹部就像臣子，那船員便是庶民，下位者須聽命上位者，依序而下階級分明以便於管理，以穩定船內的秩序，漁船與貨櫃輪皆然。階級的劃分除了表現在職務上，也表現在船所形成的空間，空間即是權力，觀察船上的空間安排就是可以了解。遠自18世紀前的帆船時代，船上長官住寬敞的船尾樓，水手們則擠在窄迫的船頭樓裡，而在19世紀，以大船

〔註29〕廖鴻基：《漂島：一段遠航記述》（臺北：印刻文學生活雜誌，2003年12月），頁61。
〔註30〕廖鴻基：《領土出航》（臺北：聯合文學出版社，2007年6月），頁246。

來呈現階級更是普遍的事情，船長的房間高高在上，為一人所獨有，船員卻都是一起生活在一個大空間裡，一堆人睡在狹小僅能容身的格子中，遠不及船長的睡艙。廖鴻基曾說：「男性為主，環境封閉而又要求管理效率的團隊，常形成階級分明的小社會，空間區隔有助於權威成形，權威又有利於領導。」〔註31〕顯然空間的設計不只是單純為了經濟考量，東年小說講得更是明白「船員有船員的浴室，幹部有幹部的浴室」意味著階級分明，彼此不容易侵犯。

一艘船有如一個小型社會，彼此分工，維護和諧的船上的秩序，東年也說：「在狂暴的海洋中，船上社會秩序是維生保命所必需的；這是任何船員都同意的。」〔註32〕但是有秩序就會有失序，失序來自災難、長期的航行，有時候則是因為利益分配的不平等，使得人與人的相處產生矛盾衝突。

（一）因災難而產生的失序

「沉舟側畔千帆過，大難臨頭各自飛」，災難的發生絕對是所有跑船人員最不願意遭遇的經驗，當船員面臨著災難的發生時，生死瞬間的威脅往往糾結著人性中最為赤裸的考驗，人類生命的脆弱與心底深處的不堪在船難發生時皆一覽無遺。

在東年的船難小說中，對於人性的描繪最為深刻精彩，除了之前所介紹過的〈暗夜的惡笛〉、〈暴風雨〉，〈最後的月亮〉也是一部船難小說，但相較於〈暗夜的惡笛〉、〈暴風雨〉裡著重災難發生的過程，〈最後的月亮〉裡則是以災難過後，船員脫序的行為做為故事主軸。小說描述因為機艙爆炸而跳海逃生的船員們，在共乘一條簡陋的救生船等待救援。他們受到海流的影響，失去方向在大海中漂流一個多月，忍受著身體飢餓與疲累的生理困頓，以及逐漸絕望的心理折磨，最後在面對死亡的威脅下，上演的是人性荒誕卻又真實之情景。

飢餓讓船員彼此猜忌對方，當僅存一條能夠釣魚以果腹充飢的魚線被掙斷時，心虛、卸責、怨懟等情緒在每個人的心中複雜湧現，船上的職務安排已經是聊備一格，該接更划船的船員，不是偷懶休息，就是划了幾下就是氣急敗壞。小說寫到在漂流過程中，受到鯊魚的威脅，當一隻鯊魚被大副擊斃逐漸沉潛海底時，卻在同時遭到同類激烈爭搶分食，這樣殘忍的畫面其實也

〔註31〕同註30，頁49。
〔註32〕東年：〈海洋臺灣與海洋文學〉，頁167。

是預告船上的秩序即將崩解，船上的船員即將進行互相爭鬥，彼此相殘的脫序行為。

而當飢餓難耐之時，不但連船上的秩序難以維持，連心中的道德秩序也一步步崩解，舵工因被鯊魚咬斷手臂而失血過多死亡，廚師看著他的屍體，卻興起吃人肉的念頭，心底深處的生存慾望似乎正召喚著原始獸性的甦醒。雖然，在尚稱理性的大副阻止下，船員們還是謹守人性的底線，但是當海市蜃樓之幻象出現，僅存的理性再也抵擋不住。首先是電匠跳海，朝著自以為看到的陸地游去；此時大副想代替船長，維持船上的秩序，他在電匠背後開槍，宣告自己仍是船上的領導，要帶領大家往正確的航向，結果效果有限，失去理智的船員早就無法思考，他們聽不見也看不見什麼是正確的方向，一一跳海：

> 他們兩個領先翻身下海，其他人立刻連爬帶滾地翻出船外：只有三個人浮起來抓住那塊木頭。他們朝那個模糊的城市的影像，踢腳划手地用勁游去，不過，只是片刻，廚子就放開木頭回過身來拚命地游向救生船。「大副——小孩兒——」他悽厲地哭喊著：「快來救我，快來救我呵——」〔註33〕

精神狂亂的極致表現，是死亡前所上演的最後一場人性悲劇，然而故事並未就此結束，唯一僅存理智的大副與實習生，雙方雖然沒有互鬥，但彼此之間卻存在著恐懼，人性該有的信任感已蕩然無存，在無盡的漂流中，一人力歇而亡，一人舉槍自盡，此時柔和的月亮與太陽的升起，對比著人對於生命的絕望，彷彿死亡才是最終的解脫。

生殺掠奪的食物鏈是東年小說的一大主軸，而「死亡」的情節更是小說中的一大特色，東年一再以緊迫和逼真的手法透過風暴、船難，描寫大海的驚險對人類的威脅，人因瀕臨死亡的深淵而恐懼、失序，借著一次又一次的失序、付出暴力，乃至死亡，凸顯出人性求生的最渴望，也反襯出人類在大海航行中的渺小。

（二）長期航行所引發的精神失序

船難時刻威脅著所有航行海上的船隻與船員，是討海人必然存在的風險，但即使是無風無浪，長期的海上航行也讓一艘船有如孤立的社會，船員

〔註33〕東年：《大火》，頁14。

的情緒不堪長期折磨，往往會使人與人的關係經常摩擦而變成緊張。當精神
壓力的累積如果不能適時排解，船員就會做出極為瘋狂的事，稍一失控就是
一場海上喋血事件，除了上述小說，東年的〈賊〉、〈遊夜街〉、〈海鷗〉、〈酒
吧〉等也都提及船員衝突、鬥毆的事件。

　　〈海鷗〉是東年所有短篇海洋小說中，受到論者最多注目與好評的創作
之一，發表於 1981 年 5 月 12 日中國時報人間副刊，故事主角的身份設定，
其表現的思想與行止，皆讓人將其聯想為作者自己，如小說中所提主角畫家
登船遠航的最初動機，是為了拓展藝術內涵，求以能將人性的深度表現在畫
布上：

> 他興致勃勃的要上他們家的一條遠洋鮪釣漁船，去海上畫畫；要在
> 一片從來沒有別的畫家探討過的處女地，給予人的形象和內涵一種
> 新的詮釋、新的精神與生命。〔註34〕

這動機與東年的航海經歷以及爾後的海洋創作多所雷同。然而，實際觀察的
所得，與其所認知的人性大為相異，甚至對於海鷗的認知，也有極度落差。
在作者的描繪介紹裡，海鷗的特殊體相與身形，是為了躲避外在環境對其之
威脅，背面淺灰似與灰藍大海融成一系，讓空中猛禽不易識別。而腹面白就
如同高空中的一朵白雲，當牠們棲息海面時，可以造成海裡大魚的錯認而不
對其襲擊。

　　這顛覆人們以為海鷗總是休閒、自由的想像，在大海之中他們隨時都在
危險之中，上受猛禽威脅，下受大魚侵擾。但是海鷗真正的敵人並非是來自
外界的威脅，而是在於牠們的相殘天性，同類之間彼此傷害：

> 呵，我們的船員喜歡釣海鷗玩，是的，用釣的，他們用魚線綁魚鉤，
> 而牠們搶著吃鉤上的魚肉，牠們搶得太激烈了，以致於嘴喙被鉤子
> 鉤住，或者翅膀被魚線纏住。
>
> 他們將牠們拉上船，把牠們的頸子折進翼下扔在一邊。唉，這些海
> 鷗，即使牠們被折騰成這個苦難的樣子，牠們仍然不停的互相咬噬，
> 咬得皮破血流。〔註35〕

令人詫異，真正的敵人竟是身邊同伴，而致命之習性則注定了牠們無望的一
生；更可悲的是「人通常也是如此。」東年在序中明白指出，他是藉由海鷗

〔註34〕東年：《去年冬天》，頁 153。
〔註35〕東年：《去年冬天》，158。

的比喻來詮釋人性真正恐怖的內涵。而在小說中，從船員無聊以釣海鷗為樂趣就顯露其殘暴本性，船員的財色欲望，與海鷗覓食行為一樣，皆發自原始的生存本能，他們的成員複雜，各式人物皆具，而且多為社會底層：

> 那些淘金的人，只想看一條條鮪魚被拉上船，或者一張張鈔票從別人的口袋掏出來；那些出來玩玩的，從來不曾真正欣賞異鄉的風光，他們只是想玩女人，不管白的黑的，褐的黃的，乾淨的髒的，只要找到了就一頭鑽進去。〔註36〕

顯然人類並沒有比海鷗高明多少，反倒是在更為複雜與難測的人類世界裡，彼此之間的爭鬥與相殘，似乎遠比其他生物更加暴戾與殘酷。

　　至於年輕畫家？他卻在海鷗身上驚覺到自己體內也存有著嗜血殘暴的本性。原本畫家打算將海鷗偷偷放生，最後因為惻隱之心而血刃海鷗給予一個痛，沒想到隨著熱騰騰的鮮血不斷噴出，畫家心中未曾有過的嗜血快感也不停湧現。曾經自詡有著知識分子的理性，看見船員對待生命的殘忍態度，畫家反而在無形之中共同沉淪。他的道德秩序正面臨著重大崩解，從初始的樂觀與期待，變成手刃四百多隻海鷗的屠夫，為何會有如此轉折，小說寫到：

> 整條船的設計純粹在工作目的著想，人的生活空間比較魚艙和油櫃是其次的，比較魚的價值人的價值也是其次的。呵，我們擁擠的生活在侷破的空間裡，睡眠不足，夜以繼日工作，此外，我們在海上一待就是百來天……
>
> 在那裡，生死不過是船殼鐵板一公分厚的事，而且那條船太小了，風浪時常在船裏船外進進出出，生死就變得更加急迫，是每箇剎那間的事。
>
> 這樣的情況下，當我獨自面對那樣一片無限大的虛無，我非常的恐懼，呃，我想，我們每一個人都曾經或者持續地意識到這個事實，呵，我們都已經變成隨時隨地這麼孤獨。〔註37〕

當孤獨與虛無擴大成為船上唯一的氣氛時，彼此不再相互容忍解，僅存的關係似乎只剩相互鬥爭而已，情緒的發洩也唯有選擇暴力方能抒解。船員最後因擦槍走火而暴力鬥毆，原本畫家是出於好意前去勸解互毆的船員時，船員卻在昏亂之中失足落海。雖然船員的墜海是因為酒醉而踉蹌跌倒，但是自責間接害死

〔註36〕同註35，頁161。
〔註37〕東年：《去年冬天》，頁159～160。

船員的畫家，卻在目擊伙伴死亡的這一刻終於崩潰。之後畫家不僅無法如初所願完成任何一幅畫作，精神上更是出現混亂的病態模樣。原本畫家帶著興奮之情出航，結果這一趟航行不只是船上秩序出了問題，連心裡秩序也難維持。

東年曾說：「人如果處在外在世界或內心世界的脫序狀態，就會像梅爾維爾《白鯨記》中裴桂特號船長那樣發狂。」〔註 38〕這正是〈海鷗〉中畫家的寫照，在船上生活本是群體生活，但實際上擁擠的生活空間給人強大的壓迫感，日復一日重複同樣的生活則讓人厭煩，而長期遠洋航行卻又讓這群體變成孤立無法找到出口發洩，於是衝突就會發生。季季曾將東年所描寫的航海生活，形容爲一個擺盪的小社會：

> 一艘船就是一個擺盪的小社會，仍舊會發生他們在陸地社會所可能
> 發生的悲觀、險詐、紛爭；甚且因爲那社會的孤立、狹隘，在大海
> 中的渺茫晃盪，使人性更形赤裸，紛爭益形尖銳。〔註 39〕

擺盪中失去人倫秩序，甚至陷入瘋狂，東年在〈海鷗〉中不像之前作品，強調失序的狀況是來自災難，而是船員本身殘殺肆虐的人性問題。除了畫家以外，大多船員以賺取金錢爲主的價值觀，船看似有目的，卻是在孤獨虛無中航行，這些內外因素的衝擊下，使得人終究走向衝突、狂亂，脫序，書寫的內容雖是船上生活，但卻暗指急速成長的現代化社會，看似追逐現代文明，但在唯利是圖的價值觀下，其實只是邁向更無邊無際的虛無，如果再不改善，豐實、進化人心，這艘現代化的船將走向沉船一途，而那是東年所不希望的脫序世界。

（三）勞資不平等所引發的失序

一直以來，勞資雙方總是處於微妙的緊張平衡狀態，原本有可能相安無事，但是一有狀況，這樣緊張平衡狀態更可能馬上會失去控制。在小說〈暴風雨〉，災難的發生看似來自外在的天候，但實際上「暴風雨」是指勞資雙方，上位者與下位者的衝突，小說中的大副說：

> 這是我們這兩年多來，全部的賬目。我們一共賣了魚一千三百萬，
> 扣掉油錢三百萬、伙食費雜費一百二十萬，剩下八百八十萬。公司
> 拿六分半我們拿三分半，三分半是三百零八萬。三百零八萬要分四

〔註 38〕東年：〈海洋臺灣與海洋文學〉，頁 166。
〔註 39〕季季：〈一個孤立而擺盪的小社會——評東年的〈賊〉〉，《書評書目》第 77 期
　　　　（1979 年 9 月），頁 40。

十份，每一份是七萬七。這七萬七裏面你們每個人在國外已經借了
一萬六，再加上國內二十九個月發的安家費七萬二千五，你們實際
上每個人已經欠公司大約一萬一千五百元。〔註40〕

漁民所拿的三分半中，還不是漁民均分，而是有階級差異的，其中船長拿四
份半，機輪長四份，大副一份半，其他一個船員一份。除了幹部外，一般船
員只能拿一份的漁獲，是經過層層剝削後的剩餘，顯然是一個普遍存在的不
平等狀態。小說勞資雙方就在這次談判中爆發第一次衝突，船公司以船員這
兩年來賺錢較少，想讓他們多增加收入為理由，要求員工多工作三個月。船
公司表面上是給船員福利，其實是想利用漁工多賺點利潤，結果勞資雙方的
互信不足，彼此對立的狀態，在遇上了天災風暴之後，馬上極速升溫，外在
的風暴增加彼此之間的對立，也因此有吳金和亮刀想同歸於盡的行動。

　　王拓的〈望君早歸〉也可以是一篇關於勞資衝突的小說，只不過小說的
場景不是發生在海上，而是陸地上的漁村，因為發生船難，使得原本船公司
與船員家屬之間，看似和睦的秩序卻開始崩毀，而船公司對受難船員和家屬
的冷漠對待，顯示出勞資關係嚴重失衡。小說寫到資方使盡任何手段，為的
就是保衛自身永遠的利益：

「……華豐一、二號發生這種不幸，公司和每一位在座的家屬心裡
一樣，都感到非常痛苦和難過，公司也深深了解每一位船員的家庭
經濟很困難。所以，在未領到船員的死亡證明以前，公司決定先發
給每一戶安家費五千元，等到取得死亡證明以後，不論船員的職位
大小，一律每人發給撫卹金二萬五千元。……安家費五千元請各位
明天上午九點，帶戶口名簿到公司辦公室領取。」

林的說完話，一坐下去，立刻就聽到有人大聲說：

「等一等，等一等，我想借問一下，一條人命敢只值得這一點錢？你
們公司那麼大，一次八九條船，平時都靠這些船員替你們戰風戰浪賺
大錢，一發生事故，竟都不顧人一家七八口、近十口的人，老的老，
小的小，都不能討不能賺，僅靠一個人吃飯。現在這一個人為了公司，
命都沒有了，你們卻只總啊共呀才給人三萬元，這樣——你們……你
們不覺得太……過分……太刻薄？」〔註41〕

〔註40〕東年：《大火》，頁118。
〔註41〕王拓：《望君早歸》，頁219。

船公司企圖以微薄撫卹金解決這次海難所造成的傷亡，無視船員家屬的經濟困境，王拓寫出討海人的無奈處境，當發生船難發生時，純樸的漁民家屬求助無門，加上教育程度不高，只能任由船公司無情地擺佈。

王拓在小說裡安排一位正義人士邱永富替漁民家屬爭取權益，此一人物是王拓想塑造的理想典型人物。少年喪父的他，父親為一名船長，死於海難。歷經十五年，船公司沒有發撫恤金與任何金錢賠償，只能靠母親咬牙撐起家裡所有開銷。邱永富的過往顯現出資方長期以來剝削漁民福利，像這樣蠻橫無理的行徑，直到今天仍然如此，所幸邱永富因為身歷其苦，故更能站在漁民立場，替漁民爭取權益。他的努力深受漁民的擁護與愛戴，儘管抗爭過程經常失敗，卻也給船公司不少壓力。

船公司與家屬的對立與脫序，本該保護漁民的漁會以及維護漁民福利的政府單位，這時候又做了什麼？小說中漁會的趙理事長卻是偏向船公司，而政府官員儘管在協調會上表明政府會徹底調查，但故事結局的抗爭，顯然政府功能在此時依舊失能。小說最後，邱永富帶領著一些人，扛著一副棺材朝船公司走去，為那些仍不放棄的受難家屬向船公司奮戰到底。

王拓小說中時常流露出他對漁民生活的關懷，他出身漁家子弟，對於當時漁民福利未受到完善制度的保障，只能任由船公司剝削有深刻的感受，因此王拓的作品多是真實描寫社會現況，尤其能寫出底層社會人物的無奈，字裡行間流露出關懷主義的人道思想。

三、漁民的生活問題

70 年代的鄉土文學多關注社會底層的小人物，這時期的海洋小說多圍繞在漁民的生活問題，他們的生活普遍不佳、窮困。雖然有些作品的場景並非發生在海上，但卻也反映了 70 年代臺灣漁業、漁民生活、漁村環境的現況，其中大致可分為漁民的貧窮問題，以及在社會變遷過程中漁民所面臨的不適應問題，而這一部分則又多表現在王拓的小說中。

（一）漁民的貧窮問題

貧窮在王拓的小說中是常見的課題，他曾說：「貧窮是一種很大的罪惡，因為它帶給人許多的不幸，帶來大量的無知、迷信和犯罪。」〔註 42〕他的小

〔註 42〕鍾言新：〈訪問王拓〉，收入於王拓：《街巷鼓聲》，頁 201。

說大多著眼於被剝削、被歧視、生活困苦的漁工階層，為他們抒發心聲。尤其是討海漁民是看天吃飯的工作，若天候不佳，或有其他原因無法出海，家庭生計頓時出了問題。

短篇小說〈炸〉主角水盛就如此抱怨自己的工作：「我並不是沒有盡力，但是我還是這麼窮，我有什麼辦法呢？老天爺只准我們夏天出海，冬天吃地瓜喝海水，我並不是沒有努力呀。」〔註43〕道出了漁民的辛酸，雖然想努力賺錢，無奈天不從人願，此刻也只能望船興嘆。小說敘述漁民水盛為了念國中的兒子春雄五百多元的註冊費，拿著僅有一百多塊去賭博，準備以小搏大，然而卻又輸光。懊悔之餘只好到處借錢，卻又四處碰壁，在被逼的走投無路下，鋌而走險，暫時用兒子做抵押，與雜貨店老闆娘興旺嫂借錢買炸藥準備違法炸魚。沒想到最後仍逃不過命運的捉弄，炸藥使用不慎反而炸斷自己手臂。悲劇並未因此就落幕，水盛儘管保住了生命，卻面臨龐大的醫藥費，以及引來警察前來偵辦，一個家庭就這樣破碎了，而討海人的悲哀，最終原因還是來自於貧窮。

王拓小說中的漁民生活是困苦的，無奈的，沒有前途的，但是又能如何？在漁村不去捕魚卻有沒有其他工作可以做。王拓不但觀察到漁民的困境，自己也親身體驗貧窮之苦，過去的教職經驗，讓他認為要脫離貧窮，唯有靠教育才能讓漁民翻身。小說〈炸〉裡的水盛，因為不想讓自己的子孫和自己一樣過不穩定的生活，因此把希望寄託放在教育上，期望自己的孩子將來從事比較有保障的職業。

但是在王拓的筆下，漁村的教育環境又是如何？在王拓的小說可以發現學校部分教師人格操守的問題與其偏差行為，在他的小說裡可以發掘當時教育界許多待改進之處。〈墳地鐘聲〉是王拓一篇批評、揭露漁村教育問題的短篇小說，書中針對學校老師對學生進行的不當體罰有深刻的描寫。在八斗國民小學裡的一位教師，因為班上學生較晚繳交補習費，便以學生偷拿東西為由，將學生的手打至紅腫，學生母親因心疼孩子受傷，便將事情發生經過告訴學童父親。而當父親領著孩子前往學校討個公道時，老師的回應卻是一副理所當然的態度，完全不認為自己有錯，一再強調是因學生偷竊才處罰他：

> 「他偷人東西，偷東西不該打嗎？你說，你說。」黃老師把燒著的
> 菸屁股摔在地上，氣憤憤地質問著。

〔註43〕王拓：《金水嬸》，頁146。

「我的孩子我最清楚，他不敢亂說。我知道，是因為他沒交補習費，
你就打他了，是不是？」滿福嚷起來：「幹——沒有看過你這樣的老
師，我們又沒有欠過你的補習費，你這樣欺負小孩子。沒證沒據，
誣賴他偷東西。你以為我們沒讀書好欺負？塞你娘，我不會放過你。」
「你客氣一點，我當老師的會誣賴學生？他明明偷人家的筆記簿還
不承認。你不服氣就把他帶回去，我不教這種學生。」〔註44〕

補習費交得慢，顯然是討海人的收入不穩定，但是故事中的老師，只因為學
生沒交補習費，便誣賴學生偷拿別人的筆記簿，以此為處罰的理由，顯然教
育上出了問題。

（二）漁民在社會變遷中的困境

70 年代臺灣經濟快速地發展，依據 1971 年行政院經合會統計，自 1960
年至 1970 年，每人所得自新臺幣 4577 元增至 11684 元，成長了 2.5 倍。然而
這高度的經濟成長主要來源是來自工業的發展。以 1960 年與 1970 年相較，
農業產值雖自新臺幣 165 億提高至 328 億，但其佔國內生產淨值的比例則自
33%降至 19%，同一期間，工業產值增加更為快速，其佔國內生產淨值的比例
則自 25%提高至 32%。〔註45〕

從以上的統計數據，可以顯見工業的急速發展，以及農業的沒落與衰退。
因此在這個經濟快速發展的時期裡，就經濟制度及生產模式上，是從農業社
會進入工業社會，而就生活思想而言，則是從傳統社會進入現代社會。

現代化的擴張是全面性的，急速的社會變遷帶來了許多問題，除了城市、
農村之外，討海維生的漁村也不能倖免。小人物在社會現代化過程中的不適
應，是 70 年代鄉土文學中常見的題材。一般常見的題材有城市的現代化入侵
到鄉村，另一種則是鄉下人進城，兩者都呈現鄉下人無法適應社會變遷而衍
生出許多問題。王拓的〈金水嬸〉就是包辦以上兩種情形的小說，許南村在
〈試評金水嬸〉一文，明確指出：

金水嬸的雜貨擔子告訴了我們一個故事：工商主義經濟早已透徹地
領導了臺灣的經濟生活。即使在一個偏遠的漁村，人們的生活早已
嚴密地組織到商品所饑餓地尋求的市場裡……我們看見一種新的社

〔註44〕同註43，頁 54。
〔註45〕費驊：〈一九七〇年代我國的經濟發展趨勢與經濟問題〉，《海外學人》第 15
期，頁 2。

會——商品的社會、新的文化——商品的文化在擴展,浸透到社會
生活中最末梢的地區。〈金水嬸〉這篇小說,便以這樣一個強烈和鮮
明的社會變動做背景而展開了。〔註46〕

工商主義所帶來的商品雖然入侵到了八斗子漁村,尚未為著樸實的漁村
帶來太大改變,但是金水嬸的兒子們,卻一個個走入工商社會,投入金錢追
逐遊戲。在小說中,金水夫婦聽信大兒子的建議,將平生累積下來的錢與標
會得來的錢,全都拿去投資,卻慘遭失敗,面臨著還不出錢的窘境:

> 「妳要這麼會替他們想,那妳就自己去還呀!這些錢是給他們拿去
> 做生意本,又不是我們拿去虛華掉,他們不還要叫誰還?養他們養
> 到這麼大,還給他們讀書,連這種人情義理都不懂?」

> 「唉!兒子六七個,都只是好聽的,還輸給人家沒子沒孫的人。時
> 代很不同,社會已經完全變樣了。養兒子?唉!白了的!」〔註47〕

這場金錢遊戲中,賠了不只是金錢,連帶的原本漁村還存有的美好的傳統倫
理也跟著賠了進去。在金水幾次找兒子拿錢時,卻遭到媳婦的冷落與兒子無
情的對待,讓他更加能體會「一種老來的悽涼和悲傷,開口向兒子要錢,就
像乞丐一樣。」這不只是八斗子漁村的困境,高天生在〈關懷現實的漁村子
弟王拓〉中說:「商業化社會裡,人們重視的焦點,已由親情、人與人的關懷,
蛻化為地位、金錢和外在的物質,金水嬸一家兩代的衝突,所突顯的正是兩
種不同型態社會的衝突,因此,金水嬸的故事,不是單純一個家庭的故事,
而是時代社會的縮影。」〔註48〕顯然這是70年代臺灣社會的普遍問題。

小說〈海葬〉可以視為一篇傳統漁村面臨社會變遷的故事,只是所面臨
的不是工商業所帶來的現代化商品,而是教育,以及外界環境的誘惑。討海
工作充滿著危險與不穩定感,但是生長在漁村的人就算想改行也不是一件容
易的事,這除了因為他們只會捕魚這一項工作技能,另外的原因就是因為家
族傳承的關係,他們對家庭有承擔的責任。主角賴水旺在三十年前愛上戲班
演員秋桂,在秋桂的鼓勵下,原本打算離家到都市從事別的工作,結果換來
父親的極力反對,就在他想猶豫之間,父親翻船罹難,他只能放棄離家,一

〔註46〕王拓:《金水嬸》,頁14。
〔註47〕王拓:《金水嬸》,頁213。
〔註48〕高天生:〈關懷現實的漁村子弟王拓〉,收入於高天生編:《臺灣小說與小說家》
(臺北:前衛出版社,1985年),頁138。

輩子留在漁村捕魚。沒想到三十年後，換成兒子海生的老師前來勸說，希望能讓海生離鄉去念大學，出去見見世面。

小說裡水旺曾經爲過去的猶豫因而錯失出外打拚的機會，但是同樣的問題從自己換到兒子身上，他就無法爽朗的答應，他也想讓海生出外去闖，但是自己的新船才造好，家裡的捕魚事業需要兒子來繼承，而且如果孩子一出外賺了錢，更不可能繼承家業，甚至一去不回而拋棄父母。水旺親身遇過被強留下來的痛苦，理論上要將心比心，但現實的狀況又不能讓他輕易放手，小人物矛盾、無助的心理在社會變遷之下更顯加劇，因爲這一次的變動比他三十年前更爲劇烈，小說寫道：

> 但是，海生肯嗎？他對祖宗這種產業，不是已經表示他的態度了嗎？他會怎麼想？怎樣做？那天說不給他讀書，叫他要下海捕魚，他就那樣滿臉的怒氣不情願的樣子，他會怎樣想怎樣做？他敢反背伊爸？我不要討海！他敢這樣對伊爸講？他要他自己的將來打算，他一定會吵嚷。他讀了書，心裡已經沒有祖先、沒有父母，只有他自己了。如同三十年前那一次一樣，說不定比三十年前的自己還更強烈，更狠更硬。他讀過書，他讀過十二年的書。他絕對不肯討海捕魚。這條船他看不上眼，他已經見過八斗子以外的世面。他不了解，他從沒有下過海，他不知道海不知道船，他什麼都不知道。生在海上，就要死在海上，這種道理他不懂。他永遠不會懂。傳了幾代又怎樣？他是讀書人，他永遠不懂，永遠不明白。〔註49〕

儘管水旺計量著各種方式想要讓海生留下來，但是小說結尾「賴水旺心裡想著秋桂，想著海生，想著自己這一生，不禁感到無比的空虛寂寞起來。」已經宣告小人物的他，勢必掩沒在這股現代化變遷的洪流中。

「這個時期的王拓並沒有在作品中，明確地判斷年輕一代離開漁村的作法是對是錯；他只是一五一時地描寫上下兩代站在人生的岔路上僵持不下的情景而已。」〔註50〕誠如日本學者三田敬三所說，王拓只能暗示讀者，小人物一輩子著根於漁村，將是一件悲慘的事實，但是即使能離開漁村，是否就能改變現況？王拓不但沒有給讀者明確的答案，他自己本人恐怕也是持悲觀的看法。

〔註49〕王拓：《金水嬸》，頁 84。

〔註50〕山田敬三：〈作家王拓當代臺灣文學管見〉，收入施叔編：《王拓集》（臺北：前衛出版社，1992 年 4 月），頁 260。

　　東年的鄉土小說善於呈現城鄉對立，敘述無可阻擋的現代化趨勢，對於舊日社會良好價值傳統的破壞殆盡以及對於人性所形成的危機，並且捕捉人性歷經社會現代化之後，所呈現的變形跟扭曲。不過他這一時期的海洋小說，鮮少碰觸這一類主題，〈沉船〉是唯一一篇這類的作品。

　　小說以布拉格（Borag）號油輪觸礁擱淺漏油的新聞事件為題材，以漁村老頭阿貴伯仔為主角，描寫漏油事件所造成的生態浩劫以及嚴重影響漁民生計。故事開頭以港灣裡一隻埋進油污、不能動彈的鴿子，透露漁村遭受污染的訊息。此時剛捕魚回來的阿貴伯仔只釣到一隻魚，他放眼所及的沙岸，不是蓄油坑就是漆黑的大油桶，而新漆風乾的漁舟卻如魚失水地停靠岸邊，蕭條悲涼：

> 一輛載油桶的機器三輪車在村裏的路上跑著。……那條水泥路很窄，褪色的磚房高矮四凸兩旁夾道，車輪揚起的塵埃瀰漫在空中化不開，那上面還有一層更濃的煙氣。一架抽水車的汽油引擎轟轟作響，村裏的人不是散在海岸撈油就是聚在那裡挑石頭，陪伴他們的是一輛怪手車在協和發電廠邊緣的工地挖泥。〔註51〕

透過小說阿貴伯仔與義仔伯的對話，抱怨漏油污染所造成的的嚴重性，連即將來臨的捕墨賊季節可能也會毫無所獲了。撞船的損失對航運公司而言有保險可資理賠，但是卻使漁民陷入生計困難的危機。作者運用墓碑的意象，精細地描繪遭原油污染的海面，點出布拉格油輪擱淺事件使漁民頓失生計而有苦難言：

> 布拉格號油輪在那裡，只剩駕駛臺浮出水面，像個黑色的墓碑。冬陰，天空灰沉曖昧。東北風正做，墨藍色的海面滾著漆黑的條紋，歪歪扭扭，往海灣推湧。那道橫截的長堤早就染成黑色，層層疊疊地明印每一個曾經翻越的浪頭。廟前的空地也是那般景色，森冷的油漬、褐色腳印和墨色的輪跡到處綴落。〔註52〕

東北風正吹的冬天本來是個豐收季節，許多迴游魚類紛紛在此時出現，岩岸也有許多豐富的季節性藻類，漁民與大海是相互依存的。而原油污染像是烏雲罩頂般的黑色夢魘，為漁民的生計蒙上揮之不去的陰影。從滾著漆黑條紋的墨藍海面到滿佈黑色腳印、輪跡的廟前空地，都是油污的痕跡。

〔註51〕東年：《落雨的小鎮》，頁187。
〔註52〕東年：《落雨的小鎮》，頁190。

這一篇乍看下來像是批評海洋污染的環保小說，但是把其視為「現代化入侵」的寓言小說也未嘗不可。撈也撈不盡的原油污染，可視為「現代化入侵」的象徵，而漁民的不斷撈油的抵抗只是徒勞無功，因為原油污染已經讓他們無法進行任何捕魚的相關活動，「相魚」、「鸚哥仔」等常見的魚類都「死翹翹」，漁民的生計已經嚴重出了問題。故事結尾用小孩嬉鬧唱起〈天黑黑〉的童謠是為結束，童謠中的老人用鋤頭挖路卻掘到一尾鱔鱺古，但小說中的老人在一片大海之中，卻只能撈到沒有任何用處的污油。

四、船員的岸上生活

航行在久的船終於有靠岸的一天，與 50 年代的海洋小說一樣，也有不少作品是敘述船員停泊後的岸上生活，除了呈現船員的陸上生活，也能反映一個漁港的當地風貌。例如在王拓小說中，故事主角的生活場景和基隆漁村八斗子是息息相關的，在〈吊人樹〉中可以看到八斗子一年一度的宗教盛事：

> 度天宮便冷嚴地峙立在山上，宮外絡繹不絕的善男信女，穿著花花綠綠的衣裙互相穿梭在人群裡。平時和太陽互相鬥豔地光裸著身體的討海人，也穿整齊，恭謹地在廟前朝天頂禮。……
>
> 獅隊在鑼鼓的節奏中緩緩地向山下行去。後面聚隨了一大群討海的人，有的手上拿著香炷，有的牽著小孩。男女老幼從四面八方越更攏聚了起來，八斗子這條唯一的碎石子路上，拖延著一條長龍般的人潮。鑼鼓與人生的喧嘩，淹埋了八斗子海灘上的浪聲。〔註53〕

農曆三月二十三日是媽祖誕辰，迎媽祖活動是漁村盛會，每年一度的媽祖繞境更讓八斗子全境轟動，即使是在漁船上也供奉媽祖，漁民看到魚群也要先上香再下網，虔誠的態度不言而喻。

同樣的場景在〈海葬〉也能看到：

> 日場的戲才剛剛結束，太陽仍然光艷地裸露著燦麗的光采高掛在西邊的雲際。山頂上的度天宮和廟裡那座已經褪了金的聖母媽祖的巨大坐像，已靜靜沐浴在太陽金黃的光輝裡，並以一種淡淡的又悲又喜的神情望著山下的戲棚和海上閃著金光的浪花。

〔註53〕 王拓：《金水嬸》，頁 27～29。

戲棚週圍的廣場，散布著許多賣冰水、巴拉、蓮霧等各色各樣的攤擔。

三五成群圍蹲在大樹下賭骰子的討海人，正在大聲吆喝著。〔註54〕

這一段除了描述村民邀請戲團酬神來慶祝媽祖誕辰，漁民也趁著不用出海捕魚的空擋，放鬆心情，而最常做的休閒娛樂活動，即是三五成群圍蹲在大樹下賭骰子。

除了聚賭，逛茶室也是漁民常見的休閒活動。海上航行幾乎是以男性為主的工作，在海上待久了，長期生活在男性的封閉空間，使得下船上岸後有如解放一般，急需尋找情慾的出口。尤其是臺灣遠洋漁船的一趟船期多以二至三年為單位，所以很多遠洋漁船靠岸的港口都聚集了特種行業。

在討論 50 年代的海軍文學中，由於角色多半為海軍軍官，因此他們上岸所去的「特種行業」，多半只是到舞廳跳舞，就是高級餐廳用餐，與舞女的互動關係也是點到為止，個個彬彬有禮。反觀 70 年代的海洋小說，船員一靠岸不是去酒氣沖天的酒吧買醉，就是去腥臭鹹濕的茶室洩慾，宛如脫韁的野馬，縱慾狂歡，盡情發洩精力，藉由酒精與女性肉體，宣洩心理與生理上的長期鬱悶。兩者的差別除了角色職業不同，與兩個世代的小說風格有絕大因素。

東年的〈酒吧〉、〈遊夜街〉、〈海鷗〉都提到了船員上岸尋找酒與色的情形，在這些小說可以看到東年對於船員泊岸生活的細微刻畫，是自身真實經歷的確實體驗。〈遊夜街〉中剛出監獄的達仔與好友孫俊跑船，當船在南非開普敦停岸，兩人前往酒吧放鬆，不料酒吧中有其他船員群體鬥毆，孫俊上前勸架就不小心被誤傷，他希望對方道歉，達仔不敵孫俊酒後的執拗，上前替他討回公道，不料卻被對方機輪長一掌打在鼻上，本已對周遭世事抱著冷漠態度的達仔於是拔起尖刀毫不猶豫的插進對方的胸脯。

孫俊勸架反被傷，達仔為朋友出氣，反而刺了對方，在東年的筆下，漁民大多是社會底層，相對知識份子，學識較低，加上長期生理需求的不滿足，容易產生暴躁、易怒的情緒，動不動就是動手訴諸於暴力。這些船員因為長久沒見到女性，好不容易上岸了，極易前往聲色場所去解放壓力，幾杯黃湯下肚，衝突就此發生。

值得一提〈酒吧〉這篇小說，不只是船員在岸上鬧事，東年還有意在作品中論及民族意識，小說寫到船員在南非開普敦港受到歧視，而引發鬥毆的

〔註54〕王拓：《金水嬸》，頁 71。

故事。臺灣遠洋漁船常在南非開普敦港短暫停留，因為從這就要由印度洋轉進大西洋漁場。然而南非並沒有走出被殖民的陰影，種族歧見仍深深烙印在人民的心中，當國人走出臺灣，航向世界，才發現中國人（臺灣人）所受的歧視如此之深。

南非自 1948 年至 1994 年間實行種族隔離制度，就對黑人、其他有色人種充滿歧視，〈酒吧〉文中出現的一紙公告：「本日起，晚上，中國船員不准在街上露臉」〔註55〕，這公告在「日落」生效，突顯出異國他鄉對於中國（臺灣）船員們的嚴重歧視，這想必過往許多船員記憶中難以抹滅的傷痕與恥辱。

弔詭的是歧視的不只是因為膚色，同樣有著東方臉孔，中國（臺灣）船員的地位是遠不如日本船員。〔註56〕原來 1966 年，南非當局通過了「種族分區法修正案」，給予日本人以「榮譽白人」的待遇，規定日本人在種族隔離場所不必與「有色人種」為伍，也可以享受與白人相同的待遇。之所以厚此薄彼，是因為日本船設備好，船員合群守紀律，因此旺季時漁獲收入豐沃，反觀臺灣船員漁船小、賺得錢也少，外加上喜愛打架喝酒鬧事，因此當日本人欺負中國（台灣）人，船員們也只能感嘆說：「日本人在這裏算白人，我們黑人，黑人殺白人還有什麼戲唱。」〔註57〕由此可見南非的種族政策不只是歧視膚色，還歧視貧窮，外國有色人種可因為國力強大，經濟發達，而成為「榮譽白人」，說穿了一切還是唯利是圖。

小說寫到船員漂泊海上承受著生死瞬間的精神壓力早已負荷極致，藉由短暫的泊岸生活宣洩心中鬱悶，是所有船員在航行中最為簡單的慾望渴求，然而相較於日本船員，不但在酒吧佔盡便宜，更不愁沒有女人投懷送抱，這在臺灣船員看在眼裡自然不是滋味。出自民族歧視的羞辱，引發船員更加自卑，結果酒吧尋樂不僅讓船員們身體的慾望無法獲得抒解，反而轉為增加成

〔註55〕東年：《落雨的小鎮》，頁 199。

〔註56〕南非的種族隔離法律分類以四種人為分類：白人、有色人種、印度人與黑人。其中只有白人享有自由遷徙的權利，其他三種人都要受到居住區域的隔離限制。在南非種族主義當局眼中，只有白種人是高級人種，只有白種人才可能建立起發達的經濟、社會和國家。但日本的崛起卻打破了他們的思維定勢，面對這個屬於「有色人種」，卻超越了眾多白種人國家的發達國家中的異類（20世紀 70 年代以前，日本是唯一一個非白人的發達國家），南非種族主義當局覺得難以定義，於是就創造出了一個詞「榮譽白人」（Honorary Whites）。華人一直到 1984 年起也成為「榮譽白人」。

〔註57〕同註 55，頁 210。

另一種精神上的壓力，進而引發口角肢體衝突，只有透過武力，才是抵抗不平待遇的唯一武器。

臺灣的國際處境困難，使得臺灣船員長期在海外受到歧視，東年可以說是第一位臺灣作家對此問題提出嚴厲批評。不過，東年的關注不只是漁民身上，這一篇小說於 1977 年發表在《中外文學》，在這之前，臺灣歷經幾個重大的外交挫折，如 1970 年發生釣魚臺事件、1971 年退出聯合國、1972 年美國尼克森總統訪問中國、同年 9 月中華民國與日本斷交等，引發知識份子對臺灣前途與社會大眾生活的關心。國際政治和國內社會結構的變化，使得社會開始了檢討和批判，筆者認為東年〈酒吧〉在此時發表，實有其時代背景。

他批評了過去以政治施暴的帝國主義看似遠去，但其實不然，如今反而以經濟殖民來替代。那些經濟強權的國家，總帶著優越感將貧弱的民族踩在腳下。東年的嚴厲批評其實與 70 年代黃春明、王禎和等反帝反西方的鄉土小說家，精神是一致的，他藉由海洋小說的創作反映出臺灣船員真實之處境，連帶敏銳點出在臺灣人的地位在國際間深受嚴重的民族歧視的侮辱，提出深刻的批判。

第四節　海洋小說的特色

70 年代的海洋小說可以說是 70 年代鄉土文學下延伸的文類，因此在文學風格特色，也具有「反映現實、關注底層人物」的特色，就是反映社會問題，反映經濟發展後，現代化所帶給底層民眾的痛苦，指出某些不合理的制度，企圖消除剝削，已趨向更美好的社會。同樣，這時期的海洋小說也是如此，我們可以從以下幾點來分析 70 年代海洋小說的寫作技巧以及風格。

一、反映現實、揭發漁業問題

王拓是 70 年代鄉土文學論戰中鄉土派的主將，鄉土文學論戰期間，他於《仙人掌》雜誌第 2 期發表〈是「現實主義」文學，不是「鄉土文學」〉中，曾明白指出「現實文學」以作家居住土地上的人事物為描寫對象與背景，挖掘他人所不知的現實陰暗面，因此在他的小說中也反映他的故鄉八斗子漁村、漁民的問題，尤其是和自己生長環境密切的漁民福利，常常是小說中關心的焦點。

在〈墳地鐘聲〉可以看到漁民的教育問題，不論是師資還是環境都有待改善。在〈炸〉一文中，反映了八斗子漁民只能看天吃飯，家庭生計不穩定，貧窮的困境逼使著漁民走上絕路，從事炸魚等危險、非法行業。在〈金水嬸〉中則是反映漁村正面臨工商業進步所帶來的社會變遷，肥皂、內褲等現代化物資進入偏僻的漁村，同時也帶來唯利是圖、斤斤計較的價值觀，傳統家庭秩序在這波現代化洪流中徹底崩解。而〈望君早歸〉則是敘述大海無情，漁民討海辛苦，工作常面臨風災的威脅。結果船公司不但草菅漁民生命，還剝削漁民福利。而漁會的立場偏私，政府單位的漠視……這些都是間接影響漁民討海意願，連帶使得臺灣漁業發展受限。

至於東年的海洋小說著重在人性的思考，乍看下來與社會現況無關，探究幽微人性才是他創作的主要目的，但是小說呈現對海上作業的細膩觀察與深切的關懷，並以其冷靜銳利的筆鋒加以剖析，字句之間也反映不少不為人知的漁業問題。〈沉船〉一文以 1977 年科威特油輪布拉格號在基隆外木山沉船漏油事件，具體描述污油帶來環境破壞，間接影響生計。至於〈酒吧〉則是深刻描繪中國（臺灣）漁民在南非開普敦港受到當地政府、日本漁民的歧視，船員們受辱後，對國人自己的不合群與紀律問題也做了反省，間接反映了 70 年代，華人在國際間惡劣的處境。

另外像〈海鷗〉、〈酒吧〉、〈遊夜街〉等小說，刻畫遠洋船員長期海上航行的工作，生活在比漁艙還小的起居空間，反映了現實捕魚環境的惡劣，逼使漁民在生活中互相磨擦、爭執，乃至於互鬥。而長期航行的枯燥無聊，孤獨無助，也連帶使得漁民上岸只能借由狂歡買醉，嫖妓洩欲成為情緒的出口。這類題材，說是探討人性問題，實際上也是反映當年的漁業一切以魚貨量多寡為考量，忽略考量船員的心理生活輔導。

而從象徵面來看，東年將海洋比喻為現實社會，在船上工作的漁民就是現代社會中的大眾，他們的競爭、殘殺，種種行為也象徵著現代人生活於工商社會的集體焦慮心態，一切以金錢追逐，自我利益為生命的準則，沒能在心靈上提昇到身為人該有的自覺。他的海洋小說捕捉到了臺灣社會轉變時的諸種怪現象，藉著遠洋漁業上的諸種亂象，顯現了他對社會的關懷。

臺灣在 60、70 年代的經濟快速發展，是因政府積極推展工商業。而由於過度重視工商業發展，政府忽略了漁民的權益，致使漁民的權益每況愈下，日益衰微。所幸有王拓、東年等人在當時透過小說為這艱困的環境記載一切，

讓大眾能認識臺灣漁業的困境。王拓後來更直接從政，企圖從政治力量來改善臺灣漁業問題。

二、描寫底層船員，刻畫細膩

　　70年代鄉土文學認為文學應該走出象牙塔，為大眾服務。同樣的70年代的海洋小說，描寫的正是在海洋飄蕩的底層大眾，例如王拓〈炸〉裡的陳水盛、〈海葬〉裡的賴水旺，是為了扛起家庭生計而航向大海工作的漁民。〈望君早歸〉裡的秋蘭，〈炸〉裡的春花，則是負責打理家事，還要隨時提心吊膽，擔心丈夫出海討海的漁民家眷。至於東年筆下的角色則多以遠洋船員為主，如〈酒吧〉中的胖子、阿臺，〈暴風雨〉的吳金和、宋坤，〈遊夜街〉的達仔、孫俊等，達仔還是一名出獄後的更生人。

　　王拓在〈擁抱健康的大地〉一文中，如此形容他的筆下人物：

> 　那個為了使兒子掙脫貧窮的悲劇生活，不得不去炸，而終於把自己炸死了的水盛叔；那個為了養活並教育六個孩子，而不得不整天挑了雜貨擔子在「八斗子」的大街小巷叫賣，結果卻被她的成家立業的孩子們所遺棄了的金水嬸；那個因丈夫遭遇海難，在年紀輕輕時就守了寡，並含辛茹苦地把子女們撫養成人的秋蘭……。
>
> 　我原是和他們同屬於一種類的人。於是我開始嘗試寫作，我開始試圖把那些我所看到的，認識的這些令我感動的健康人們的哀樂、的愛恨、的辛酸、的期望、的奮鬥、的掙扎，……透過小說來加以反映。〔註58〕

因為感同身受，作家不但把勞苦大眾做為描寫的對象，而且人物刻劃細膩。例如〈海葬〉裡的賴水旺，一方面認為兒子海生應該出去見見世面，因為那是他三十年前的願望，但是一方面又不願意放手，希望海生留下來繼承討海家業。在思索中他回憶起初戀情人阿桂勸他，想到當初因為聽了父親的話留下來，結果不但父親葬送海底，自己一生也葬送在討海事業上：

> 　全都是怪自己。賴水旺心想。如果自己當年堅定一點，說不定都已經賺了錢，現在也用不著過這種靠天吃飯，轉半年吃一年的生活。……要是能堅定一點，在那件事故發生之前走了，這一來恐

〔註58〕尉天驄編：《鄉土文學討論集》（臺北：遠景出版社，1978年4月），頁350～351。

怕就完全與現在兩個樣子了。阿爸也不至於就那樣翻船死在海
上。唉！講起來全是命啦。前世註定的。天公安排好的，誰能逃
得過。一切都是命，但是如果他當初一走了之，命運是否就此改
變？〔註59〕

水旺其實也不敢肯定，如果一走了之就能徹底翻身，那水旺眞的就會欣然放
手讓海生出外闖天下？王拓細膩刻劃水旺矛盾無助的心裡彷徨，即使到了小
說結尾，依舊無法在天秤的兩端選擇正確的一塗。事實上，即使是王拓本來
也無法做出正確的方向，他將水旺的心裡彷徨，一一呈現，堪稱是他筆下最
爲細膩的角色之一。

　　大陸學者古繼堂曾以漁民的代言人來行容王拓，並認爲塑造臺灣文學中
道德力量最強的人物，是王拓作品的最大特色。他以邱永富、金水嬸、秋蘭
等人爲例，「雖然被損害，但他們絕不害人。他們勤勞、樸實、忠厚，像構成
大地的一方方土塊，雖無耀眼光輝，卻有樸拙之美。」〔註60〕其實，王拓筆
下的底層人民有善有惡，例如〈望君早歸〉的林本源就是一個爲虎作倀的人，
小說一登場還與秋蘭有說有笑，當華豐一號失去聯絡後，就幫著船公司應付
漁民家眷，故意裝作委屈無可奈何的模樣，好似船公司已經盡力幫忙，卻是
什麼事也沒做，罔顧船難人命。而等到東窗事發，確定華豐一號已經發生船
難，就翻臉不認人，只肯用撫卹金便宜了事，甚至還私通漁會科長，想要暗
中解僱邱永富。種種行徑，難怪在協調會上，眾人指著他大罵「豬狗禽獸都
比你還像個人！」

　　王拓對底層人民的描述，在筆調上是處於同情和關愛，他筆下不是沒有
惡人，只是相對的好人居多，正向力量大。他塑造的邱永富、金水嬸等人，
道德感極強，寧可犧牲自己也要成全大眾，他們起而反抗，勢必贏得眾人肯
定，他們陷入圇圄，則讓人同情、感嘆，即使像賴水旺那樣陷入兩難局面，
也不會因此而對這人物有厭惡之感，反而更能體會角色的無助，對小人物的
處境更加同情。

　　東年對於人物的刻畫也相當成功，他也善於底層小人性細膩描寫，從〈暴
風雨〉、〈惡夜的船笛〉、〈最後的月亮〉中可以看到，他將人性和社會精確地
縮寫在航海生活中，朱雙一在討論東年時表示：

〔註59〕王拓：《金水嬸》，頁81。
〔註60〕古繼堂：《臺灣小說發展史》（臺北：文史哲出版社，1996年10月），頁553。

作者顯然有意將人物置於一個特定的場合。如面對惡劣的自然環境
或人際條件的生死關頭，使人物的內在性格和真實人性得到最充分
的表露與體現。〔註61〕

在〈最後的月亮〉中，因為機艙爆炸而跳海逃生的船員們，當飢餓難耐之時，
心底深處的生存慾望似乎正召喚著原始獸性的甦醒，廚子的貪婪，舵工的急
躁、電匠的狂亂，上演的是人性荒誕卻又真實之情景。而大副則是代替船長
建立起秩序，看似帶領眾人划向正確方向，卻又有耍官腔、強出頭的味道；
至於第一次出海就遇到船難的實習生，看似鎮靜、理智，內心卻難掩對死亡
的恐懼，可以說每個角色都有獨特的個性。東年逐一描述他們的個性，在面
對饑餓、不知身在何處的恐懼，如何從希望逐漸走向絕望，死亡的威脅不斷
折磨船員的心理，使他們逐一走向死亡。

　　相較於〈最後的月亮〉呈現的船難後的眾生相，小說〈賊〉則是一篇刻
劃個人心理變化相當細膩的小說。〈賊〉是描述一位三管輪小徐的鑽戒在遭竊
之後，使得船員對於船上時有竊賊偷取伙伴物品的傳聞感到憤怒之餘，所有
船員隨即展開搜查行動，勢將慣竊擒拿不可。沒想到出乎意外的是，最終落
網的竊賊竟是小徐的好友，資深船工林景揚，他在搜查行動中表現最為積極，
一副嫉惡如仇，卻是做賊喊抓賊。

　　如此荒謬難堪的結果，似乎已為林景揚判下死刑，但是他其實也不是個
十惡不赦，小說對他的心理的起伏，描寫十分細膩：

真丟人，我如果不那麼——唉，我自己偷的竟然想表演一個警察，
要不是這樣，我也可以說是開玩笑，我們兩個那麼好，我其實可以
說，說是要嚇他一嚇警惕，只是因為事情鬧得很突然，使我不知所
措而造成大錯，喔，這點道理呢，他們必然會相信我，我在船上一
向就是這樣瘋瘋癲癲——不會的，他們已經逮到我了，他們一定認
定我就是那個一年來始終幹東西的傢伙，真冤枉，呵，真冤枉，我
就這麼一次……

我是無意的，只是突然間想起那個戒指的時候，我腦海裡……。那
個厚重黃金鑲的粗粒鑽戒一定有什麼魔力，第一眼看到它我就在那
片光芒中覺得有點暈眩，我告訴自己說，如果拿了給我大女兒做嫁

〔註61〕　朱雙一：〈現代人的焦慮和生存競爭——東年論〉，《聯合文學》第 11 卷 3 期
　　　　　（1995 年 1 月），頁 142。

> 妝——這個念頭才動，我就想不行，我們是要好的朋友，我不能做
> 這種事，可是我又想小徐家那麼有錢……總之，這是突然產生的念
> 頭，不是蓄意的陰謀——〔註62〕

懊悔、慚愧、否認、推拖、找藉口，東年把犯罪後所能產生的各種心理現象，一一呈現。最後，百口莫辯的林景揚，在悔恨羞愧交加之餘，自以為是的跳海佯裝自殺，希望藉此獲得同伴諒解，結果弄假成真，賠上了生命：

> 左思右考，他決定跳海裝死。望了望手錶，他想，再一會兒有些船
> 員就會到後甲板，在夕陽中乘涼，等吃晚飯。他們將會看到他，把
> 他救起來；那時候，他就有機會喊大家都要相信或者同情的冤枉。
>
> 〔註63〕

他不是一意求死，而是希望透過「演出」得到旁人的同情，東年以戲虐筆調描述林景揚在海上的場景：「他就在航線上，彷彿是精確判斷後的等待，不過臉趴在水裡，早就僵死。」他的悲劇不僅讓其他船員感嘆不已，也諷刺著人性的虛偽和愚昧。

誠如朱雙一所說「找到了大海與人世的一個連結點。」〔註64〕東年借由海洋題材，反映了現代擁擠、緊張的都市社會，以及生活在社會裡的人性與事實，他細膩刻畫小說人物的心理情緒，挖掘人性的複雜面貌，讓人驚訝到原來原始人性是可以如此的黑暗與不堪。

綜觀東年筆下的角色，精神狂亂是一大特徵，有的是遭受打擊，有的是喝酒過多，他們的結局往往不是殺人，就是自殺，彷彿死亡才是最終的解脫。而一再安排的死亡結局，似乎是刻意安排，使其作品經常透露著一種陰暗、宿命的基調。王拓曾以「太沉重」〔註65〕來形容自己的小說，但筆者認為，東年的海洋小說善於揭露人性的醜陋，表達自身對文明社會的悲歎與無望，使人讀起來感到如墜入深海一般黑暗與深沉。

不過他筆下的人物也並非都是充滿著焦慮狂亂，殘暴不堪的個性，其中也有部分為了悍守尊嚴，而展現人性的光輝。〈賊〉中的林景揚他的跳海自殺，雖非出於良心發現，這都是為了一己的面子尊嚴，才出此下策，因為他無法

〔註62〕 東年：《去年冬天》，頁 113。
〔註63〕 東年：《去年冬天》，頁 114。
〔註64〕 朱雙一，《戰後臺灣新世代文學論》（臺北：揚智文化，2002 年 2 月），頁 293。
〔註65〕 王拓：《望君早歸》，頁 242。

繼續忍受其他船員的異樣眼光，仍冀望中能受到同情諒解。〈惡夜的船笛〉中，船員在面臨死亡的交界仍會互相關懷，漁村的人也發揮互助友愛的精神，這些情節的安排，使得〈惡夜的船笛〉在東年小說中，看起來較不黑暗、沉重。

小說呈現出救援的整個過程中，東年以精鍊的文字描繪出被救者、等待救援者以及搶救人員等不同的心路歷程與言行舉動，其所關注的同樣是人性的表現。船難發生之際，不同的人面臨生死存亡的相同挑戰卻有不同的反應，有人驚恐不安、倉皇失措，但是對於存活的極度渴望則是共同唯一所求。例如最早獲得援救的船員，在獲救之後卻有著複雜的心理糾結：

> 他留在旅社，因為害怕別人會在他背後談論：他是第一個爭搶上岸的人，而同時有一個伙伴摔死在海裏。他堅信在這件事上自己沒有半點過錯，因為當時他離纜繩最近——是他最近撿到海防人員扔上來的牽纜細繩，也是他一手送出那條纜繩而將它的這一頭在船上綁緊。他希望大家明白那個伙伴是壞在反應不敏捷或者體力不繼，而他絲毫不感到愧疚，只有憐憫。〔註66〕

從心慮害怕他人的閒語指責，到後來為自己尋找正當合理的解釋，甚至將同伴的不幸加以推託，這一段心路轉折突顯的不是獲救的喜悅之情，而是細膩地反映出即使幸運的從船難中存活下來，但是因為曾經目睹的死亡，是獲救者一生都揮之不去的陰影。

但是也有人不畏死亡，船長李海為了保住那一絲一毫的尊嚴，寧死也不願苟活。發生了船難後，李海就不忘要求船員不可洩漏聖誕舞會的事，內心害怕外界知道船難的發生，是來自於他的疏忽：

> 「你們走吧——」他喊著，用瘖啞的哭泣的聲音喊著：「你們回旅社去吧——」當他喊「你們」的時候，在不是一向對立的心境，而是清晰地意識著他自己是其中的一員，並且願意原諒他們在聖誕舞會中無意間造成的過錯。他激動得希望立刻爬上岸去，和他們擁抱在一起痛哭一場，然而，他只是用勁地揮揮手，大聲地喊：「你們走吧！」
> 〔註67〕

這一段描述中，我們看到一絲的人性光輝，在險惡的風雨中，人世間仍是有其良善的地方。東年絕非要以死亡來審判醜陋、虛無的人性，他仍期待人們在災

〔註66〕東年：《大火》，頁86。
〔註67〕東年：《大火》，頁81。

難期間給予同情與諒解。只不過相較於慈悲的宗教家，他更像一位哲學家，或是心理學者，他總是站在故事背後，冷冷地漫談道理人性，剖析人的精神狀態。

王拓與東年都善於刻畫底層大眾，對於人性百態的描繪也當細膩。總的來說，王拓關心筆下的小人物，對於資產階級則是嚴加批評，因此他小說中的人物，有明顯的善惡對立，底層人物多站在善的一方，具有刻苦耐勞、勤儉持家等普遍良善的光明個性，只是如此一來，個人特色較為不足。而東年筆下的人物則是個性多元，貪婪、殘暴、嗜殺、好強、恐懼、孤獨，各種性格都有，也不會因為階級的差異而有所偏頗。

三、偏重寫實風格

70 年代臺灣由於社會內部結構性的變化，刺激了社會意識的覺醒，知識份子擁抱人民、參與社會，造成一股回歸現實、回歸土地的熱流，這種重視社會現實、以反映苦難人民生活為使命的文學傳統精神，觸動了寫實主義文學的復甦。70 年代鄉土文學強調了文學參與的態度，提出文學反映社會、反映現實、反映人生的主張，建立以人道主義為基礎的反省文學。其寫實的創作傾向有別於 60 年代現代主義的與社會、土地斷裂。

檢視 70 年代的海洋小說也是如此，為了反映漁民窮困與謀生的辛酸血淚，因此這時期的作品寫實傾向強烈。王拓的漁村小說以漁民為小說主角，深入刻畫漁民的生活狀況，他們的辛苦打拚，面對困境的無奈與彷徨，甚至起而反抗，都是以寫實手法呈現，誠如他的文學主張：

> 文學必須紮根於廣大的社會現實與人民的生活當中，正確的反映社會內部的矛盾和民眾心中的悲喜，才能成為時代與社會真摯的代言人，而為廣大民眾所愛好和擁戴。而這種具有明顯、強烈的現實主義精神的文學，因為具有較真誠的道德勇氣、較強烈的愛心和熾烈的感情，所以也往往更具有感動人心的說服力。〔註68〕

至於東年的小說，則是比較關心人長期處於一個孤絕空間和貧困生活的惡劣環境當中，所產生的人性扭曲問題，雖然小說內容充滿哲理，但是其手法還是偏向寫實，真實映照出船員的生活樣貌，在面對困境中的內心掙扎與恐懼的各種微妙心態，借此襯托整個大環境的變動。

〔註68〕王拓：〈廿世紀臺灣文學發展的動向〉，收入《街巷鼓聲》，頁 90。

　　但如果仔細比較，可以發現這時期的海洋小說，手法不但只是寫實，還有自然主義的寫作手法。自然主義文學是西方現實主義文學發展到極致蛻變的產物，深受生物學、遺傳學等科學理論影響文學創作的結果。自然主義作家主根本否定文學應當服從於一定的政治的和道德的目的，認爲文學應當保持絕對的中立和客觀。自然主義作家拒絕做一政治家或哲學家，而要做一個「科學家」，甚至要像法國小說家福樓拜（1821～1880）那樣，對所描寫的人和事採取無動於衷的態度，作者完全消失在敘述後面，是一個冷漠的解剖學者。

　　王拓雖以現實主義文學爲自居，但其實他早期的小說類似自然主義手法般地將漁民與漁村的困境如實呈現於讀者面前，但不直接批判或解決，因此作品缺乏明確的結局。〈墳地鐘聲〉一文，雖然借由討海人阿火仔、校工老潘口中，透露漁村教育環境惡劣，教育人員品行不良，但小說到此點到爲止，並未證實阿火仔的話是眞是假，也未深入批判；最後借由亡童阿順仔的招魂儀式，爲小說劃下句點，慘遭地震所掩埋的阿順仔，是撞邪枉死？還是人爲疏失？沒人知道，只聽得到阿順仔的母親在風中凄厲的呼喊：「阿──順──仔」、「亡──魂──回──來──哦」。〔註69〕

　　一直到了〈金水嬸〉甚至是之後的〈望君早歸〉，王拓的小說才有明顯的變化，對於現代化的不公不義開始有明顯的批判，小說在情節架構上朝「正向」發展。這樣的風格比較傾向他所說的現實主義文學，加入他的關懷與同情。小說〈望君早歸〉就是一例，小說至此不只有文學功用還有社會教化功能。

　　而東年的小說更有自然主義的味道，宋澤來曾說：

> 東年後期的自然主義超出了這一點，他的自然主義不落窠臼，他直
> 述人間社會的最後一幕，絕不是控訴社會不公，而是描述、考察社
> 會最後一幕人類的反應。如果說左拉的自然主義是十足的「常態社
> 會學」，那麼東年的自然主義則是「殊態社會學」。〔註70〕

東年的作品反映現實，卻鮮少批判現實，它只是以冷筆書寫現況，冷冷地看透人世的世態炎涼。在〈最後的月亮〉，更上演物競天擇的自然法則，舵工、電匠因爲個性暴躁、發瘋，成爲飄舟上的第一批受難者。第二批受難者則是由貪婪的廚子與老劉帶頭，在喪失理智下一一跳海身亡，最後整艘船只剩下

〔註69〕王拓：《金水嬸》，頁69。
〔註70〕宋澤萊：〈將「自然主義」和「虛無主義」推向頂峰的文學高手──論東年小說的深度〉，《臺灣新文學》第10期（1998年6月），頁239。

大副與實習生，是唯一保留理性，又有著航海知識的船員。死亡的順序取決於能力的強弱，這之間沒有公理正義，更無關於道德倫理，但即使如此，大副與實習生最終還是在無盡的漂流中，被死亡吞沒。

四、對白中大量使用方言

　　70 年代的海洋小說，角色多以漁民、漁民家屬為主，可說是多以本省籍居多，尤其是閩南人為主，他們多為生活在底層，在早期受教育的機會不多，即使有也多半以閩南話為溝通方式，因此小說中的對白多配合以漁民的口吻書寫，有著大量的閩南語對話及地方俗語。其中還包含漁民慣用的「三字經」口頭禪，這些「國罵」看來也許粗俗鄙陋，但也是漁民生活的真實寫照。

　　另外，由於東年的小說中，角色多為遠洋船員，這些船員未必懂得英文，但在國外也多少學會說一點「洋涇濱」英文，以展現自己的層次。在〈酒吧〉一文中，胖子問同伴「可裸好室？什麼可，可，可裸好室」〔註 71〕這「可裸好室」即是「girl house」，女子公寓的意思，另外像是「紐斯」代表「news」，「維里奈斯」代表「very nice」，東年借由中文字音拼出英語的表現方式，呈現船員想裝洋腔卻說不道地的生態。另一方面，外國人口中的「巧泥士」則代表了「chiness」，外國人不是不會說「chiness」但為何要用「巧泥士」代替？很顯然這是外國人歧視中國人的戲稱用語，就像用「Negroes」歧視黑人一般，這用語也凸顯了南非白人殖民主義的優越心態，讀者在閱讀中更能感受得到臺灣船員在國外無法受到重視的悲哀。

　　不論是臺語，還是外國語彙，這些對話的表現方式，是 70 年代作家為了貼近船員真實樣貌的表現方式，有助於刻劃人物形象，增添小說的生動性，也帶來閱讀的趣味。透過現實語言的模仿，不但能呈現漁民真實的生活樣貌，也如同其他鄉土文學一般，才能真正為臺灣底層社會代言發聲。

五、善用海洋譬喻與象徵

　　70 年代的鄉土文學雖然是以「反西化、回歸鄉土、關懷社會底層民眾」做為文學運動之訴求，與奉西方文學為圭臬、著重個人主義色彩的現代派文學，總被論者歸為彼此對立的兩端，然而根據邱貴芬的研究，被視為對立的

〔註71〕東年：《落雨的小鎮》，頁 198。

兩種創作路線，其實彼此之間並不該被決然的二分。在邱貴芬的觀察中，鄉土文學的發展，若未有前期現代派對於美學技巧的實驗，以及持續對於翻譯「西方」的興趣做為滋養，而臺灣文學則將失去想像的空間與活力。〔註72〕

　　換言之這時期的海洋小說，不但保留了鄉土文學為人生而藝術，反映時代社會的現實、人道主義的關懷等基本特徵，同時融合了西方現代文學的嶄新文學技巧為一爐，更附於多變化的色彩、音樂的節奏，樹立了從深層心理來探討人類行為複雜而多層面的各種面貌。

　　鄉土文學吸收現代小說的各種表現技巧，如：象徵、暗示、意識流等，在海洋小說中也看得到相同的特色。有些作品，從題目就看得到作者的用心，王拓的〈海葬〉不是只有字面上的意思，也是抽象的象徵，是指傳統漁民在漁村裡毫無其他發展，除了捕魚之外，註定陷入永世討海的宿命，有如葬在海裡。〈炸〉一文用「炸」而不是用「炸魚」為題，是因為漁民水盛不但從事非法炸魚，也在他的人生、家庭投下了致命的炸藥。

　　至於東年的小說〈暴風雨〉，題目就是雙關語，除了實指天氣上的暴風雨，更有借喻船員間不和有如遇到暴風雨一般，將會損及船隻的秩序與安全。〈海鷗〉則打破外界對海鷗自由自在、悠遊飛翔的想像，實則彼此傷害、相互搶食的習性，比喻來人性真正的內涵。

　　除了題目之外，小說內文也常用海洋的意象，除了營造小說氣氛，也在譬喻人世，在〈海葬〉把船比喻成沒有頂蓋的棺材板，暗指討海人乘船在海上有很大的風險存在：

> 冬天一來，船就像一挺挺沒有頂蓋的棺材板，排列在沙灘上，任太陽白悽白悽的曬，任魚網在海灘支架上裸曝著新染過的棕紅，像一片黑鬱的血塊，而夏天一來，也是要靠天吃飯，依恃媽祖庇佑，也不一定能吃得飽穿暖。一代一代都是如此，就像這個三月二十三，媽祖的節日，老是這樣的鑼鼓，痛愴痛愴痛愴。唱戲的人總是這樣換來換去，但總也換不出一點新的節目來。討海人的一生便是這樣：在海上出生、長大、老去、死去。像那些描在船身上的蟲魚飾畫，打死了也都在那裡，任海水浸漬、脫落、消失。〔註73〕

〔註72〕邱貴芬：〈翻譯驅動力下的臺灣文學生產──1960～1980現代派與鄉土文學的辯證〉，收入於陳建忠等著
〔註73〕王拓：《金水嬸》，頁83。

討海人不只是生活充滿風險，而且還是無止盡的輪迴，王拓描寫船的意象和用裝飾在船身的蟲魚飾畫的變化來比喻討海人的一生就是如此，怎麼變都是那樣，道盡討海人終身討海的宿命。

在〈金水嬸〉一文曾經數次描寫八斗子漁村冬天冷颼颼的強風豪雨景象，強風還挾帶著漁港特有的的腥鹹味，傳送到漁村的每一個角落，除了是寫景也是在營造氣氛，為小說接下來的情節佈局，第一次寫到冬天剛來時：

> 一入了冬，八斗子的天氣就變得昏黑陰慘了起來，喊浪「嘩──啊──」「嘩──啊──」地嘯叫，掀起小山般的浪頭，混混濁濁的。
>
> 溼冷的腥溼在強勁海風的吹襲下，毫不留情地鑽進每一個空隙裏，瀰漫了整個大地。雨接連地下個不停，日裏、夜裏都是溼漉漉黏溚溚的，人像是活在一團潮溼腐敗的破布堆裏，寒冷、陰溼、愁慘。
>
> 〔註74〕

這一段描述可看到王拓對故鄉八斗子，天氣說變就變的慘況感受很深，小說從這直轉而下，不但變天了，金水嬸也生病了，更糟的是一連串投資失利，欠債、欠會錢的問題都在此時爆發。這樣的情景在小說中一共出現兩次，至於第二次出現時，剛好是一大早，金水嬸前往基隆市向兒子求救償還債務，可想而知，不但碰了一鼻子的灰，傳統社會所認定的孝道、倫理價值，都在這次進城之後蕩然無存。

東年的小說風格沉鬱、內斂，由於他曾以發報員的身份登上遠洋漁船，約有兩年的航海經驗，使得他的作品更具有海洋的意象。他在遠洋漁船上書寫，將海中領悟人性的殘酷、暴虐，大海的多變與虛無，將此意象幻化為文字。海洋的多變、虛無使人感到渺小、孤獨，在那樣狀況下，恐懼是成為船上唯一的氣氛時。他常用海上的風暴像徵人世的動盪，例如〈暴風雨〉的暴風雨，另外他也用海上的魚群爭食、海鷗相殘來比喻人與人之間的權利傾軋，例如〈海鷗〉中的海鷗，〈最後的月亮〉中的鯊魚，顯然東年的海洋經驗成為他創作海洋小說的寶庫。

同樣是小說，相較於 50 年代的海軍文學，海戰小說，70 年代的海洋小說吸收了現代小說的各種技巧，充分吸取了現實生活中的現代語彙，對於傳統語彙賦予新的生機，給人嶄新的語感，可以說在表現的技巧上成長許多。而作品輸入現實意識，關心底層人物，與反映社會現實，使作品和人物都具有

〔註74〕 王拓：《金水嬸》，頁 206。

新時代的特色和氣質。在作家刻意的營造下，70 年代的海洋都帶有危險、虛無、陰暗等負面形象，即使作品背景鮮少直接帶到海上生活的王拓，他筆下的漁村、海岸也充滿著荒涼、殘破，透過特殊的海洋的樣貌，營造小說悲慘、沉重氣氛。

第五節　小結

　　臺灣早在明鄭之前，就有漢人前來臺灣捕魚的紀錄，但一直到 70 年代鄉土文學興起時，才有以漁民、漁業爲對象的小說。如同鄉土文學運動的主要訴求：「回歸鄉土、關懷底層民眾」，這時期的小說不只是以漁民爲主角，他們更著重於對漁業問題的批判與探討。

　　長久以來漁民職業未受到完善的保障，讓一般民眾對於漁夫這個行業沒有信心，也讓討海人對自己的職業是缺乏安定感。尤其是到了 60、70 年代，臺灣經濟的快速發展，政府積極推展工商業，而由於過度重視工商業發展，政府忽略了漁民的權益，致使漁民的權益每況愈下，日益衰微。許多漁民在無計可施下，只好放棄原有職業，另謀他職，甚至離開漁港前往大都市發展，近年來只能聘請外籍漁工來彌補漁民人口不足的問題。

　　同樣是走過 70 年代的王拓和東年，他們在當時就發現臺灣漁業問題，他們的書寫都反映了底層漁民的眞實生活，以及對現代社會的變遷提出憂慮。王拓本身不但是鄉土文學論戰中主要戰將，他的小說更常反映當時社會、人民的心聲，尤其是和自己生長環境密切的漁民福利問題，常常是小說中關心的焦點。他見證臺灣漁村歷經社會變遷後的改變——隨著工商業的進步，臺灣的經濟架構也跟著轉變，原本人們以捕魚維生，漸漸轉移工作型態，慢慢從鄉村走向都市，從前淳樸的民情，慢慢加入了變味的調味料。城鄉差距開始拉大，倫理觀開始走樣，拜金主義不斷瀰漫各個角落，資產階級不斷剝削著勞動階級，露出貪婪、自私的醜陋面。

　　東年的遠洋漁業小說，牽引出中國（臺灣）漁工在國際中陷入歧視的窘境，進而思考關於中國（臺灣）國際地位的問題，讓讀者確實意識到中國（臺灣）存在的議題。而他藉由海上航行與船員的生活問題，反映遠洋漁業以利益爲先，忽略了船員的身、心安頓，也藉此比喻臺灣社會邁入現代化，現代人生活的焦慮與虛無。

　　綜觀而論，由於王拓、東年的小說，為了呼籲更多人重視漁民的權益，因此徹底揭露了漁業的問題，也勇於為不合理的事情發聲，使得他們的小說有別於 50 年代的海軍小說中著重愛國、懷鄉的溫情主張。

　　另外，在海洋文學發展的脈絡中，50 年代的海軍文學，是以中國為書寫主體，文學的創作則以「反共」與「懷鄉」為主流價值，因而在大中國文化為主流思想的架構影響下，缺乏臺灣海洋的在地書寫。相對於前期創作中，70 年代由於臺灣文學場域的思潮轉變，在鄉土文學的引領下，王拓與東年的書寫內涵也隨之逐漸改變，進而思考文學與土地的連結。因此不論是王拓的八斗子，還是東年的外木山、和平島，乃至於南印度洋上的書寫，都幫助讀者在尋回臺灣海洋的歷史記憶，在海洋文學脈絡中，彌補了 50、60 年代的空白。可以說他們的海洋小說清楚呈現鄉土情懷，逐漸跳脫前輩作家「去國之思」的情感與侷限，書寫的海洋不再是連結對岸中國大陸，而是將視野轉回對於臺灣這塊土地的注視。

　　而在手法上，王拓和東年對於人物刻畫相當的細膩，並且大量使用鄉土語言放入人物的對白中。此外，也吸收現代小說的各種表現技巧，如：象徵、暗示、意識流等，可以說他們在表現的技巧上，皆可看見在現代文學與鄉土文學之間擷取的文學養分，使作品和人物都具有新時代的特色和氣質。

　　雖然，他們不是有意識以海洋為創作主題，為小人物發聲，批判臺灣漁業問題，探究幽微人性才是他們創作的主要目的，海洋只是書寫中的環境襯托，因此，過去研究者也較少從海洋文學的觀點去探討他們的作品，換言之，王拓和東年的海洋小說，可謂是海洋文學發展脈絡中的過渡階段。儘管如此，王拓與東年的海洋小說，確實為蓬勃發展的鄉土文學，提供另一面向的視野。更重要的是他們的海洋小說，以及當時蓬勃發展的鄉土文學，都對於臺灣海洋文學的發展有著重要的影響。

　　王拓在鄉土文學論戰中一戰成名，而鄉土文學論戰也因王拓與楊青矗等人入監服刑而宣告結束。臺灣文學自 70 年代跨入 80 年代，文學風格開始轉變，自此臺灣文學吹起「本土化」號角，開始認同本地即為文化母土，臺灣海洋小說也在這股洪流中掀起風浪。由於作家更關心腳下的土地，因此從 70 年代中期開始有報導文學的出現，之後更結合了環境議題與自然觀察，在 80 年代演化而成的自然寫作，於是就出現以海洋為觀察對象的自然書寫，主要是著重在海洋環境意識和生態保育的提倡。另外，由於政治的解嚴，作家不

但關心社會議題，更將觸角延伸到政治上，其中也有不少以海洋為背景的政治小說。臺灣海洋小說至此趨向多元，我們將在 80 年代的臺灣海洋書寫邊敘邊議。

第六章　70 年代的海洋詩

　　從 1966 年元月《海洋生活》與《中國海軍》合併而停刊後，臺灣海洋文學一直沒有特定的發表園地，學理論述更是呈現真空狀態，一直到 1975 年朱學恕發起《大海洋》才又見一線曙光。

　　1975 年 10 月 10 日，海軍詩人朱學恕於高雄所成立的「大海洋詩社」，高舉海洋旗幟，以海洋精神為創社宗旨和目標，至今仍秉持此一理念持續經營。早在當年 7 月，朱學恕感悟到「不希望許多有才華的海洋詩人和許多熱情洋溢的愛海者，在單一生活或一致的旋律下，流失掉自己」因此在「開拓海洋文學使命的責任感」下，〔註1〕找來幾位高雄地方文友以及海軍詩人，在左營四海一家圖書館聚會，會中由朱學恕提出結社、創刊的想法，並通過文友皓浩建議的「大海洋詩刊」名稱，很快地就在 10 月 31 日出刊第一期《大海洋》，並在發刊詞上聲明《大海洋》詩刊是「提倡大海洋文學的純文藝詩刊」。〔註2〕

第一節　高舉海洋旗幟的大海洋詩社

一、《大海洋》詩刊簡介

　　《大海洋》詩刊是自從《海洋生活》,《中國海軍》之後，有自覺性以「海洋文學」為推廣理念的文藝雜誌，是國內唯一以海洋文學為主要創作內容的

〔註1〕1973 年朱學恕從艦長調任海軍陸戰學校教官主任，生活重心也因此從海上轉往陸地。是時，朱沉冬邀集朱學恕等高雄文友創辦山水詩社並辦理《山水詩刊》。兩年後朱學恕由於有感於創世紀詩刊北遷後，左營缺乏一個詩作者的園地，而在山水詩社又有內部的理念扞格，遂興起另創詩社的念頭。

〔註2〕朱學恕：〈開拓海洋文學的新境界〉,《大海洋》第 1 期（1975 年 10 月），頁 1。

詩刊。它初爲季刊，1984 年 6 月第 18 期開始，雜誌就沒有注明一年四期的字樣，直到 1989 年 2 月第 31 期改爲半年刊，並且改名爲《大海洋詩雜誌》。〔註3〕期間由發刊期數可以推測詩社在營運上及發刊的困難，事實上《大海洋》詩刊僅是大海洋詩社的同仁雜誌，對外發行量一直不大，〔註4〕加上初期大海洋詩社社員大多來自海軍，常隨著工作異動而轉換單位，因此社員極不穩定，使得詩刊在運作上相當不易，朱學恕還在〈大海洋詩社創刊經過〉一文中曾感嘆：

> 現在很多詩人，很希望以速食麵的方式成名，也常以同仁爲主的
> 身份堅持主見太深，再加上住地移動頻繁，詩刊銷路幾近於零，
> 輸出和輸入太不成比例，各界的精神鼓勵又少；因此，許多參加
> 的本刊同仁，便以兩種方式自動退出，一種是拒絕往來戶的方式，
> 既不連絡，亦不回信，如江水東流一回。另一種是來信表示退出
> 或拒收連絡方式表示退出；這在創立本刊人的心情來說，是極爲
> 悲苦的。〔註5〕

所幸創刊迄今已達三十九年，其所累積的海洋詩作豐富，在質量上「堪稱爲臺灣海洋詩壇旗艦。」〔註6〕

其所刊登「不限於海洋文學」，而且不刊登廣告，也不打筆戰，是一份純文藝刊物。在 1979 年 10 月，推出「悼念海洋詩人覃子豪」特輯，紀念覃子豪逝世十六週年。從第 1980 年 12 月開始，舒蘭持續撰文〈中國海洋詩話〉，有系列介紹中國詩史與詩人。另外，1986 年 7 月出刊的「大港都組曲」特輯，則以高雄爲主題所進行詩朗誦的活動，詩作內容呈現出高雄的地理美景，和詩人對高雄港所感所思。

〔註3〕該刊 1975 年 10 月創刊時，刊名是題爲「大海洋詩刊」；到 1988 年 9 月第 31 期時，封面則是題爲「大海洋詩雜誌」，在出版資料中創刊日期仍延續《大海洋詩刊》創刊日期，但出版單位又更名爲「大海洋文藝雜誌社」。而在 1991 年第 38 期，朱學恕在〈大海洋詩刊，再出發！〉一文裡，則「大海洋詩刊」以及「大海洋文藝詩刊」、「大海洋文藝詩雜誌」等名稱互用，可能在其詩社內部也沒有嚴格的統一名稱。本研究引用時則統一稱《大海洋》，免增困擾。
〔註4〕事實上，該刊在其早期稿約上也是自稱「同仁詩刊，恕無稿酬」，顯見售出的量十分有限，多半仍以同仁間的訂閱爲主。
〔註5〕朱學恕：《開拓海洋新境界》（高雄：大海洋文藝雜誌社，1987 年 10 月），頁 142。
〔註6〕這裡借用葉連鵬〈臺灣海洋詩壇旗艦——《大海洋詩雜誌》探析〉一文的標題。葉連鵬：〈臺灣海洋詩壇旗艦——《大海洋詩雜誌》探析〉，《大海洋》第 72 期（2005 年 12 月），頁 22。

80 年代末期，兩岸開放，90 年代開始，朱學恕即藉由學界身份之便，走訪中國，因此從 1989 年 11 月，第 33 期開始，《大海洋》即每期刊登大陸詩人詩作。之後不定期的依國別或詩的性質將刊物目次分為〈同仁詩頁〉、〈臺灣詩頁〉、〈大陸詩頁〉……等專欄，同時介紹韓、港、泰、中等國詩選，也曾刊登幾位詩壇中頗具知名的詩人之詩作。除了特定專欄，詩刊也會定期介紹其它詩刊的消息，並以〈潮訊〉的版面回顧近期詩社及同仁的消息是為交流園地。

大海洋詩社於 80 年代還選編了第一本海洋文學選：《中國海洋詩選》。早在《大海洋》詩刊第 5 期就曾刊載〈本刊編印中國海洋詩選〉的廣告：

> 縱貫五千年，橫集全中華之海洋詩粹，用以開拓海洋文學新境界，發揮傳統文化功能。內容包括有關海洋，古典詩，白話詩，以及現代詩三輯。〔註7〕

但迄至 1977 年底仍未見出版，僅再於第 8 期（1977 年 12 月）的〈大海洋潮訊〉刊登：「本刊籌編《中國海洋詩選》，仍繼續收稿，預計明年刊版，歡迎詩友惠賜重要海洋作品。」顯然編輯進度不如預期，最後於 1985 年出版《中國海洋詩選》。

二、《大海洋》詩刊成員與選詩

根據葉連鵬的調查：「（大海洋）詩社的組成分子當中，雖然來自各行各業，但以曾在海軍服役的佔較大比例。」〔註8〕是其社員組成的特色之一。而且根據楊政源的整理，參與期數最頻繁的 25 人中，有朱學恕、李優虎、林仙龍、汪啓疆、謝仲豪、林振華、藍善仁與吳汝誠等人與海軍有直接關係，約佔三分之一強的比例。〔註9〕顯然在 70 年代戒嚴時期，能近海親海的職業不多，以海軍水兵與漁民為大宗，但後者在書寫能力上稍嫌不足，所以當時海洋文學仍以海軍為主幹。

除了職業因素，從文學社團與人脈特性分析，不難發現大海洋詩社也必然是以海軍成員為主力：它成立於左營，具有濃厚的地方社團特性；詩社活

〔註 7〕大海洋詩社：〈本刊編印中國海洋詩選〉，《大海洋》第 5 期（1976 年 12 月），頁 44。

〔註 8〕葉連鵬：〈臺灣海洋詩壇旗艦——《大海洋詩雜誌》探析〉，頁 25。

〔註 9〕楊政源：《海洋文學在臺灣文學場域的興起——以夏曼‧藍波安與廖鴻基為觀察核心》（嘉義：中正大學中國文學研究所博士論文，2012 年），頁 279。

動以創辦人朱學恕爲核心，詩社同仁也就泰半經由朱學恕介紹引入。而由於詩社同仁多爲出身於軍校、軍旅，讓人不免將其與 50 年代的《海洋生活》、《中國海軍》兩份刊物進行聯想。事實上，1975 年所創立的大海洋詩社，因爲成員多半來自的海軍，而且經常獲得海軍文藝獎，國軍文藝獎等獎項，因此他們的詩作多少具有懷鄉、戰鬥的風格，這與 50 年代的海軍文學，在風格上是相當類似，甚至有論者認爲部分詩人們多數爲海軍將官，在他們詩作中的海洋意識及所欲建立的海洋文化，是以中國海洋文化爲宗旨，其雖立足臺灣，但所悟卻都是海洋與故鄉──中國。〔註 10〕

這樣說法不是無的放矢，詩人在創作時，特別是外省籍貫作家，仍以中國爲思念主體，因此在創作上仍帶有去國還鄉的味道，但如果檢視《大海洋》詩刊前十年的詩作，可以發現裡頭雖有不少戰鬥詩、懷鄉詩，但也並非全然都是，裡頭的海洋詩，題材可說是五花八門，有詠物、抒情、紀事、詠史、記遊與寫景，其中又多爲抽象性、概念化的海洋謳歌及情歌最多。另外，裡頭也有不少詩作是將視野放在臺灣土地上，如第 4 期（1976 年 8 月）有陳秉鑄的〈哀歌伯勞〉，第 5 期（1976 年 12 月）張默的〈再會左營〉，第 6 期（1977 年 3 月）有張家麟〈我去永安〉，第 7 期（1977 年 6 月）有汪啓疆的〈夜過沙鹿〉……等。

儘管這些詩大都屬於遊記性質，但其詩作還是書寫到其在臺生活的所見所聞，以詩爲臺灣海洋經驗留下見證，例如張家麟〈我去永安〉：

燃清香之後
就靜戀媽祖的希望
而今夜
妳在我掌中
我在妳掌中
念一些渡
一些航
一些盼
且在永安
握成永恆〔註 11〕

〔註 10〕 王韶君：《臺灣海洋文學的發展與文化建構（1975～2004）》（臺北：臺北教育大學臺灣文學研究所碩士論文，2006 年），頁 82。

〔註 11〕 張家麟：〈我去永安〉，《大海洋》第 6 期（1977 年 3 月），頁 31。

張家麟是祖籍河北的海軍官官校學生，他在這首情詩中，藉由島國海神媽祖的意象來庇佑自己的愛情，並以「永安」這地名來呼籲、希望自己的感情能夠永恆下去。

　　反觀土生土長的本省籍作家，像吳汝誠、林仙龍等人，他們未有在中國生活的經驗，但是由於詩人深受中國文學及文化的影響，其詩作雖然所描寫是腳下的海洋，仍會有引用許多中國歷史、典故，例如吳汝誠的〈萬壽山〉：

　　旗津外海有巨輪在吱吱解體，

　　中船的煙囪裡有飛騰的生機。

　　因為你是燒夷得透徹而又冷卻了的金剛。

　　西顧大地的蒼茫，

　　你更莊然沉靜，

　　甚或是白山黑水的雪雹冰峰刮向你，

　　還有杏花江南的香粉吹向你，

　　也勾不起你絲毫的情緒，

　　你已參悟了千年禪機。〔註12〕

詩作描述高雄港旁，穩重不動的萬壽山，同時也是象徵軍人莊敬自強，不受外境誘惑的心情寫照。寫的是高雄萬壽山，但卻用「白山黑水」、「杏花江南」等意象突顯山的莊嚴沉靜，從現代眼光來看雖是突兀，卻是那時代的文學產物。

　　另外，有些詩作雖不是以海洋為題材，但內容卻也有以臺灣歷史、或者當時實事有關。例如在第 2 期（1976 年 3 月）有古愚的〈霧社事件〉，就是以賽德克族的莫那魯道抗日事件為題所作的詠古詩；而第 11 期（1979 年 5 月）林振華的〈卡特請聽〉，菩提〈唔！卡特〉，則是抗議 1979 年 1 月美國正式與中華人民共和國建交，並與中華民國政府斷絕外交關係。這些以時事或者臺灣、中國歷史為主題的詩作，鮮少與海洋有關，不過本來《大海洋》詩刊徵稿就不限定以海洋為主，而這些詩不論是歌詠抗日英雄，還是批判美國政府，在內容上都屬於愛國詩，也相當符合大多數來自軍方的詩社成員的喜好。

　　值得一提，也不是所有詩都是歌詠國家偉大、讚頌軍人情操，其中也不少透露軍人的悲哀，第 10 期（1978 年 10 月）張家麟〈泡沫〉是敘述海軍蛙人不幸罹難的哀悼詩：

〔註12〕吳汝誠：〈萬壽山〉，《大海洋》第 13 期（1980 年 3 月），頁 59。

　　他死在淡水河五號水門邊

　　被炸彈給羽化了

　　許多人都流淚

　　他那條艇上的夥伴

　　用淚泡成米酒　洗那條河！

　　也會在七月　給他放燈

　　幼小的兒子吹起泡沫時

　　天空會佈滿他的笑聲〔註13〕

這是紀念一位海軍蛙人不幸在 1976 年的國慶日這天在淡水河罹難，詩人說他是被失靈的炸彈給炸死，不知是不是因為準備國慶煙火的緣故？但顯然是因為國慶日而犧牲。在那年代，同樣也具有軍人身份的詩人，寫這首詩的目的應該不是為了批評國慶日，但語句中卻是充滿著同為軍中同袍的感傷。

　　而第 24 期（1986 年 4 月）林仙龍的〈老漁人來到海邊〉也是一首風格很不一樣的詩：

　　自從海灘回來；老漁人的小舟

　　廢棄在荒灘上

　　一團一團的夢魘無聲的啃噬著

　　沒有瞭解

　　沒有人哀憐；只有老漁人悔恨的

　　心；偶然回來探晤

　　終於在顫慄中

　　共同掩沒在深深的傷痕裏

　　自從海灘回來，老漁人的兒子

　　來到海上；終於在一場風暴中

　　永遠被人遺忘在海底

　　自從海灘回來

　　老漁人一雙風乾的眼睛

　　在風中在浪中無言無語〔註14〕

　　林仙龍在《大海洋》也是常見的詩人，他的文學資歷起步甚早，在 1965

〔註13〕張家麟：〈泡沫〉，《大海洋》第 10 期（1978 年 10 月），頁 37。

〔註14〕林仙龍：〈老漁人來到海邊〉，《大海洋》第 24 期（1986 年 4 月），頁 29。

年即曾獲臺灣省教育廳的短篇小說高中組第四名，加入海軍後，更是獲獎無數，且在1975年就出版他的詩集《心境》〔註15〕，從時間推算，他起步還比汪啓疆更早。他的詩作偏向抒情與哲思，內蘊豐厚，他常用無人的海灘，或是單隻的海鳥、不動的石頭等物象來抒發心中的孤獨與徬徨，甚至流露出對情感的渴望，但這首〈老漁人來到海邊〉卻是藉由老漁人的孤獨，營造出海難的可怕以及討海人的悲哀。老漁人不但喪失了兒子，可悲傷的是只有老漁人記得這件事：「一片洶湧的浪濤在心裏澎湃／一隻孤獨的海鷗在海面消失」對其他人來說，這片沙灘依舊是賞景散步的地方。

從以上的詩作可以看見《大海洋》在選詩上，包容性極強，被選為刊登的詩作可以說是五花八門。因此，《大海洋》會讓論者認為充滿「中國意識」，筆者認為主要關鍵不單單只有在創作上，而是在其理論的論述上，以下就針對《大海洋》的文學理論進行論述。

三、《大海洋》中的文學建構

《大海洋》從創刊初始即標榜以發展海洋文學為目的，為了達到目的，不僅需要創作，還需要理論建設，而詩刊的理論旗手以朱學恕為首。

創刊人朱學恕不只是在創作量上居詩刊同仁之首，〔註16〕在論述上也無人可望其項背。〔註17〕事實上，《大海洋》詩刊長久以來都是由朱學恕主導詩刊活動與走向，葉運鵬更認為「有一點（朱學恕的）『私人財產』的意味」，他說：「朱學恕不但是詩刊的創辦人，更是詩刊的中流砥柱，《大海洋》的興衰幾乎可以說是繫於他一人。」〔註18〕顯見朱學恕在詩社裡的重要性。

〔註15〕林仙龍：《心境》（臺北：浩瀚出版社，1975年5月）。
〔註16〕葉連鵬：〈臺灣海洋詩壇旗艦──《大海洋詩雜誌》探析〉，頁43。跟據葉連鵬統計1到70期的《大海洋》，朱學恕發表篇數達190篇，是第二位的藍海萍（123篇）差不多1.5倍之數。
〔註17〕在納入大陸學者作品之前，《大海洋》的理論論述除朱學恕外，僅有舒蘭〈中國海洋詩史話〉（共刊八期）。此後，如詩社詩人蔡富澧，以及葉連鵬（非大海洋詩社社員，所刊兩篇皆是發表於研討會，由《大海洋》收入刊出）的論述也偶一為之，未能形成體系。
〔註18〕葉連鵬：〈臺灣海洋詩壇旗艦──《大海洋詩雜誌》探析〉，頁24。另外，朱學恕在《開拓海洋新境界》一書中也曾提到：「自大海洋詩刊12期起，每期百分之六十的出版費均由我全力支撐。」由於大海洋詩社內部成員的不穩定與財務多憑恃朱學恕一人的輸捐，《大海洋》自不免於以朱學恕一人為核心。朱學恕：《開拓海洋新境界》，頁142。

他在《大海洋》發表的文論，比較重要有：第 1 期（1975 年 10 月）發刊詞〈開拓海洋文學的新境界〉、第 17 期（1983 年 7 月）〈論海洋文學與現代詩〉、第 31 期（1988 年 9 月）〈論海洋文學與海洋詩〉、第 34、35、36 期（1990 年 1 月、6 月、12 月）〈論開拓海洋詩的新境界（上）（中）（下）〉等。這僅是與海洋文學有直接關係的文章，由於朱學恕在探討文學時乃著重文化內涵，因此也發表眾多海洋文化（歷史、社會、經濟、戰爭……）的論述，例如第 18 期（1984 年 6 月）〈論詩與現實〉，強調詩的教化功能；第 23 期（1985 年 12 月）〈論新儒思想與海洋文化〉，提倡新儒家思想為發展海洋文化的精神指標；另外，第 24 期（1986 年 4 月）〈讓我們來讀詩〉，著重詩與生活修養的關係；第 27 期（1987 年 1 月）〈中國海洋雄風萬里長〉簡述中國的海洋歷史等；以及部分的詩文評論，也多少論及到海洋文學，如第 12 期（1979 年 10 月）〈談海洋詩的永恆性——為悼念海洋詩人覃子豪先生而作〉、第 38 期（1991 年 8 月）〈大海洋詩刊，再出發！〉、第 39 期（1992 年 1 月）〈論人活者需要詩〉等。

朱學恕之外，《大海洋》裡還有幾篇值得注意的海洋文學論述文章，例如舒蘭一連刊載數期的〈中國海洋詩史話〉〔註19〕、第 59 期（1999 年 7 月）有蔡富澧〈試論海洋詩創作的更多可能〉、第 65 期（2002 年 5 月）葉連鵬〈落入海的國籍——試析朱學恕的海洋境界〉、第 72 期（2005 年 12 月）〈臺灣海洋詩壇旗艦——《大海洋詩雜誌》探析〉等。總的來說，朱學恕是《大海洋》最重要的，甚至是唯一的海洋文學理論建構人，他的海洋文學理論，也是自 1966 年元月《海洋生活》被併之後，長達約十年的時間，臺灣海洋文學再度出現相關文論。以下就朱學恕的海洋文學理論進行歸類分析。

（一）內在海洋與外在海洋

朱學恕最早的一篇海洋文學文論是《大海洋》的發刊詞〈開拓海洋文學的新境界〉，這篇文章也可以說是朱學恕日後所有海洋文學、海洋文化論述的基調。在該文中，朱學恕開宗明義指出「四大海洋功能」：

〔註19〕 該文分別刊載於第 10 期（1978 年 12 月）、11 期（1979 年 5 月）、12 期（1979 年 10 月）、14 期（1980 年 12 月）、15 期（1981 年 10 月）、16 期（1982 年 9 月）、17 期（1983 年 7 月），從其內容觀之，應該未刊載完全。作者於 1985 年出版《中國海洋詩話》（臺北市：布穀），即以此為底，可惜該書亦未受到前行海洋文學研究者重視。

一是多彩的人生，情感的海洋，二是內在的視聽，思想的海洋，三是
靈智的覺醒，禪、理的海洋，四是眞實的水性，體驗的海洋。〔註20〕

他後來將海洋文學分爲內在海洋與外在海洋兩種，將「四大海洋功能」歸納
爲內在海洋，以相對於外在海洋。〔註21〕內在海洋的提出可以說是朱學恕的
創舉，他將海洋的功能從客觀實際存在的外在海洋，擴張到主觀抽象的內在
海洋，使得海洋文學的範圍更爲廣泛。

　　朱學恕之所以把海洋文學分爲內在海洋與外在海洋，恐怕與他成長經驗
有關。事實上，由於朱學恕非文學專業科班畢業，未受過文學理論的專業訓
練，因此他的文論異於一般學院文章，而混合了朱學恕的個人專長與偏好，
例如詩人素養與航海輪機技術。首先他提出海洋的四大功能，從客觀實存的
外在海洋，擴張到主觀抽象的內在海洋，這應該是他身爲詩人的體悟。因爲
詩人在創作的同時，也在向內心的自我探索，從詩人的眼光看出去，外在海
洋的實貌，潮起潮落，風生水起，都能與內在心靈互相連結，在寫景的當下，
也是在抒情。也就是說，在朱學恕認知中，「海洋」不僅僅指「眞實的水性」，
還是一片個人抽象、不可見的「心海」。

　　而他的外在海洋，則是把「文學」的外延無限擴張到科學與科技的層次：

關於海洋文學，我們實在不應該僅偏限於海洋文化歷史，或是民族
發展史，以及內在海洋對眞實海洋的認知之中；推而廣之，對於內
太空的探索，和海洋科學的現象，亦應全力加以研討瞭解，倡導與
尋求才對。例如：洋流對氣象、生物的影響，藻類對未來生活的貢
獻，水底對人類生存的遠景，海洋資源對貧窮的提供，深水中的玄
奧，魚類們的世界，海田畜牧種植，建造海市蜃樓等，在在均可利
用我們的智慧，放射出幸福的光芒。〔註22〕

海洋文學不再只是言志抒情的「文學」創作，還包括科學的實用，由此可見，
朱學恕的海洋文學似乎可以廣泛到包羅萬象！無怪呼葉運鵬以「博學多聞」
來稱讚〔註23〕。

〔註20〕　朱學恕：〈開拓海洋文學的新境界〉，頁1。

〔註21〕　朱學恕：《開拓海洋新境界》，頁73～75。外在海洋則是「包括內外太空的現
　　　　　象，氣象潮流、藻類魚族、工業交通，海面水下的一切印象和發展，神話和
　　　　　傳奇在內；這些大海洋上的萬象，賜予了人對外在海洋的主觀意識，也形成
　　　　　了外在海洋對人的存在價值」。

〔註22〕　朱學恕：〈開拓海洋文學的新境界〉，頁8～9。

〔註23〕　葉連鵬：〈臺灣海洋詩壇旗艦──《大海洋詩雜誌》探析〉，頁33。

（二）中國文化為依歸

除了提倡海洋四大功能，在〈開拓海洋文學的新境界〉一文中，朱學恕還提倡新中國海洋精神，並認為未來是中國人的海洋世界，他還舉出中國海洋歷史，證明中國曾具有海洋文明，並且以中國島嶼眾多和海線甚長，來證明中國具有發展海洋文化潛力。

事實上，在朱學恕相關的文論中，都可以看見他推崇中國文明，深受中國文化影響，到了 80 年代，在論述上依舊如此，在〈論海洋文學與現代詩〉一文中，他同樣把海洋資源分為兩大部分：海洋物質與海洋精神；而在海洋精神裡他解釋：

> 這種新的中國海洋文化精神，包涵著長江，黃河流域五千多年來所
> 蘊育的水的文化，以及龍的傳人所薪傳的儒家哲理。〔註24〕

可以看出與〈開拓海洋文學的新境界〉如出一徹，將文學海洋與實用海洋結合，此外，行文中還企圖將「中華文化」與「海洋文化」間畫上等號。他用了相當多的篇幅在論述中華文化與海洋文化間的關係，如果仔細比較朱學恕這方面的海洋文學論述，可以發現他嘗試從中國傳統文學為臺灣的現代海洋文學溯源，這其中又可分為思想與歷史兩個層面。

1、思想方面

首先在思想方面，上文提到朱學恕在文論方面的較無訓練，於是只能挪用所學的海洋科學知識、海洋經驗，及身為詩人對海洋的感悟加以轉換成海洋文論。除此之外，他的家庭、成長背景，乃至於他加入海軍，進入海軍官校進修，並且被吸收為國民黨黨員，〔註25〕軍中所弘揚的中國文化、黨國政策等勢必對他所創造任何文論產生影響，開闢出朱學恕獨門的海洋文學理論。

而中國文化中，又以儒家思想對朱學恕影響甚多。根據楊政源的研究，朱學恕出身小儒、鄉紳家庭，由於階級之故，他接受儒教思想，將儒教思想轉化成文學論述的資本。〔註26〕在朱學恕的論述文字中，可以看出他對「內在海洋文學」的論點，就相當類似儒家理想人格的敘述；另外，在他數篇有關海洋文學的論述中，這樣的論點更為明確，例如〈論海洋文學與現代詩〉一文：

〔註24〕朱學恕：〈論海洋文學與現代詩〉，《大海洋》第 17 期（1983 年 7 月），頁 3。

〔註25〕朱學恕：〈藍藍的回憶（二）〉，《大海洋》第 69 期（2004 年 6 月），頁 136。

〔註26〕楊政源：《海洋文學在臺灣文學場域的興起——以夏曼·藍波安與廖鴻基為觀察核心》，頁 303。

> 今日工業社會的「人慾」橫流，自由發展，衝破了多年來理學文化
> 所樹立的範疇，進步雖一日千里，但理學的「道心」卻日益衰退。
> 〔註27〕

朱學恕在論述上先談工業社會中，現代人內心空虛，需有一道力挽狂瀾、起死回生的力量。他著重詩的教化功能，詩人不但要抒情言志，還要成為先知先覺，大筆疾呼，淨化人心。

另外像是第 20 期〈論和諧與健康〉，〈讓我們來讀詩〉，這類文章大量出現在 80 年代，或談到現代詩，或談海洋文學，都強調文學的教化功能，對當下的社會變遷多所評論，可見其對社會的憂心。而他所發表〈論「新儒思想」與海洋文化〉，更直接肯定儒家文化，甚至認為儒家是未來海洋文化的出口，暗示所謂的「新儒文化」即「海洋文化」，將儒家思想納入海洋文學理論中，把海洋視為一培養人格的學校。

也因為朱學恕總是如此的連結，我們就不難理解，每當看見朱學恕在談論海洋文學的條件，同時也是在塑造一個他心中理想人格的條件，譬如：

> 一個人的心胸，有海洋的壯闊，一個人的氣質，有海洋的高貴，一
> 個人的感情，有海洋的坦誠，一個人的行為，有海洋的勤奮，一個
> 人的立志，有海洋的有恆，一個人的抱負，有海洋的雄偉，一個人
> 的戰鬥，有海洋的勇敢，一個人的思想，有海洋的日新，他（她）
> 所創造的詩，應該算是海洋詩。〔註28〕

這樣的敘述與其說是文學理論，不如說是感性的做人道理，若以「海洋的勇敢」、「海洋的高貴」……這一類的詞彙來界定海洋詩，只會使讀者更加迷惑，畢竟，以此標準來看，海洋詩的定義不侷限在人物、題材、背景等與海洋相關的事物上，反而是只要詩人心裡有海洋，那他各類型的詩作都可能是海洋詩了。這樣把海洋文學外延無限的擴張，將儒家思想與海洋文學並置的論述，顯露其理論的侷限與矛盾，這固然是朱學恕個人成長背景使得他有這樣的想法，但對讀者而言，卻缺乏有力的理論邏輯，反倒形成閱讀障礙。

2、歷史認同

而這樣不夠嚴謹的論證方式，也出現在臺灣海洋文學的歷史定位上。在

〔註27〕朱學恕：〈論海洋文學與現代詩〉，頁 4。
〔註28〕同註27，頁 3。

朱學恕許多的文章中，都能看見他對中國和西洋的海洋發展史，幾乎如數家珍，對海洋和海洋文化的優點舉證歷歷。其中對於中國文明的偉大，他更是推崇，並將歷代與海洋有關的事蹟一一列屬，除了發刊詞〈開拓海洋文學新境界〉，相關的文章有〈中國海洋雄風萬里長〉，〈論開拓海洋詩的新境界（上）（中）（下）〉等。其中在〈論開拓海洋詩的新境界（下）〉，不厭其煩地從上古時代的口傳詩歌講起，再到秦漢民歌、六朝古詩、唐朝李杜，乃至元明清，洋洋灑灑約二千字的「中國詩歌簡史」，目的即在將古代的中國詩歌史與現代的海洋詩史縮結，更進而為「臺灣的現代海洋文化」溯源至「中國文化」認祖歸宗。

值得一提，朱學恕並非是盲目的推崇中國海洋文明，在〈開拓海洋文學新境界〉一文，在論述自古以來中國海洋文學不發達的各項原因中，「多颱風」、「季風強烈」、「潮汐難測」、「沿海各島國距離遙遠」，以及「禁海令」等外在因素阻止了士人們創造海洋文學機會〔註 29〕，其中他點出了「文人」無法近海，更是獨到的創舉，可以說是在所有論述海洋文學文章中，最早提出這樣的論點。〔註30〕

只不過，朱學恕的中國海洋文化史，看似洋洋灑灑，但由於不是學術性文章，因此缺乏考據上的說服力。其次，在相關的文章裡，朱學恕總是不厭其煩的列數中國歷朝各代關於海洋的事蹟，成為中國具有海洋文明的主張，但是，對於中國文化深受大陸性格影響的事實，卻又無法否認，使其論述總是搖擺於既肯定又否定的弔詭之中，這使得他的文論總是遭受其他論者所批評。〔註31〕

而他受到最大批評，莫過於一味地將臺灣海洋與中國海洋歷史接軌。〔註32〕他一再以中國海運歷史檢視臺灣海洋發展時，雖然提醒國人曾有的海洋文明，卻忽略了臺灣海洋發展的獨特性，例如南島民族，明鄭時期的海盜，清代東

〔註29〕朱學恕：〈開拓海洋文學新境界〉，頁9。

〔註30〕很多論者強調中國文化深受大陸性格，中國人缺乏冒險性格，但筆者認為這樣的原因還不夠足以立論這與海洋文學的興衰有實際關聯，關鍵還是來自於創造文學的文人，如果文人不近海，那一般民眾親海，那也未必就能刺激海洋文學產生。當然不能否認，如果一國國民普遍親海，相對而言，親海的文人、作家也勢必較多，連帶有機會產生更多的海洋文學。

〔註31〕林怡君：《戰後臺灣海洋文學研究》（臺南：成功大學臺灣文學研究所碩士論文，2007 年），頁 4。

〔註32〕同註31，頁 4。

南沿海的移民，他們移居臺灣的海洋歷史。〔註33〕

除了忽視臺灣海洋的過去歷史，朱學恕的理論也無視於臺灣海洋的現況。他雖點出過去的問題來自於禁海令，並且以海洋科技角度出發，認為現今是發揚海洋文化重要時刻，但對於現實中，國內長期的禁海政策，使得一般民眾難以靠近海洋，連帶作家、詩人無法創作深刻的海洋文學，文人對海洋文學發展並不重視……，對此，他並未提出看法。另外像是70年代的漁工問題，80年代的海洋生態議題，在他的文論中，也幾乎都是缺席的狀態，如此重中輕臺，揚古棄今的論點，更顯示出他在立論上不夠嚴謹的一面。

四、《大海洋》文學論述的時代背景

當然，身為渡海來臺的外省軍人，朱學恕的成長教育，文化背景勢必影響到他的國家認同、文學論述，乃至於創作，幾乎是依附在中國文化的主軸下。除了成長教育的影響，《大海洋》創刊時的時代背景，也是影響他海洋文學論述的重要因素。在《大海洋》創刊之前，海洋文學有軍方支持的《海洋生活》為發表園地，是50、60年代海洋文學的發表園地，也是《大海洋》成立前少數有「海洋文學論述」的刊物。儘管早期朱學恕鮮少在上頭發表過評論文章，但卻投稿不少詩作，長期的投稿，加上他身為海軍一員，勢必對《海洋生活》的主張有某種程度的認同。

《海洋生活》主張的是戰鬥、愛國（中華民國）的海洋文學，考慮朱學恕的背景，他勢必順著海軍《海洋生活》所建構的文化論述以及相關的文學作品，去歸納、形成他的海洋文學理論。加上他所成立的大海洋社團，又是在左營軍區內，並結合多位「出身軍旅的詩刊同仁」，同僑的影響也將導致他的文學論述與《中國海軍》、《海洋生活》等刊物類似，難以跳脫軍中文藝政策所主導、規劃下的大中國主流文化論述，因此，這種結合中華固有文化的海洋文學論述，在形成之初是相當符合「思想正確」的要求。

〔註33〕其實不論是將臺灣海洋與中國海洋歷史接軌，或者是將臺灣海洋發展歷史，獨立於中國文化，這都屬於國家認同問題的討論範疇，而國家認同與一國的海洋文學發展，之間有無必然關係，其實仍有討論空間。事實上，不論是中國還是臺灣，都有豐富的海洋資源，也都有海洋文化的發展歷史，但這樣的成就對於海洋文學的發展是否帶來有力的助力？我們從歷史來看，顯然都沒有為海洋文學產生帶來太大的刺激。

　　朱學恕的海洋文學論述，延續了 50 年代的文學美學——文學的重點不在於如何寫，而在於表達出正確的思想。如果說 80 年代末、90 年代初的海洋文學是附著自然寫作之下，那朱學恕的海洋文學與論述，則是附著於 50、60 年代「戰鬥文藝」之下，雖然與 70 年代的文學氣氛有所違和，但也有其時代背景。

　　儘管許多論者對於朱學恕在 70 年代所發表的文學論述感到相當突兀，不合時宜，更認為《大海洋》似乎脫離了臺灣大環境的紛擾，看不見 70 年代的鄉土文學爭議，與 70 年代興起的鄉土文學，乃至於 80 年代的本土文學運動似乎形成兩條平行線。〔註34〕但是，如果再深入思考 70 年代的歷史背景，對於朱學恕提出這樣的海洋文學論述，似乎也能找到合理的解釋。

　　在《大海洋》創刊前夕，1971 年 10 月，我國退出聯合國，隔年 9 月中日斷交，讓當時臺灣社會的氣氛相當低迷；1975 年 4 月又逢蔣介石總統逝世，強人猝逝，更使社會彌漫著哀傷而緊張的氛圍。在那種氛圍下、在那個講求團結的大時代下，即使鄉土文學興起，文壇出現另一股聲音，但是不論政治上的國家認同，文化上的歸屬仍以中華文化為主流論述。1975 年朱學恕在發刊詞裡就明白指出：

> 在政府倡導中國固有文化復興運動的號召下，本刊除了倡導開拓大
> 海洋文學的新境界外，同時遵奉領袖遺訓，對陸上人類內在海洋的
> 活動和規疇，加以宣揚和引伸。〔註35〕

朱學恕的海洋文學論述，就是在這種主流的大論述下形成。

　　另外，我們知道，70 年代的鄉土文學乃是來自於對 60 年代的現代文學，以及 50 年代的反共、懷鄉文學的反動，雖然《大海洋》的理論也少不了反共的戰鬥意識與對中華文化懷念與嚮往，但是其對於臺灣現代詩論戰的微隱批評，似乎可以與當時提倡鄉土文學的論者有幾分類似。例如第 2 期（1976年 3 月）江煜坤的〈外行人看現代詩〉就言及現代詩語不驚人死不休的詩句淪為少數文人的遊戲之作。〔註36〕不過，整篇文章批評的分量相當少，文章大多建議現代詩如何與傳統詩歌進行連結，在根植傳統的基礎上如何求新求變。

〔註34〕參見葉連鵬：〈臺灣海洋詩壇旗艦——《大海洋詩雜誌》探析〉，頁 22～47。
〔註35〕朱學恕：〈開拓海洋文學的新境界〉，頁 2。
〔註36〕江煜坤：〈外行人看現代詩〉，《大海洋》第 2 期（1976 年 3 月），頁 8。

如此調性的論述文章很多，例如第 4 期（1976 年 8 月）李昇平的〈漫談詩與音樂〉、第 6 期（1977 年 3 月）江夏的〈談詩畫的互見之美〉等，這一類文章都是如此。這些文章沒有明顯對現代詩進行批評，但卻強調現代詩應該保留傳統詩的音樂用韻的特色，甚至認爲現代詩可以效法古詩，與現代繪畫結合，這樣的論點顯然與紀弦、洛夫所提出的現代詩：不講求形式，不必用韻，橫的移植勝過於縱的影響，可以說是大異其趣。

從這點來看，這時期《大海洋》對現代詩的反動，不是從批評入手，而是從維護傳統中華詩歌文化切入，強調現代詩也可以歌唱吟詠，也可以與畫結合。至於比較嚴厲的批評要到 80 年代，在第 19 期（1985 年 3 月）江夏的〈請爲現代詩建立形式──觀現代詩三十年特展有感〉，雖只是一篇心得，但對於現代詩毫無形式也提出部分看法：

> 詩也是一種作文體裁，內容與形式絕對不能偏廢；甚至有時候，形
> 式決定了能否提起讀者探討內容的興趣。
>
> 可惜，詩人們埋頭寫詩，而他們也可能是唯一的讀者；〔註37〕

另外他歸納了現代詩三十年來的發展，提出七點觀察以及肯定，其中「對於明朗可讀的詩形勢逐漸穩定了它的市場，寫明朗詩的詩人擁有不少固定的讀者；晦澀冷僻的文字除了孤芳自賞，已走向被淘汰的命運。」〔註38〕可以看出其對 50 年代開始發展的現代詩，形式過度自由，詩句過於晦澀冷僻的不認同。

文章中江夏試圖爲現代詩建立形式，希望「每句字數能在 20 字內」、「不需要斷句標點符號」、「每偶數句，必須表現出一個意念」、「現代詩可以不講求對仗、平仄、押韻，但要有注重文法、詞性，而且是要『中國文法』、『平常詞性』」、「每段以四至十二行，書寫在稿子上一律齊頭」、「抒情詩重在修辭之美，哲理詩重在意念之新，敘事詩要加強段落的安排」、「朗誦詩要注意自然音韻、疊字、連句、接聲的運用，以及配樂可能性」、「散文詩一律劃入散文」〔註39〕等，這些看法提出了新的見解，但這樣的規則多少又陷入形式化的窠臼。

〔註37〕 江夏：〈請爲現代詩建立形式──觀現代詩三十年特展有感〉，《大海洋》第 19
期（1985 年 3 月），頁 2。
〔註38〕 同註 37，頁 3。
〔註39〕 江夏：〈請爲現代詩建立形式──觀現代詩三十年特展有感〉，頁 3～4。

　　在 80 年代，朱學恕對現代詩的批評也轉為嚴厲，首先他在〈論海洋文學與現代詩〉，一開始以「中國現代詩是一條容易氾濫成災而改道的黃河，她的爭議，也是歷史最多的。詩人們彼此殺伐，外界對詩壇的批評，使許多詩人感覺得無限痛心。」〔註 40〕表達他對現代詩的過渡西化的發展，使得詩人、詩壇遭受外界批評是感到沮喪。

　　不過，相較於 50 年代的現代詩論戰，70 年代的鄉土文學論戰，《大海洋》對於現代詩批評，不但是遲來，還是相當隱微的聲音，究其原因除了《大海洋》成立時就強調詩刊不從事筆戰，另一個原因，創辦人朱學恕以及詩社同仁與現代詩《創世紀》的詩人如洛夫、張默相當友好。朱學恕第一部詩集就是在創世紀出版，而《大海洋》也多次為創世紀的出版品進行宣傳、推薦，並且刊登創世紀詩人的詩作，如第 9 期（1978 年月）有張默的〈野馬吟〉、管管〈戰後〉、碧果〈昨日下午我走出電影院〉；第 15 期（1981 年 10 月）有洛夫的〈秋意〉五首、朵思〈水仙的名字〉等詩。至於第 12 期（1979 年 10 月）「覃子豪紀念集」就是朱學恕受到創世紀詩人瘂弦的來信建議而開闢的專題。〔註 41〕

　　其實《大海洋》一直以來都是採取相當包容的態度來面對其他詩社的詩人，除了創世紀詩人，像詩壇大老鍾文鼎、向明，藍星的余光中，本土詩社笠詩社的趙天儀、李魁賢，《龍族》詩社林煥彰等人的詩作都曾刊登在《大海洋》詩刊。〔註 42〕而到了 80 年代開始，當時的年輕詩人陳克華、林耀德的詩作與詩論也出現在《大海洋》詩刊。

　　雖是如此，《大海洋》在選詩上仍有其標準，儘管刊登創世紀詩人的詩作，在內容上也不限於是否為海洋詩，但風格上都屬於意象單純，明朗可讀的詩作。例如第 5 期（1976 年 12 月）中刊登了張默的〈再會・左營〉：

　　　成排成隊的棕櫚葉
　　　輕輕染織軍區的陽關大道
　　　常常在月夜攜著小女
　　　款步於你軟軟的胸脯

〔註 40〕 朱學恕：〈論海洋文學與現代詩〉，頁 3。
〔註 41〕 朱學恕：〈談海洋詩的永恆性——為悼念海洋詩人覃子豪先生而作〉，《大海洋》第 12 期（1979 年 10 月），頁 7。
〔註 42〕 林煥彰更於第 10 期（1978 年 10 月）開始，擔任編輯顧問。

聽花香

看鳥語

數你夢裡的跫音

散滿在紀念塔前你的靈魂的影子

究竟有多長

詩的上半段相當輕快，刻畫出鳥語花香的南國風情，但在「跫音」開始整個氣氛就變得詭譎異常：

嘿嘿，好一座壯懷激烈的

半屏山崩塌

那晚我們三個人正從啓明堂沽酒回來

管管，臨彬和我卻光著脊背

躺在四海一家的臺階上

而第二天的新聞報卻居然隻字未提

過是什麼滿紙烟雲

他奶奶的半屏山崩塌

崩塌〔註43〕

內容一轉變成沉重的半屏山崩塌事件。這首詩寫於 1976 年，是詩人在內湖自家的回憶，而半屏山自 1960 年代開始不斷傳出崩塌的新聞事件，從詩的內容無法判斷是哪一次的崩塌事件，然而整首詩語調輕快，明朗可讀，與嚴肅的崩塌事件相互對比，瞬間形成強烈的反差。

五、《大海洋》的困境

　　1975 年朱學恕創辦《大海洋》雜誌前，臺灣的海洋文學論述仍未有任何一家能夠開宗立派。然而許多論者卻都忽略《大海洋》在海洋文學史上留下的印記，許多以「海洋文學」爲題的學位論文爲例，目前有對《大海洋》深入研究只有王韶君、葉連鵬、李友煌、楊政源等人，可見《大海洋》在學界中被冷落之一斑！

　　爲何《大海洋》被歷年來的評論者、研究者忽略？葉連鵬曾以社團組織鬆散、編輯、選詩不夠專業、封面設計等問題來檢視《大海洋》上的諸多問

〔註43〕張默：〈再會‧左營〉，《大海洋》，第 5 期（1976 年 12 月），頁 53。

題，並以「固守南臺灣」，內容「鮮少企劃與臺灣現實生活相關的主題」，「缺乏突出議題」，並且「被視為『親中』的刊物」〔註44〕，使得它對臺灣社會、文壇的影響有限。

葉連鵬固然言有所據，但是封面設計、帶動議題等屬於實務上問題，又牽扯到雜誌刊物的市場行銷，實在不是一個純文藝刊物所能顧慮到的範圍，市場能見度自然有限。至於議題未能契合臺灣社會發展的脈動，被歸類為「親中」的刊物，而使得《大海洋》遭受冷落，這樣的說法則有待商榷。葉連鵬立論的基點在於 90 年代以後的《大海洋》，但事實上，早期的《大海洋》也有幾期與時事有關，例如第 11 期（1979 年 5 月）的自強愛國詩選，就是呼應了當時在臺北新公園所舉辦愛國朗誦大會，共同譴責美國總統背信忘約。另外，像是在第 12 期（1979 年 10 月），推出「悼念海洋詩人覃子豪」特輯，紀念覃子豪逝世十六週年；以及第 25 期（1986 年 7 月）出刊的「大港都組曲」特輯等，顯然不是論者所說的未能契合臺灣社會發展的脈動。只是即使如此，《大海洋》在當時對臺灣社會、文壇的影響恐怕依舊不足。

至於「固守南臺灣」這一點，根據楊政源的研究，大海洋詩社眾多海軍詩人長時南北調動如汪啟疆，林仙龍等人；另外也有為數不少的北部社員，如文曉村、江夏等人；而《大海洋》也曾短暫移駐北部。〔註45〕其實，像《創世紀》也成立於高雄左營，但《創世紀》卻未因身處南部而受限，反成為臺灣現代詩運動的重要推手。如果仔細比對兩個社團，不但兩者成立的地點完全一樣，社團同仁也有部分是來自海軍、軍中，但兩者的知名度與對臺灣文學的影響卻南轅北轍。究其原因，筆者認為《大海洋》的問題來自於軍中色彩更為濃厚。

《大海洋》從 1975 年創刊，歷經數位社長、總編，社員更是更迭頻繁，乃至 1989 年後納入大陸詩人詩作，都仍不脫同仁雜誌的形態。而同仁大都來自軍中，詩刊有如 50 年代的《海洋生活》、《中國海軍》等軍中刊物一樣的封閉，不但少為人知，其在海洋文學的推動上，也難以產生有力的影響。

以朱學恕為例，早在 50 年代就崛起，他身居海軍軍職，早年不但在《海洋生活》、《中國海軍》投稿，更是得獎無數，1962 年即獲臺灣省政府辦理的

〔註44〕 葉連鵬：〈落入海的國籍——試析朱學恕的海洋境界〉，《大海洋》第 65 期（2002 年 5 月），頁 33。

〔註45〕 楊政源：《海洋文學在臺灣文學場域的興起——以夏曼·藍波安與廖鴻基為觀察核心》，頁 300。

新文藝運動散文獎；其後更陸續獲得第九屆（1973）、第十五屆（1979）國軍文藝金像獎，以及十餘次多的海軍文藝金錨獎。〔註46〕然而這樣的成就，以及豐富的創作量，都未能爲朱學恕在文壇上提供有力的助力，而他始終未能如同後來的廖鴻基、夏曼・藍波安等作家一般，帶動起臺灣海洋文學的風騷。

　　事實上，朱學恕所獲獎的文學獎，其主辦單位都是受軍方操控的單位，不但徵稿對象僅限於國軍弟兄，其審美標準自然也是受到軍方的左右；其次，其得獎作品並未每屆都會付梓印行，刊印的作品集也未廣泛在市場上流通。由於軍隊封閉的特性，縱使海軍曾爲得獎作品集結成書，卻是流傳不廣，無法擴大軍營外的影響力。

　　不只是朱學恕，像林仙龍、吳汝誠等人也獲獎無數，但這些無數獎座並無法大量、迅速地爲《大海洋》累積聲望，反而使得《大海洋》最後也走上《海洋生活》、《中國海軍》的後路，成爲少數人所熟知的「封閉的」內部刊物，因此也就難以在文學界拓展版圖，更無法像《創世紀》那樣在文學界帶來巨大的影響力。

　　除了同仁雜誌的封閉性，《大海洋》最大的侷限還是與朱學恕的海洋文學理論有關，他的理論建構欠缺強有力的說服點，文學論述過於寬廣，未能與時俱進、與世推移；他甚至說過：

> 有時，長年生活在海上的人，終年被功利所蒙蔽，雖然筆下全是海洋的趣味和風景，但並不應該稱爲純海洋文學；相反的，有時，一生從未見過海洋一面的人，他具有內在海洋的高超境界，或由海洋書籍圖片中，靈光一閃，道出大海洋的玄機和真理，卻可稱爲純海洋的文學。〔註47〕

如此不夠精純的文學理論，不但無法讓《大海洋》所推廣的海洋文學有獨樹一格的看法，反而與傳統的倫理道德思想過於相近，而無法吸引人注意。

　　相較於《大海洋》詩刊只有朱學恕一位理論建構的旗手，反觀《創世紀》在推動、創作現代詩的同時，創社的洛夫、張默、瘂弦也致力於現代詩理論的架構。儘管他們的理論在當時過於新穎、主觀，甚至對傳統的古典詩，以及對於旁人的批評，給予相當嚴厲的反駁與指正，但卻在文壇上快速受到注

〔註46〕楊政源：《海洋文學在臺灣文學場域的興起──以夏曼・藍波安與廖鴻基爲觀察核心》，頁144。

〔註47〕朱學恕：〈論海洋文學與海洋詩〉，《大海洋》第31期（1988年9月），頁11～23。

視，而在現代詩的推動上占有一席地位。換言之，《大海洋》過於欠缺嚴謹的文學理論，標榜不與人筆戰的溫和風格，恐怕也是他們難以在文壇受到關注的原因之一。

總之，《大海洋》被冷落的原因是多重的，除了以上幾點外，《大海洋》詩刊與《海洋生活》、《中國海軍》一樣，《大海洋》雖大力的推廣海洋文學，詩刊主要成員如朱學恕、汪啓疆、林仙龍等，因為身為海軍軍人而有實際的海洋經驗，但現實中 70 年代的臺灣，海洋環境其實與 50 年代差不多，海禁的政策使著一般人很難親近海洋。即使到了 80 年代初期，鄉土文學盛起過後，本土意識抬頭，有不少知識份子，乃至於沿海民眾開始去注意臺灣海岸環境，關心海岸生態，但是在臺灣尚未解嚴完全開放的年代，一般人對海洋仍屬陌生，只停留在「陸上觀海」的思維。相較於 90 年代，廖鴻基、夏曼・藍波安所掀起的海洋文學風潮，在 70、80 年代的時空背景下，《大海洋》想要致力推廣海洋文學，顯然是「時不我予」。

儘管長期以來，文壇對朱學恕及《大海洋》的冷落，但是以《大海洋》所集合的海洋文學作家、詩作，與朱學恕所撰寫的海洋文學論述之多，實在很難讓人忽略它的存在。《大海洋》以同仁雜誌的形態存在，支撐了 70、80 年代重要海洋詩人——如汪啓疆、林仙龍、藍海萍……等創作的空間。以下分別以朱學恕以及汪啓疆的詩作進行探討，他們都是渡海來臺的詩人，因海軍身份而有豐富的海洋生活，寫作風格卻因個人的主觀意識與關懷重點不同，而呈現異樣的海洋風光。

第二節　大海洋詩社的推手——朱學恕

朱學恕（1934），字讓慶，筆名若儒，〔註48〕江蘇省泰興市人。幼時曾於私塾啓蒙，奠定其國學基礎，11 歲就讀黃橋中學與泰興縣中開始練習寫新詩，此後對新詩創作產生興趣。至於朱學恕與海洋的結緣，他曾自述進入海軍的過程還頗為曲折：

〔註48〕朱學恕：〈藍藍的回憶（二）〉，頁 135。另外根據楊政源考察朱學恕的自述，1949 年為了入伍從軍，他假報年齡，「把學生證的十五歲加了一筆，變成十八歲……一夜長了三歲」，朱學恕的出生年應是 1934 年無疑。楊政源：《海洋文學在臺灣文學場域的興起——以夏曼・藍波安與廖鴻基為觀察核心》，頁 321。

到鎮江去投考陸軍鳳山官校，同時，我也考取了海軍陸戰隊。回到
裔莊，我的親戚們反對我去報到。他們說：「陸軍和陸戰隊很苦，也
很危險，你年紀這麼小，叫我們如何放心！聽說：陸軍和陸戰隊是
走著吃飯，走著打仗，走著操練的；不像海軍，海軍是坐著吃、坐
著打、坐著訓的！你要去當海軍，不但可以少吃許多苦，也可以有
機會週遊全世界，我們將來向你的母親，也好有個交待！」就這樣，
我又繼續流亡到蘇州。這時，海軍新兵第二大隊，正在閶門城門貼
佈告招考。……就這樣，我就開始過著水兵生活。〔註49〕

因緣際會之下朱學恕與陸軍、陸戰隊錯身而過，而進入海軍。1949年他隨海
軍來臺，也因此與海洋結緣。來臺的朱學恕，從二等兵升到一等兵，隨後於
海軍士官校、海軍官校、海軍指參大學、戰爭學院畢業，歷任艦長、戰隊長、
國防部副處長等軍職32年，1981年退役後轉任高雄海專（現改制為高雄海洋
科技大學）教職16年，1996年以副教授職退休。曾獲多次國軍文藝金像獎、
海軍文藝金錨獎等文學獎；出版的詩集有《三葉螺線》、《海嫁》、《海之組曲》、
《飲浪的人》、《江山萬里情》，散文集《給海》，小說集《舵手》、《南中國海
上的戰神》與論述雜文集《開拓海洋新境界》等，主編了1985年版、1994年
版的《中國海洋詩選》與《二十世紀海洋詩精品賞析選集》。

　　相對於覃子豪、汪啓疆、廖鴻基、夏曼・藍波安等知名海洋作家，朱學
恕除了詩的創作外，還有散文、小說等文學創作，以及自成一系的海洋文學
文論，所涉及的文類相當廣泛。他的文學論述，上一節已經論述，以下本文
將分別就小說、散文以及詩等文類，來討論朱學恕的海洋文學，特別著重於
他從70至80年代所發表的詩作，借此探討、釐清他為何在70年代創辦了大
海洋詩社，並提出大量的海洋文學理論，進而去比較他的創作與理論之間的
關係。

一、小說與散文

　　在朱學恕已出版的著作中，只有四篇小說，分別為1974年出版的《舵手》
中收錄的〈流星〉、〈海嫁〉、〈舵手〉和1981年出版的《南中國海上的戰神》。
〈流星〉與〈海嫁〉是經由他的愛情故事所改寫，因此充滿的抒情與浪漫的

〔註49〕同註48，頁134～135。

風格。〈舵手〉以及《南中國海上的戰神》可以說是純粹的「海洋戰鬥文學」，小說戰鬥文藝性質強烈。〈舵手〉是根據 1923 年的陳炯明兵變事件改寫，小說集一開始即有「獻給／時代的舵手」的贊語；書序則由時任海軍中將、與文學無甚淵源的陳慶堃撰寫，顯然該書是配合軍方文藝政策而作。

朱學恕的散文作品，主要收錄在《給海》散文集，另有九篇收錄《開拓海洋新境界》。《給海》是朱學恕與其夫人黃貞珠女士合著的集子，屬於朱學恕的創作有 46 篇，大多是篇幅短小的小品。《給海》於 1970 年出版，但有不少作品從 50 年代開始就陸續刊登海軍刊物《海洋生活》上，具有 50 年代懷鄉文學的抒情特色，例如前文介紹過的〈海上風浪又一年〉就是如此。儘管軍人航行大海之中，總因離家太遠而思鄉，總因茫茫大海而感到孤獨無依，但在朱學恕的眼裡，大海也是傾訴對象，能帶給自己心靈的慰藉，讓軍人能耐住思鄉、孤寂的折磨，在〈海之羅列〉一文寫道：

> 鄉村已年老，不再能召回遠去的遊子，海也寂寞，深到使水手不掛領帶，不戴禮帽，不站在西裝裏做一次紳士，但海給孩子們平靜的心湖。像走出久久不見的家，回念著，愛紅臉的新娘，白髮的親娘，再一次，水中的蓮仍有一段愛情的餘波，水上的山蘊儲著童年的歡樂。〔註50〕

在他的筆下，海是愛人也是家人，讓軍人忘記寂寞。

朱學恕的散文筆調溫柔、熱情，善用譬喻，時時將海的萬象擬人化，具有詩的韻味。事實上〈海之羅列〉一文，最初刊登在《海洋生活》時是一篇散文詩，〔註51〕之後出版則組合成一篇散文，可以說朱學恕很多的散文作品與他的現代詩風格相近，時而溫柔深情，時而豪氣萬千，可以視為詩作的延伸，是他投入海洋懷抱，整整 20 年來的感觸，他說：

> 寫這些短文時，全然沒有什麼嚴肅的目的。只為了記載：海洋的呼吸——風起浪湧， 旗正飄飄的前進精神，海洋的氣息——長天白雲，鷗翅潮音的生命力，海洋的情意——友情的召喚、溫暖的微笑、同舟共濟的團結。心靈上烙印的那些微響罷了。〔註52〕

〔註50〕 朱學恕、黃貞珠：《給海》（高雄：大業書店，1970 年 8 月），頁 20。
〔註51〕 朱學恕：〈海之羅列〉，《海洋生活》第 9 卷 12 期（1963 年 12 月），頁 78～79。
〔註52〕 同註 50，頁 187。

他長年在海上，巡弋海疆，嚮往大海的遼闊與自由的氣息，他的散文抒情、浪漫，展現一幅清新美麗的面貌。

二、落入海的國際——海洋詩

朱學恕大半輩子皆致力於海洋文學的創作與推廣，其中他最早投入，創作最多，成就上也最為豐富的，首推海洋詩的創作。目前出版出版詩集《三葉螺線》、《海嫁》、《海之組曲》、《飲浪的人》、《江山萬里情》。根據他在〈摘星弄潮四十載〉一文所說：

> 記得童年時父親剛過世不久，我從他書房的詩籃中找到了一首我喜
> 愛的詩，很美。「不覺郊行遠，臨流絕市氛，日斜人有影，風定水無
> 痕，隔溪誰氏宅，隱約見柴門。」細細研讀，對詩初次產生了濃厚
> 的興趣。〔註53〕

由此可見，詩對他的文學啟蒙甚早。在〈摘星弄潮四十載〉一文裡，朱學恕把自己的成長、文學過程，區劃成少年、青年、成長、壯年、中年與圓潤等六個時期。為了方便討論，同時呈現他在成立《大海洋》前後的詩作風格，筆者以 70 年代為界，分別討論朱學恕在 70 年代前的早期、中期詩作，以及之後創作長達 10 年的《飲浪的人》，至於《飲浪的人》之後的詩作已超過 70 年代範疇，因此本論文暫不討論。

（一）早期詩作（1934～1962）

屏除他在少年時期在中學的詩作，他早期的海洋詩多在青年時期所創作，並投稿於《海軍青年》、《海訊日報》、《海洋生活》等海軍刊物，而在《海洋生活》有〈星子〉、〈漁舟〉、〈海之戀〉、〈浪語〉、〈海上〉等詩作，這些詩後來都收入他第一本詩集《三葉螺線》，詩集是 1962 年由當時仍在左營的創世紀詩社所出版〔註54〕。

其中以海為題的詩就有〈海灘〉、〈海之戀〉、〈海上〉、〈海灣〉、〈南海之春〉、〈海的玫瑰〉、〈海洋在呼喚〉、〈海國〉、〈海行吟〉、〈海宴〉等十首詩作，其他未以海為題而與海有關的詩作，在《三葉螺線》中俯拾皆是，例如〈夜

〔註53〕朱學恕：〈摘星弄潮四十年〉，收入朱學恕：《飲浪的人》（高雄：大海洋文藝
　　　社，1986 年 3 月），無頁碼。
〔註54〕朱學恕：《三葉螺線》（高雄：創世紀詩社，1962 年 8 月）。

航船〉、〈浪語〉、〈西島〉、〈浮渡〉……可見《三葉螺線》的書寫主題與海洋密切連結，是自覃子豪的《海洋詩抄》以來，收錄海洋詩最多的個人詩集。

這一時期他隨海軍流亡來臺，在大貝湖（今澄清湖）就讀海軍官校，並於 1957 年再度出海航行，因此這時期詩作中充滿著懷鄉思鄉的情愫，也充滿了初次看見海洋，對海洋驚喜和敬畏的心態：

> （1949 年起）我在船上寫海、寫故鄉、也寫自己；在生活現實與靈魂疆界和情感迴蕩間，思想著、懷念著、愛著，在飄泊的體認和溫柔的觸覺裡，我捕捉著、發掘著、固定著自己。〔註55〕

在〈海上〉一詩中，他寫道：

> 故鄉的最後一行藍線，
> 在背後消逝過後，
> 另一部偉大的故事書
> 閃動在藍色的誘惑裡。
>
> 像嚮導者所給予的印象，
> 海的生動的美令人難忘地懷想；
> 寧靜裡墜落著成熟的菓實。
>
> 蒼茫裡向遙遠召喚；
> 我落入了海的國籍。〔註56〕

根據朱學恕在〈藍藍的回憶（四）〉一文回憶，「（〈海上〉）這首詩是在中鼎艦來臺時寫的……。」〔註57〕他是在 1949 年 2 月入伍，於 3 月乘中鼎艦自上海前來左營的，因此可以說他的第一次海上航行，詩中呈現年輕水兵初見大海的驚喜之情，然而開心之餘，詩人在詩開頭就暗示了當他投入大海之中，另一方面就是跟家鄉，跟過去說再見。「另一部偉大的故事書」對比著故鄉，意味著詩人當下將譜出新的旅程，而且是海的旅程。儘管詩中尚未明顯透露出思鄉情緒，寫詩的當下可能還沉浸於首航的喜悅，但現實的事實是他離開後的一個月多，上海也就淪陷了。

這時期的朱學恕，由於隻身來臺，舉目無親，又是單身未婚，也因此詩作常耽溺於對愛情的嚮往。但隨著他從軍的日子越長，在海上的生活愈久，

〔註55〕朱學恕：〈藍藍的回憶（四）〉，《大海洋》第 71 期（2005 年 6 月），頁 152。
〔註56〕朱學恕：《三葉螺線》，頁 11。
〔註57〕同註 55，頁 152。

一些張揚軍人愛國本色的戰鬥詩也在此一時大出現，這些詩作大多收入於《三葉螺線》裡的第三輯朗誦詩與第四輯的近期作品〔註58〕。例如〈海洋在呼喚〉一詩，這首詩於 1959 年救國團徵文中獲獎，對於朱學恕從事海洋詩創作有莫大的鼓勵，詩開頭寫道：

> 海洋海洋
> 我耕耘的田野
> 我思想的溫床，
> 妳洶湧的情感也和我一樣，
> 妳闊偉的胸懷也就像我的心房。

一開始將大海形容愛人一般風情萬千，吸引朱學恕欣然愛慕，然而隨後詩風一轉，海洋從愛人轉化成中國華夏文化，是革命軍人嚮往復興的目標：

> 海洋海洋
> 妳以七千里海疆相召喚，
> 廣闊的幅員
> 豐富的寶藏
> 良港雲連
> 江河吞吐
> 我新中國的霸業
> 海上雄風
> 亟待我熱血男兒勵志圖強。
> 想唐明盛世
> 古中國的彪炳遺跡
> 猶常留異域，
> 暹羅灣畔
> 湄公河上
> 耄耄學者
> 猶盛傳天國佳話；
> 緬懷往事
> 我革命青年當努力發揚。〔註59〕

〔註58〕朱學恕：《三葉螺線》，頁 84。據朱學恕表示：「我把這些詩分成了四輯……第一輯是短章，第二輯是初期作品，第三輯是朗誦詩，第四輯是最近所寫成。」
〔註59〕朱學恕：《三葉螺線》，頁 39～41。

朱學恕還將「和平中庸格致大同」等字眼放入詩中，在歌頌海洋之餘，也歌頌大中國文明。這顯然是因為投稿於救國團之故，不過，類似的戰鬥詩、朗誦詩卻在 60 年代大量出現，顯現此時的朱學恕不再是過往的流亡學生，而是保家衛國的革命軍人。

（二）中期詩作（1963～1974）

1957 年朱學恕從海軍官校畢業，再度登上艦隊出海服役，60 年代至 70 年代期間，他從艦務員開始一路當到艦長，文學創作也從成長時期步入壯年時期。這時期是他詩作產量最豐盛的一段時期，除了詩作《海之組曲》、《海嫁》，小說《舵手》與散文集《給海》都在這時創作出版。

這一時期朱學恕的詩作，大抵上也都曾刊登在《中國海軍》、《海洋生活》海軍刊物，風格上也接續前期以抒情浪漫為主，而在題材上，懷鄉的詩作仍不少，但因為此時朱學恕已經成家立業，因此思念的對象也有所轉變。除了懷鄉的題材，這時期詩作另一特色，就是出現大量配合官方、軍方文藝政策而寫的戰鬥文藝作品。

1975 年由中山學術基金董事會獎助出版的詩集《海之組曲》裡，首篇詩作即是一首「為慶祝國父革命建黨八十週年而作」的〈聖輝〉，全詩長達五段，214 句，歷述「國父和蔣總統的豐功偉業，締造了中華民國，使國家民族在多次危難中挺立起來」﹝註 60﹞的歷史。類此的詩作，在《海之組曲》中相當多首，第三輯「永恆的微笑」中，除了首尾兩篇詩作〈永恆的微笑〉與〈長旒〉，其餘詩篇，例如〈嚴肅——給山〉、〈忍耐——給海〉、〈威武——給旗手〉、〈安靜——給花蓮港〉……等，不難發現詩人直接將軍隊的精神答數口號「嚴肅、忍耐、威武、剛直、勇敢……」直接冠名在詩篇名上，這顯然是朱學恕特別的安排。﹝註 61﹞

而詩篇內容看似描述山、海、旗手、沙鷗、花蓮港、號角、水手、堡壘、砲艦等對象，但實則是逾揚領袖、歌頌海軍，營造出革命軍人忠肝義膽的美好形象。例如〈安靜——給花蓮港〉：

﹝註 60﹞ 杜笛：〈「海之組曲」詩集序〉，收入朱學恕：《海之組曲》（高雄：山水詩社，1975 年 3 月），頁 5。

﹝註 61﹞ 第三輯中，〈給山〉、〈給海〉、〈給旗手〉、〈給花蓮港〉、〈給橫貫公路〉、〈給戰鬥〉、〈給沙鷗〉、〈給銅像〉、〈給號角〉、〈給水手〉、〈給堡壘〉、〈給砲艦〉等詩作，在詩篇名上依序冠上了「嚴肅、忍耐、威武、安靜、剛直、勇敢、速捷、沉著、雄壯、確實、堅強、機警」等軍隊的精神口號。

猶不能忘從軍時的馬櫻花

插襟的纖手

遂作依戀的召喚

太陽划鷗翅進城

渡頭的「水月」

在髮飄風中

罩上水中的雙頰

浪在偶合處

流動着呼吸的美山中的歲月

在笑的漩渦中

童年的漿波動著靜

似馬蹄敲響故鄉的街石

裸露的海

以收割的眼色

沾濕了入秋的香氣

安靜的莊園

醒時

窗便迎入一片綠森林的濤韻

以及山雀的清唱

叢山輸出　羣海湧入

一抱明潔忘我的爽怡

寧謐是引渡的橋

由今天到明天

橋下有潮信的小河

水流過

飽滿的生命之帆〔註62〕

整首詩營造一股蓄勢待發前的寧靜氣氛，彷彿一艘艘艦隊聚集在花蓮港中，等待命令，準備奮力出擊。只不過讀者很難從詩中感受到海洋氣味，也看不出任何與花蓮港有關的意像，詩人到底是不是眞的描述花蓮港？似乎也不是那麼重要，重點是作品有沒有傳遞正確的主題。誠如杜笛在序裡所說：

〔註62〕朱學恕：《海之組曲》，頁96～97。

> 詩人朱學恕的作品，內容豐富，主題正確，文句優美，鏗鏘有力，
>
> 結構嚴謹，實爲不可多得的佳作。〔註63〕

「主題正確」與否，是此時、此一文學社團評判文學作品價值的另一標準，也是最重要的標準。這種以口號入詩，詩中對領袖的逾揚、海軍的歌頌、中華文化的讚嘆，是此一時期朱學恕海洋詩的特色之一，雖然這是身爲革命軍人的自然之作，卻也降低了作品的文學性。

（三）《飲浪的人》時期（1975～1985）

1973 年朱學恕從福山軍艦艦長轉任爲海軍陸戰學校上校教官主任，從此轉任教職，毋需上艦巡航，也不用南北奔波，這段時期是他生活最安定、平穩的時期。他在陸地著了根，不再出海，對於海洋，就此止於記憶之中。儘管如此，他先加入了詩人朱沉冬的山水詩社，隨後他感覺到海軍的搖籃左營，自從創世紀詩刊遷往臺北後，一直缺乏一個現代詩創作園地，於是成立了大海洋詩社。

他不但在《大海洋》上推動海洋文學，從第一期開始，每期都發表長詩〈飲浪的人〉。〈飲浪的人〉共有 205 節，花了 12 年時間所寫成，一直到《大海洋》第 20 期（1985 年 9 月）才連載完畢，並且於 1986 年出版。〔註64〕寫作時間從朱學恕擔任海軍上校主任教官開始，一直到執教於海事專科學校。雖然都是在岸上完成，但實際上卻是他投入大海王國 30 餘年的寫照，算是詩壇的壯舉：

> 詩境的內容包括了三十六年前，我充滿希望的投效海洋，以及在海上的生活經驗，感受和聯想。
>
> 其中，曾敘及海上擔任四任艦長及一任戰隊長的雄風萬里壯志，也述說海上挫折感的不幸心情，戰爭學院受訓對海洋的認知和開拓，高雄海專教書對海洋無可奈何的歸宿等，都能發揮得淋漓盡興。〔註65〕

因此詩的主題內容包含了少年時對大海的遼闊浩淼，風采多姿的驚奇感受與深深眷戀：「呼吸著舵輪的風色，／沐浴着機器的油膏，／在眞實中的歌唱，／這是我迫切的飲食！／而戀海的心，常晴朗着七月的陽光，／那日子，／

〔註63〕同註 62，頁 9。

〔註64〕這首長詩，一開始前 32 節分兩次刊登在 1975 年的春夏兩季《山水詩刊》，而從 33 節開始，都分期刊登在《大海洋》詩刊上，每期約刊登十多小節。

〔註65〕朱學恕：〈後記〉，收入朱學恕：《飲浪的人》，無頁碼。

總有千種種笙歌，／想衝開我羞澀的嘴唇。」（第2節），「第一次喜愛海洋，／水便在我體內氾濫成小宇宙」（第34節）；也包含了從軍後與海搏鬥，最終懂得與大海相處，認識軍人的本職，找到人生的方向：「海是母親，／要我們有一個堅強的爲！消化寂寞，吞食大我！／雲是弟兄，／用風的聲音呼喚流浪的腳！大地播種，／……／也許現在更加熱愛了！／像螢火蟲探索眞理的軌跡，／像北極星指向眞正的永恆，／不肯罷休，因爲這成爲生存的全部。」（第54節），「海無語，／路在你的眼際，／浪無花，花在你的舌尖，……／你的本分是讓你的手去航行，／去做出自然密藏的心意……」（第83節）。

當然也包含一位異鄉人對故鄉懷念與離鄉哀愁：「可愛的故土，／在口中輕輕地唱成溪水，／引火的長髮，／織成離別後捕捉的圖案，／潮升潮落，／憂思難忘，／落日如焚，／白月引風，／祖國啊，／我擁抱着你！」（第38節），「身後的水花，／響着沉痛的鄉音，／腦中飄浮着，／棲息過家園的碎片。」（第87節）。

在〈飲浪的人〉，詩人書寫因戰亂流離的生活，寫少年從軍的感受與驚奇，也追憶對中國苦難的革命與歷史文化之嚮往；但終究詩人在臺灣土地著了根，12年來，他在陸上成家立業，創辦了《大海洋》詩刊，並且進入三軍大學進修，重心當起學生，這些經驗也都寫在詩裡。

140節開始，或歌詠成立大海洋詩社的壯舉：「酒滿杯／情滿懷／我們飲成海洋大度／去把詩脈的潮汐引發吧！／兄弟！用筷子把漢唐的豪興敲響，／縱橫碗碟四十年，／總有一色可口的小菜！／……／舒蘭、春生，我們就乾一杯詩史吧……。／大海洋終於有了舵，／有了航線，／現在需要的，／是長長前進的腳步，／明天就開始。」（第140節）；或表露找到同好知己的歡喜：「你如今在你的詩國中行走，我在我的大浪中奮鬥！即是水生洶湧，我也要使你曉得；我敬愛你岸上的一份溫暖，曾多次烘熱過我的心房。」（第141節）；寫給洛夫「那年，我們都很耶穌！所有苦難都沉澱了，化成厚厚的創世紀，所有的熱情都提煉了，變成了內湖的現代詩。」（第142節）。

在第144～151節，則用來寫妻子黃貞珠女士：「貞貞！我聽說你心中有一條藍河，那河是流自古老的七夕！／藍波緩緩吟哦，／悽感慘慘的河上，／都把風浪星雨召來夢中那海，／我豪笑時多孤獨！／那河，妳哭泣時多寂寞。／愛情的軟語，一夜過後，又成長晝……」詩句中表達常年海上漂流，冷落了妻子的愧對。

　　另外值得一提，在第 95 節中「國際政治的海洋並不遼闊，／帝國之舟在彼此超越時，／中華民族的苦難卻層出不窮！／屈辱和凌侵，／使海棠葉上落滿霜痕。／」則是詩人對於當時（1976 年）臺灣在國際情勢不利的焦急，而在第 99 節中，更喊出「我們是什麼人？！」、「我們來自何處！？」、「我們將邁向何方？！」的疑慮，這顯然是反映當時政治、社會氣氛，「只為要唱一首歌『滿江紅』的蹄聲，踢破那瀟瀟的雨路！渡海擊楫的豪氣，口喞八千里路的雲月。」儘管國際情勢不佳，軍人捍衛國家顏面的志氣依舊不減。

　　與過往書寫懷鄉情思，敘述海上戰鬥生活的詩作相比，不難發現此時朱學恕的題材趨向多元，王韶君認為〈飲浪的人〉，恰好成了朱學恕書寫中國和臺灣時的分界點。〔註66〕這樣的看法其實言過其實，不過從〈飲浪的人〉中，詩人在自我的回憶與省思裡，雖仍充滿著「大中華意識」，尚未具有「臺灣意識」，對臺灣這塊土地、海洋的書寫也尚嫌不足，但從他詩中可以察覺詩人逐漸告別「過往」的自己，而將目光置於陸地上的現實生活之中。當作者將視野從海洋置於岸上陸地的同時，作者充滿中國情懷的海洋文化已然在臺灣土地上發生碰撞和對話。

　　除了題材趨向多元，朱學恕在詩作上的風格也有所不同，除了蘊含早期的輕柔浪漫、中期的戰鬥豪邁外，這一時期的朱學恕還多了對人生的體悟後在詩作中的昇華。例如第 82 節：

> 調和的真理，是宇宙「至上的存在者」！創造的力行，是人生「永恆的繁殖力」！寂寞的海洋和我們默默偕行，叩訪一萬年後的神秘，如一粒光子在小宇宙中的飛颺。我們的軀殼像曲尺般躺在航線的弧度上，量著浪花的水色！
>
> 地球的自轉，低軌道的公轉，太陽的章動、銀河的位移，宇宙的膨脹或收縮、次太空或四次元時空，同一意義的服務！為了有知的生活，灌入無限的仁愛。〔註67〕

類似的詩融入了朱學恕當下的人生感悟、生命哲理。事實上，早在之前《海之組曲》中就有部分的詩篇涉及到他的哲學觀，例如〈沉著──給銅像〉、〈生命在此〉等，如他在〈摘星弄潮四十年〉一文所說：「已由純情熱愛經進入了

〔註66〕王韶君：《臺灣海洋文學的發展與文化建構（1975～2004）》，頁 138。
〔註67〕朱學恕：《飲浪的人》，頁 73。

人生成熟的地步。因此,對人生的認知,做一種神聖的剖析和哲思地迴盪,在作品的成就來說,以有了較深的境界。」〔註68〕

不過,充滿哲理思考的詩其實要到70年代以後才大量出現。當朱學恕由海上回到陸上工作後,他漸漸意識到了海洋已經成為他生命中不可或缺的部分,他的所思、所想,他的人生觀,他對美學的體驗都可以從海洋多元的面相找到呼應共鳴,他由衷地感到:「生活在海上的人,對海洋有一份偏愛,這份偏愛,正如同鄉土的口音和懷念一樣,終身難忘。」離開海洋後,海洋不但成為記憶中追述的歷史空間,以往海洋成為他的理想中的某種超自然意識的體現:

> 渡海!渡海!三十年前見山是山,見水是水,見旗動心動,見風吹
> 心浮!一路追星挈月的熱情,家在水西,我是化緣人,願渡萬家生
> 佛,了卻塵情。

> 渡海渡海,三十年後見山不成山,見水不是水,旗動心不動,風飄
> 心不浮,一潭深霓結虹的寧靜,家在海東,我是修行人,願化一粒
> 麥子,埋在深深的春泥裡抽芽,迎來因果前塵。〔註69〕

在詩中,以往海上生活的經歷與體驗被抽象成附有哲理意味的人生準則,自此海洋成為詩作的主體,凝聚著豐富複雜文化,充滿了情感和思想與智慧,如同一位先知,教誨著、考驗著每一位愛海者,使他們在大海的懷抱中逐漸成長成熟。

從以上詩作,就不難理解,朱學恕在推廣海洋文學時,所提出的相關理論為何總是會再三的提到「內在的海洋」:「內在的海洋詩,應包括多姿多采的人生中,情海的詩;內視內聽的理則中,思潮的詩;靈性和智慧的覺醒中,悟解的詩;和真實的感受的水性中,體驗的詩。」〔註70〕我們從〈飲浪的人〉這首長詩中,就可以發現他已將長年的海洋生活內化,並且對海洋的情感、思想加以昇華,全部統合歸納成為海洋文學理論,甚至認為只要掌握「海洋的壯闊、高貴、坦誠、勤奮、雄偉、新奇」這些內在海洋的要素,就能創作海洋文學。

這樣人海合一,超然忘我的哲學論調,一而再的在這一時期出現,除了上一節所述,是受到過往所學的中華文化,以及黨國的教育的影響,從時間

〔註68〕 朱學恕:〈摘星弄潮四十年〉,無頁碼。
〔註69〕 朱學恕:《飲浪的人》,頁83。
〔註70〕 朱學恕:〈論海洋文學與現代詩〉,頁4。

上去推論，有一部分想必是與他這時期的創作經驗相當有關。可以說他是創作先行於理論的詩人，他一邊進行創作，一邊歸納、整合而成文學理論；他把「文學的創作心得」，更易爲「海洋文學的創作觀」，爲了吻合「海洋」特質，他運用多年航海經驗對人生的體悟，轉化爲文字裡的海洋意識，讓他有別於其他詩人。所以，當朱學恕把過往所學的中國歷史、文化，儒家的四維八德，以及在軍中受訓所領受的精神口號……等等都能放入詩中，那他把這些元素轉化成海洋精神，整合成海洋文學理論，也就不足爲奇了。

　　總而言之〈飲浪的人〉是詩，也是朱學恕的生活筆記，它打破詩的形式、長度，內容不拘，每章節沒有特定關聯。林麗如說：「可以讀出作者的生活觀、藝術觀、文學、美學涵養甚至人生觀，內容有感時、懷鄉也有愛的頗析、自我追尋、龐大的詩心圍繞在海洋天地，其用心毋寧是令人敬佩的。」〔註71〕不過也因如此，在結構上顯得龐雜，有些段落、詩句在承接上顯得有些落差，有些句子更顯得口語、散文化，缺乏了詩的韻味。洛夫在寫給朱學恕的書信當中，就建議他應該「一番剪裁」會更好。〔註72〕例如第50節：「若你欣喜，兄弟們從看手相中也能敲響海，像蜿蜒巨蟒的軌跡，風雷之聲，猶隱隱傳自指尖；媽祖吉祥，以前額吻看八十萬里的雲月，三十功名的塵土。」若不是看了〈藍藍的回憶〉〔註73〕，明白朱學恕在擔任艦長之時，幾次驚險的海難，都是因爲靠祈求媽祖而化險爲宜，一時之間看到這裡忽然來一句「媽祖吉祥」還眞讓人覺得有斷裂、突兀之感。

　　朱學恕是一位愛海並且獻身海洋一生的人，他的創作相幫豐富，誠如葉連鵬讚譽說：

> 臺灣的海洋文學作家不少，但能夠包辦詩、散文、小說、論述等各項文類，且都能分別出版專書的作家，目前爲止只有朱學恕一人。
> 〔註74〕

而不論詩、散文、小說還是論述，可以看見的朱學恕的創作是連貫，他從50年代開始創作，以海洋爲傾訴對象，有對故鄉的懷思，有對中華文化的讚嘆，有對戰鬥冒險的渴望，也有對愛情的憶念，這樣的寫作風格也與當時懷鄉文

〔註71〕林麗如：〈唱不完的海洋詩歌——專訪朱學恕先生〉，《文訊》第183期（2001年1月），頁81。
〔註72〕洛夫：〈詩人書柬〉，《大海洋》第26期（1986年10月），頁49。
〔註73〕朱學恕：〈藍藍的回憶（六）〉，《大海洋》第75期（2007年6月），頁158。
〔註74〕葉連鵬：〈落入海的國籍——試析朱學恕的海洋境界〉，頁28。

學、戰鬥文藝是一貫的。即使到了 70 年代，他離開海洋走上了陸地，創作風格也是如此，不過他對海洋的思念加重了，他不但創立了《大海洋》，積極推動海洋文學，並在海洋詩創作與立論中，也增添自己對人生的反思與感悟，此時海洋不只是他的傾吐對象，也是他的內在，抽象、不可見的「心海」。儘管他的詩作非首首珠璣，未達盡善盡美之境地，也脫離 70 年代鄉土文學的紛擾，但不能否認，他依舊是臺灣海洋文學的創作和推廣者之中，花最多心力的一位，他在海洋文學上的成就，是值得文評家與文學史家的重視。

第三節　將軍詩人——汪啓疆

　　汪啓疆（1944），出生於四川，湖北省漢口市人，為一位虔誠的基督徒。海軍軍官學校畢業，三軍大學海軍學院及戰爭學院畢業。曾任驅逐艦艦長、作戰教官、作戰處長、海軍總部作戰署副組長、三軍大學海軍學院院長、海軍航空指揮部首任中將指揮官。現以海軍中將退役成為監獄志工，為基督教會服事。

　　他被譽為「將軍詩人」，大半生可說是在軍中渡過，與大海長相左右。他在第一本詩集《夢中之河》的後記〈梨花燦爛〉中說：

> 我是海軍軍官，波濤滌盪的歲月有如滴水穿石般磨著我頗多紋皺的
> 頭額，生活在汹湧幻變的大海上，心就自然而然去苦苦抓住精神的
> 根。〔註75〕

創作既因航海而起，在那個海禁的年代，汪啓疆和朱學恕一樣因海軍身份而能親近海洋，得天獨厚的環境條件，使得其文學創作自然與海洋息息相關。在此之前，雖有覃子豪、鄭愁予、瘂弦、朱學恕等人的海洋詩創作，但汪啓疆無論在質、量上都超越前人，可說是臺灣海洋詩的代表。

　　1971 年 1 月他曾於《水星》詩刊發表第一首詩，之後加入創世紀詩社，70 年代更與朱學恕創辦大海洋詩社，主編《大海洋》詩刊。四十年來的創作歲月，曾獲多次獎項，如〈海在咆哮〉——國軍文藝獎銅像獎（1975）、〈出擊〉——國軍文藝獎銀像獎（1977）、〈給中國的兒女們〉——國軍文藝獎銅像獎（1978）、〈血跡〉——國軍文藝獎銀像獎（1981）、〈染血的天空〉——時報文學獎敘事詩獎（1981）、〈海洋的魂魄〉——國軍文藝獎銀像獎（1982）、

〔註75〕汪啓疆：《夢中之河》（臺北：黎明文化，1979 年 8 月），頁 188。

《人魚海岸》——中山文藝創作獎（2000）、〈福爾摩沙——土地篇〉——臺灣文學獎優選（2002）等，其中有不少是屬於軍中的文學獎項。同樣為了探討方便，筆者也是以 70 年代為界，分別討論汪啟疆在 70 年代前的早期詩作，以及之後創作，部分詩作可能跨越到 80 年代以後。

一、早期詩作

與朱學恕相似，汪啟疆的早期詩作〔註76〕，有 50 年代戰鬥文學的氣氛，也含有濃厚的思鄉情緒以及家國之愛。這些詩作多收錄在《夢中之河》，在這本詩集裡描寫海洋的詩作不多，但可以看到海洋是影響早期創作的重要因素，詩人主觀的將鄉愁與家國與情愛、戰爭、海上生活結合。記載了海洋對詩人的影響，並且在詩作中歌頌海洋與祖國中華的關係及其不朽與偉大，顯示了詩人內心對家國認同的情感，例如〈凝望〉：

　　　　沒聽過神聖的梵唱　它在你耳殼卻是如此明朗

　　　　沒見過那塞外的塵沙　它卻使你雙眼迷惘

　　　　那杏蔭深處的小小酒旗　那柳梢垂處點水的畫舫

　　　　攀登三千年神木還望不著祖國家鄉的炊煙

　　　　拍碎了玉山鐵脊，一任你淚眼茫茫

　　　　你是泥土的孩子啊！魔似的愛著你札根的土地

　　　　但你卻在搖擺的艦首呆望

　　　　也許，海上的漂泊會淡忘故鄉

　　　　而艦離家近　更會帶我們早日歸返

　　　　「風雨快些來吧！」

　　　　你一定如此凝望

　　　　「風雨過後可以泊岸啦！」

　　　　你眼中充滿陽光的明亮〔註77〕

這首詩反映了汪啟疆對家鄉故土的思緒，儘管少年離家，家鄉的記憶模糊，但卻不減他對故鄉的思念，甚至結尾有近似口號教條的宣傳或吶喊，希望能早日回到回憶中的故土。除了〈凝望〉，像〈春雨行〉、〈對話〉、〈風之桅

〔註76〕這裏的早期詩作，主要界定於 1975 年汪啟疆加入《大海洋》詩社前的詩作，這些詩作大多收入在第一本詩集《夢中之河》。

〔註77〕汪啟疆：《夢中之河》，頁 52～53。

檔〉等詩，這些詩作有的透過老兵的故事回憶，有的則是來自本身對故鄉的想像，抒發自我對家園故土的鄉愁。

　　戰爭也是這時期詩作常見的題材，汪啓疆以戰爭及自身經驗，呈現身為軍人的職責，對於整體家國（中國）的情感。例如〈馬祖冷鋒過境的晨〉一詩：

> 祇見寒霧掩過馬祖如殺聲
> 石頭轉為的鋼鐵憤怒
> 一道鋸片擱在冰涼的額頭
> 軍艦已起錨完畢！〔註78〕

儘管冷鋒來到，但前線就如同作戰，詩人不忘軍人本分，蓄勢待發升起強烈的戰鬥意識。

　　相對於一般戰鬥詩都呈現戰鬥的熱血，與單方面歌頌戰鬥勝利，在汪啓疆很多的詩中，則表達戰爭對整個時代人類遭受苦難流離的控訴。海軍的身份讓詩人不得不去面對戰爭，抒發海上將士為家國革命戰鬥的情懷，但是兒時因戰爭而離開故土中國，戰爭所帶來的離散與流亡也是詩人難以釋懷的夢魘，加上本身基督徒的緣故，也使得他隱約批評了戰爭的殘酷，在〈我感謝〉一詩中：

> 我感謝我們的神
> 當我從海上回來　解開我巡弋夜泊　掛在腰間的
> 手槍和彈藥　像一陣寒冷　我回憶
> 在離島如失牧的羊般　大陸古陋的風帆上
> 苦瘦的檣桅悲哀而破損地刻劃在腦額
> 如一張珍藏廿年的母親褪色照片
> 它滑過大海　像割斷我胸脯
> 我於是像那桅桿般
> 被砍伐　鉋光　上釉　悲哀的豎著漂流
> 在我軍艦的浪花後失去
> 我裹著這份悲哀回來
> 我冷〔註79〕

〔註78〕汪啓疆：《夢中之河》，頁115。
〔註79〕同註78，頁116。

這首詩以禱告的形式書寫，一開頭借由手槍、彈藥的冷象徵戰爭殘酷，割斷
與故土的聯繫，使得自己如無依的浪子，只能在海上漂流，幸好家中有妻子
守候，讓他寒冷的心境有所溫暖：

　　　　我感謝我們的神

　　　　把我帶來　　這宇宙中這土壤上

　　　　這一塊中國的地域　　使我去流連

　　　　去辨認　　去愛　　也去流淚

　　　　使我有痛楚的感覺　　所謂大地割裂

　　　　是手臂和肌肉的離開　　所謂爭戰

　　　　是在所站立的乳血　　對自己肯認後的奉獻〔註80〕

這一段雖然控訴戰爭讓國土分裂，同胞相殘，但也讓他懂得去流淚去愛，並
拿起鎗來守護家人。

　　在汪啟疆的詩中，可以看到戰爭造成失去生命，與故鄉分離的歷史悲劇，
始終壓抑在詩人心中，甚至多次在詩作中表達離開家鄉的愁緒，也害怕離開
家鄉後自己變成為失去籍貫的河，但是詩人也都能明白這是戰爭所必然的代
價，身為軍人，他雖有所疑惑，甚至反省，但對於保家衛國的職責，卻從未
放下。如他在《夢中之河》的後記中，引用最愛的詩〈魂‧軍人〉，再次昭告
天下，守衛國土，保護所愛就是軍人所執著的愛，他最後說道：「我想，中國
民族永不固竭的愛和信心就在這裡。梨花燦爛，熱血漫漫。」〔註81〕這樣的
信念即使到後來，也未曾更改，他在之後出版的詩集中，也都一再敘述〈魂
魄‧軍人〉是他最愛的詩，顯示他對軍人身份的認同是並未因時代改變而有
所更替。

二、成立《大海洋》後的詩作

　　1975 年朱學恕創辦大海洋詩社，汪啟疆也參與《大海洋》詩刊的編務工
作，從 1975 年第一期開始，幾乎每期都有投稿詩篇，一直到第 17 期（1983
年 7 月）後才短暫停止投稿〔註82〕，檢視這一段時期汪啟疆在《大海洋》投
稿的詩作，可以發現與先前有些不同；過往懷念故土，具有濃厚思鄉情緒的

〔註80〕汪啟疆：《夢中之河》，頁 116～117。

〔註81〕同註80，頁 191。

〔註82〕一直到《大海洋》第 30 期（1988 年 3 月）才又陸續投稿。

詩作，在這一時期較少出現，取而代之反而是較多思念妻子，思念家中子女的詩作。當然，如果光以汪啓疆投稿於《大海洋》詩刊的詩作，就評價他的創作風格，是相當不客觀；這期間詩人投稿於《大海洋》詩刊的詩相當多，但是比起他在這一時期所完成的詩作相比，份量上就顯得相當不足。

汪啓疆在70、80年代所創作的詩，大致上都收錄於《夢中之河》、《海洋姓氏》〔註83〕、《海上的狩獵季節》〔註84〕，《藍色水手》〔註85〕等四本詩集，由於詩人並未爲每首詩標示所創作時間，要判斷哪些詩作是70年代創作？哪些是創作於80年代？是相當不易的事，不過從中依舊能摸索到一些脈絡，可以發現從70年代中期進入到80年代，汪啓疆詩作的創作題材趨向多元。不過一如洛夫曾指出汪啓疆創作中的兩大主題與創作者之間的關係：「一是對海洋的寄託和傾訴，一是個人情愛（尤其是對妻子）的釋出。」〔註86〕這一時期汪啓疆的海洋詩，大抵上仍不脫離這兩個範疇，以下依汪啓疆這時期詩作的內容主題分別論述如下：

（一）海上軍旅生活

打從1962年保送海軍官校五十五年班，汪啓疆開始展開海上軍旅生活，長年的海上軍旅生活成爲他記載對象，而海上航行的危險刺激，枯燥乏味同時也影響他心情轉變，一一化成詩句借此抒發他的工作壓力。如〈海的莎樂美〉，詩人巧妙地引用聖經「跳舞的莎樂美」典故，將臺灣海峽冬天的十級風暴形容呈像莎樂美跳舞的模樣，不斷地翻滾舞動，雖然驚險非常，但卻又如同冶豔女子「莎樂美」一般，具有強烈的誘惑力，引誘著水手們拚了命也要前往：「她胸脯是水手崩陷的海原／浪沫從少年骸骨滾滾淹過／我窺見這份絕豔／她是絕豔的莎樂美」這首詩寫出了海的殘酷本質，與一人所認知的美不同，是帶有致命的誘惑，但即使如此，大海仍是海軍將士嚮往的目的，是心

〔註83〕汪啓疆：《海洋姓氏》（臺北：尚書文化，1990年6月）。《海洋姓氏》是汪啓疆的第二本詩集，其收入的詩作涵蓋了1971年至1986年期間的詩作，以及《夢中之河》裡的部分詩作。
〔註84〕汪啓疆：《海上的狩獵季節》（臺北：九歌出版社，1995年11月）。
〔註85〕汪啓疆：《藍色水手》（臺北：黎明文化，1996年6月）。汪啓疆在這本詩集的後記〈白日黑夜凝留在風濤上的重〉一文表示，《藍色水手》與《海上的狩獵季節》是同時間整理詩稿彙分出來，因爲選詩的風格不同，所以交由兩家出版社出版。而選詩的範圍大約從70年代末期到90年代，因此詩作風格相當多元。
〔註86〕洛夫：〈把海橫在膝上傾談整夜〉，收入汪啓疆：《海上的狩獵季節》，頁3。

靈原鄉，即使犧牲生命也在所不惜「我們叫喚：莎樂美，莎樂美／我們滾動在大海盤子上／頭顱頭顱　不曾回來／是我們的哀楚」〔註87〕

　　在詩中敘述海上風險，抒發軍人保家衛國的豪邁志氣，一直以來就是汪啓疆海洋詩中重要主題。不過在有些詩作中，可以看到保家衛國的軍人也是有孤獨、寂寞心境，甚至飲酒狂亂，對生活產生迷惘的時刻，〈三日飲酒〉就是這樣的詩。這首詩分〈第一天飲酒〉、〈第二天飲酒〉、〈第三天飲酒〉三節，彼此互相連貫。從〈第二天飲酒〉詩句中的「一九七三年在聖地牙哥的／半裸的上空酒吧間，喝不花錢的免費BEER」這關鍵字讓人聯想到另一首詩〈僑地接艦〉，背景也是1973年的聖地牙哥，同樣時間地點，〈僑地接艦〉〔註88〕寫起來豪氣干雲，存放多時的遼陽艦，在整頓完畢，改頭換面後不但換了新的名字，更蓄勢待發衝進大海洋。但〈三日飲酒〉詩裡，內容、對象一改，「免費BEER」、「點唱機」、「裸女即仙」、「扭動滾燙的音樂之浪」顯示一種迷離狂亂的氛圍，詩人在這樣的氣氛中頭痛、宿醉，但真正讓詩人的迷惘是寫詩的目的，詩人與自己對話中，說道：「啓疆，我說／你可不是卅二歲，你夠了　你和你可能與永遠出版不了的詩集一同之不朽了。」

　　詩人還未出版過詩集，詩人卻被自己寫詩的意志感動，似醉似醒的夢中囈語，吐露出詩人的心境。儘管詩人沉浸在昨晚快樂的夢境？還是回憶當中？倒是到了第三天，在「第三天飲酒」的結尾，詩人說道：「這是第三天，最後的／第三天／我醒來就戒　酒。」〔註89〕言下之意，從這一天開始，詩人又要重新出發。

（二）思念家人

　　思鄉是汪啓疆常見的主題，早期詩作多呈現故鄉、國土的懷念，但到了70年代中期，在海上航行的詩人懷念的情緒依舊，但對象卻有了更替。1972年，汪啓疆與趙頌琴結婚，1973年後，女兒成蕙、成瀚相繼出生，詩人的生命重大轉折，海洋不再純粹只是乘載歷史過往記憶，也能與臺灣島嶼事物連結，1980、82年，親人的疾病苦痛，讓作者感悟生老病死，也使得作者在此時更加關注於現實生活中的人事物，漸漸能從過往戰爭中的鄉愁和家國中抽離，進而描寫臺灣的現實。

〔註87〕汪啓疆：《夢中之河》，頁129。
〔註88〕同註87，頁135。
〔註89〕汪啓疆：《海洋姓氏》，頁117～126。

在〈海邊歲月〉、〈孩童之歌〉中，他所呼喊的伊麗沙是大海，也是愛人的象徵：「妳未梳的髮是大海・胸脯是沙垃。／我們的悲傷　因為　那群海鷗沒一個認識──？／且是我們餵過　妳在哪裡？／伊麗沙啊　海風　海風已塩蝕這些。」〔註90〕這首詩句法相當樸實，組合起來更像是一首短文，但卻真摯寫出對愛人的思念，也對時光流逝的感嘆。而在下一首〈孩童之歌〉，則又將愛轉為對子女的關心與放下：「伊麗沙，我能告訴妳嗎──所謂滿足的愛／我僅僅能做的是／尊敬的擬視他／給他一個姓氏。他自我生長，他哭」〔註91〕詩句中透露出對孩子的關懷，以及孩子成長中，自己無法隨時在旁陪伴的不捨。

（三）生活記事

1977年汪啓疆考入三軍大學海軍學院，之後任海軍學院戰術教官，80年代又考入三軍大學戰爭學院，並北上任教，幾次的陸上生活，也用詩寫下不少生活素描。這些詩有〈夜過沙鹿〉〔註92〕、〈大甲溪〉、〈火車再過大甲溪〉、〈車廂素描〉、〈龍港之海〉，以及〈車過崎頂〉〔註93〕等。儘管這些詩作未必都與海洋有關，而且多屬於陸上觀海的描述，但誠如汪啓疆所說：「這些素描脫不了海洋色澤，我生活接觸最多的層面。」〔註94〕在〈龍港之海〉中，詩人寫到：

　　抖曬一條條藍床巾

　　灰灰的龍港將海篩了又篩

　　在安靜的街道，揉亮太陽的溫度

　　把新大氅的扣子一粒粒　捏著

　　在那風的深度裡

　　裹住，冬天美麗少女藍色背影的走動〔註95〕

詩中將大海的起伏形容抖動的藍床巾，走動的藍色背影少女，整個大海的意象相當鮮明與靈動，而從詩可以看到儘管是在冬天寒風當中，詩人仍將目光望向遠方的海洋，在在顯示詩人想再回到海上的渴望。

〔註90〕汪啓疆：〈海邊歲月〉，《大海洋》第13期（1980年3月），頁23。
〔註91〕同註90，頁23。
〔註92〕汪啓疆：〈夜過沙鹿〉，《大海洋》第7期（1977年6月），頁11。
〔註93〕以上詩作收入汪啓疆：《海上狩獵的季節》。
〔註94〕同註93，頁46。
〔註95〕同註93，頁42～43。

除了從不同的陸地空間轉換看海的視覺，汪啓疆也在巡弋各離島之間，北竿、南竿、東引、西莒、金門、澎湖等，記載前線離島的海上、島上風光，也感受各地的海洋風情以及人事變化。除了〈馬祖冷鋒過境的晨〉，這類詩作還有〈馬公潮水〉、〈澎湖〉；而在《藍色水手》一書中，就有〈寒流中，駛馬祖運補〉、〈單日夜駛金門〉、〈西莒〉，以及〈外島軍官〉等詩，這些詩或寫景，如〈澎湖〉一開頭就以「打開呦／釉燙的澎湖／藍花碎瓷碗沿／站著灰鬱木麻黃／」〔註96〕將澎湖村落的建築特色，以視覺手法呈現給讀者；或抒情，如〈馬公潮水〉中，「守墳的紙人看著海來／又看著海去／我怎麼懂得這潮水來去？在這墳頭／我揉揉才三十歲的額。」〔註97〕從潮水來去中感嘆時光流動逝去，生死之間無從解釋的無奈。另外也有記人記事，描述前線戰地生活的困頓與緊張：

> 你跳上船來，相握的手掌竟粗糙如
>
> 一雙麻手套
>
> 東引島的工事磨出來的
>
> 你說
>
> 你說這兒，夜晚天空仍留著一個日球
>
> 夢永遠醒著，因爲海醒著、碉堡也是
>
> （一切都睜開眼睛來睡，因爲閉眼太麻煩）〔註98〕

王韶君把這一類詩作的出現，解讀成爲汪啓疆從故鄉中國的思懷轉換成對臺灣土地的認同：「無論是作者對於落地臺灣生根的自省，是源自對故土中國情感的不捨，也或是來自對於臺灣土地的認同（甚至只是作爲一種假想性的家國寄託）然而透過『海洋』到達臺灣，在臺灣現實中『發現』並反思自己所擁有的文化根源之事實的動力卻是來自臺灣土地。」〔註99〕這樣的說法雖然看出汪啓疆的詩集與過去有很大的不同，但如果眞的要細分，汪啓疆一系列書寫臺灣，認同臺灣土地的詩作，恐怕還是要等到80年代之後才開始出現。

事實上，在汪啓疆的早期詩作中，海洋在詩作中不只是一種意像或題材，當詩人在詩中嚮往海洋，除了蘊含了年輕軍人冒險衝進的情操，同時，海洋也

〔註96〕同註93，頁31。
〔註97〕同註93，頁19。
〔註98〕汪啓疆：《藍色水手》，頁53。
〔註99〕王韶君：《臺灣海洋文學的發展與文化建構（1975～2004）》，頁141。

象徵著對岸的中國故土。但到了70年代後期，可以看到詩人在嚮往海洋之餘，也回首看著臺灣的岸上陸地，因為岸上陸地是新生的家所在，他的妻兒子女都在那土地上。所以我們可以看到在汪啓疆的詩中，海洋與陸地的對比經常出現，一方面寫欲回歸陸地生活的渴望，另一方面則是藉由海洋對中國的懷想。

　　詩作中未必對臺灣土地有意識地堅持，但是詩作常常反映出「海洋／陸地」、「中國／臺灣」、「故鄉／家庭」認同之矛盾與自省，在敘事長詩〈槍帆一兵楊土木〉中，詩中主角楊土木，一位離家出海的嘉義農民子弟，他遠離了父親的土地，走向無邊的大海，日夜想望的總是自己的家鄉。在詩中可以看見，詩人嘗試將鄉土與海洋進行連結：

> 楊土木，穀粒般沉默飽滿
>
> 每天每天，忙著把軍艦當成阿爸的田地。
>
> 除銹工作是蹲在田埂除雜草
>
> 駕駛小艇是操縱耕耘機；進出港帶纜
>
> 是將水牛拴住；油漆管理則是掏選下季播耘的種籽。
>
> 船，是他的田〔註100〕

甚至楊土木自己也醒悟到大海與鄉土是不可分割：

> 阿爸
>
> 我現在知道的大海
>
> 只是土地的一部份
>
> 它依附土地
>
> 海洋要在土地上生根
>
> 才具有血肉。〔註101〕

這首詩獲得 1983 年海軍金錨獎，汪啓疆在詩後註明：「想寫海與鄉土。」詩人不但將鄉土與海洋連結，也將臺灣與中國進行連結：

> 年輕的戰士楊土木，心底好燙
>
> 因為，總有一天　我們所踏上的
>
> 海灘，沖過鐵蒺藜和地雷區
>
> 就是毗連著長江、黃河的　大地。
>
> 總有一次

〔註100〕汪啓疆：《藍色水手》，頁114。

〔註101〕同註100，頁117～118。

　　我們踏上沙灘　就明白了它的眞實。

　　就像在父親蕃茄畦，把一個紅熟蕃茄

　　熱燙燙燙地摘入掌心〔註102〕

　　因爲是參選海軍單位所主辦的文學獎項，因此詩中難免帶有「反攻大陸」的戰鬥意識，但同樣的角色，敘事情節，在另一篇〈穗實之海〉長詩中也出現。很顯然，汪啓疆是有企圖進行這樣的聯結。過去他堅信他的家，他的根是在對岸的中國大陸，但有了家庭，在臺灣土地上落腳生根，以及兩岸政治環境變動之後，他開始思索，尋找「根在何處」的問題。誠如詩人蕭蕭的評論：

　　海上軍人來自陸地，陸地的意象在汪啓疆的海洋詩中自會與海洋意

　　象疊合，豐收的金黃稻穗多次在汪啓疆詩中出現，如〈海上廪倉〉、

　　〈槍帆一兵楊木土〉等詩，就是陸地生活與文化經驗之直接承傳與

　　移植。〔註103〕

同樣的，出生在中國四川，但生活在臺灣土地上的汪啓疆，詩人生命歷程的轉變，將反映在詩作上，形成中國的根勢必與臺灣的家進行連結。當中國文化落在臺灣土地之時，詩人無可避免的必須正視，儘管「海洋中國」情感仍在，但與「土地臺灣」現實已然碰撞對話，當詩人的情感本質參雜了臺灣經驗，勢必更豐富臺灣海洋文化的內涵與面向。

　　與朱學恕一樣，汪啓疆的早期詩作也離不開對故國鄉土、中華文化的懷念與企慕，但之後隨著汪啓疆成家立業，上岸求學後，整個創作題材趨向更爲多元，甚至將目光從海上移到陸地上，但即使如此，這些詩作仍脫離不了海的況味。而無論是抒發的對象是海洋／鄉土，思念的是中國故土／臺灣家人，描述的是戰爭／信仰，我們都可以在他詩中看見詩人專注的眞情，誠如汪啓疆的自述：

　　我認爲詩集須要有一根脊骨支撐──作者的創作意識與心態。這全

　　冊的脊骨僅是一個最簡單的字：「愛」。〔註104〕

從最早的《夢中之河》到晚近的《臺灣海峽與稻穀之舞》、《疆域地址》，都可以看到詩人爲大海的熱情，對海上軍旅的無悔，對妻子與親人的深情，這使得他的詩中的字句能夠一再地吸引著讀者。

〔註102〕同註100，頁124。

〔註103〕汪啓疆：《人魚海岸》（臺北：九歌出版社，2000年1月），頁272。

〔註104〕汪啓疆：《夢中之河》，頁189。

第四節　小結

　　《大海洋》從 1975 年刊行迄今，近四十年的歷史，耕耘日久成果自見，在海洋文學的推動上也形成一股不可忽視的力道，尤其詩社結合了當時海軍（及海軍之外）諸多詩人作家，如朱學恕、汪啓疆、林仙龍……等，在海禁仍嚴的當時，繼《海洋生活》後成為另一海洋文學重要的陣地。雖然裡頭不少是「一期社員」，但資歷逾十年的社員也不在少數，光是 70、80 年代就培育不少年輕詩人，朱學恕曾自述：

> 十七年來，大海洋文藝詩雜誌，已從三十八期出版中，培養了數十
> 位男女青年詩人，刊登了七百六十餘位詩人作品，同仁出版了二十
> 餘本個人詩集。〔註105〕

這些年輕成員，包括了藍海萍、蔡富澧、李優虎、唐聖揚……等，詩作質量都十分穩定。此外，雖然大多數社員僅是地區性詩人，但全國知名的詩人也不少，曾在詩刊裡發表詩作的詩人更是社員人數的數倍。這些成名詩人的詩作，雖不盡然都屬於海洋文學，但是也為《大海洋》詩刊增色不少，確實為海洋文學形成較高的群聚效應。

　　《大海洋》不僅保留了一片海洋文學的發表園地，朱學恕更在《大海洋》中發表了為數甚多的文論。雖然朱學恕那些結合了科學與儒學的海洋文學論述，以今日的眼光視之非常不合時宜，其文學理論也不夠精純，摻雜了過多非文學的成分，但是那些高喊「中國海洋」的文學論述，在 70 年代為《大海洋》的海洋文學提供了合法性。更難能可貴的是，在那個以中華文化為主流論述的 70 年代，能跳脫出中華文化中的「戀陸心態」，矯正臺灣這個移民社會和海島心態所致的短淺狹之缺失，營造出臺灣文學中所欠缺的海洋視野與歷史面向。

　　而在創作上，《大海洋》承接著 50、60 年代自《海洋生活》與《中國海軍》延續下來的懷鄉、戰鬥的寫作風格，在情感與理論上推廣「中國的海洋文化」，即使與故國鄉土因大海而分隔，只好借由「中華」的海洋精神寄託其「愛國」之心，在書寫海洋的同時也在書寫過往的鄉愁與家國，從中逐步加深對「家國」歷史情感。當然，也有部分作家如汪啓疆，其在詩作中所呈現的心靈轉變，對家鄉的愁思到對臺灣土地的認識，以「海洋」與「鄉土」成

〔註105〕朱學恕：〈大海洋詩刊，再出發！〉，頁7。

為過往與現在的連結，願意將視野置於現實土地（臺灣），正視、描寫在臺灣生活的人、事、物，從這一部分作家的詩作中，可以看見其對土地認同和文化意識的轉變，顯示中國的「海洋文化」進入臺灣後，與臺灣土地結合、發展、轉變等各種現象。誠如葉連鵬所言：

> 凡走過必留下足跡，《大海洋詩雜誌》或許仍有許多值得改進的地方，但他們從三十年前就洞悉海洋的重要性，大力推廣海洋文化與海洋文學，大聲疾呼國人親近海洋、重視海洋，並集體力行創作，為臺灣留下不少膾炙人口的海洋文學作品，如今《大海洋詩雜誌》已經成為臺灣少數的長壽詩刊，撰寫臺灣文學史，若忽略了《大海洋詩雜誌》的存在，那麼這樣的文學史就是不完整的。〔註106〕

葉連鵬所言甚是，創刊於 70 年代的《大海洋》延續了 50、60 年代《海洋生活》與《中國海軍》的寫作風格，弘揚「中國海洋文化」為創刊宗旨，在臺灣海洋文學史上多少具有「傳承」的味道。儘管《大海洋》似乎脫離了臺灣大環境的紛擾，也看不見 70 年代的鄉土文學爭論，但是其對現代詩的隱微批評，以及對傳統中國文化的堅持，也與當時的鄉土文學有了呼應之處，而這一點也正是很多評論者、研究者所忽略的地方。不論如何，《大海洋》的理論與創作確實為這段空白的海洋文學史彌補缺角，它在臺灣海洋文學史中自有其地位。

〔註106〕葉連鵬：〈臺灣海洋詩壇旗艦——《大海洋詩雜誌》探析〉，頁31。